MW00488914

El Test de la Pasión

El Test de la Pasión

El Camino más fácil para descubrir tú destino

Janet Bray Attwood
y
Chris Attwood

Traducción
Celeste Perez

Comentarios de
El Test de la Pasión

"El Test de la Pasión nos asombra con la posibilidad de que nuestra vida puede ser simultáneamente divertida, desafiante, gratificante y llena de propósito. Chris y Janet Attwood te llevarán a vivir una aventura dentro de tu propio corazón y te mostrarán cómo despertar las pasiones que son el combustible para vivir la vida que estás destinado a vivir".

Richard Paul Evans, *autor del bestseller La caja de Navidad (The Christmas Box)*

"Me encantó. El Test de la Pasión es un plan de acción muy directo y práctico que te muestra cómo prosperar y cómo tomar lo que te gusta y convertirlo en un ingreso muy, muy importante y gratificante".

- **Bill Harris**, *director del Centerpointe Research Institute y colaborador en la película El Secreto™*

"El Test de la Pasión es muy provocador y revelador. Es diferente a todo lo que me han presentado. Me desafió de una manera muy reveladora".

Jay Abraham, *autor de Cómo Obtener Todo lo que Puedes de todo lo que Tienes (Getting Everything You Can Out of All You've Got)*

"El Test de la Pasión es una herramienta increíble. Me ayudó a enfocarme. A tener claridad en las cosas que quiero ser, hacer y tener. Esa claridad le dio un gran impulso a mi vida. Me dio el poder de decir que no a tantas cosas que estaba haciendo para liberar el tiempo y los recursos para enfocarme en las cosas que realmente han sido importantes para mi felicidad, mi familia, mi negocio y mi bienestar".

Sergio Sedas, PhD, *conferencista internacional y autor del bestseller Intentional Possibility*

"Desde una perspectiva neurológica, El Test de la Pasión es una herramienta poderosa y compasiva que te ayudará a enfocar y fortalecer tu cerebro para que puedas realizar tus sueños más íntimos".

- Mark Waldman, *investigador asociado en el Centro de Espiritualidad y la Mente de la Universidad de Pennsylvania y coautor de Nacido para Creer (Born to Believe)*

"Quiero que todos tomen el Test de la Pasión. Como resultado de entrenar personas durante tres décadas, he aprendido que el éxito duradero comienza con el descubrimiento, estar conectado y estar en buenas con tus pasiones. Algunas de las cosas que te convertirán en un apasionado quizás ni siquiera se han inventado todavía, por lo que la lectura de este libro y tomar el test de la pasión varias veces al año te mantendrá conectado y en pista. Por favor, regálate el don de una vida apasionada".

- Stewart Emery, *coautor de Éxito Construido para Durar (Success Built to Last)*

"No podía dejar de leerlo. La historia es tan conmovedora que casi se me olvida lo mucho que quería tomar el test. Entonces, tomando el test, me di cuenta de lo valioso que fue escuchar la historia de Janet y lo que tuvo que pasar para llegar hasta el punto de que podría vivir su pasión".

- Yehuda Berg, *autor de Los 72 nombres de Dios (The 72 Names of God), El Poder de la Kabbalah (The Power of Kabbalah) y el Libro del hilo rojo (The Red String Book)*

"El Test de la Pasión aporta el centrarte en las cosas que son más importantes en tu vida, y la pasión es una de las claves del éxito para cualquier persona, en cualquier parte del mundo. El Test de la Pasión será valioso para mí, como fundador de BNI, en la comprensión de lo que a mis franquiciados les apasiona, porque si no están apasionados por las cosas que están haciendo, pueden tener toda la capacidad del mundo, pero no van a ser tan exitosos en la ejecución de los programas que queremos que realicen, como podrían llegar a ser".

- Ivan Misner, *presidente y fundador de BNI (Business Networks International) Red Internacional de Negocios*

"Sencillo, claro y potente. El Test de la Pasión es una herramienta extraordinaria para obtener la claridad que necesitas para comenzar a vivir tus sueños".

Marci Shimoff, *coautor del bestseller de The New York Times Sopa de Pollo para el Alma de la Mujer (Chicken Soup for the Woman's Soul) y Sopa de Pollo para el Alma de la Madre (Chicken Soup for the Mother's Soul)*

"Ya sea que tu propósito en la vida esté claro o que desees clarificarlo más, el Test de la Pasión proporciona una herramienta de gran alcance para ponerte en el camino a una vida más plena y más completa. Más claras tus pasiones, más seguras las posibilidades de liberarlas".

Dr. Pankaj Naram, *médico ayurveda internacional y coautor de Secretos de la Salud Natural (Secrets of Natural Health)*

"El test en sí es una herramienta increíblemente valiosa para aclarar lo que es realmente importante para ti en tu vida. Igualmente valiosas son las lecciones compartidas por Chris y Janet Attwood para realmente vivir su misión".

- Catherine Lanigan, *autora de Tras el corazón verde (Romancing the Stone) y Joya del Nilo (Jewel of the Nile)*

"No hay absolutamente ninguna razón para no tener la vida que elijas. Puedes crear tu vida exactamente como deseas, pero no si estás sacrificando la energía de tu vida por algo que no sea lo que más te apasiona. No he encontrado ningún proceso que lleve, a pesar de todo, hasta el lugar de tu pasión más rápido, más fácil y más divertido que El Test de la Pasión".

- Paul Scheele, *presidente de Learning Strategies Corporation*

"Me asombró el proceso, la sencillez y el poder, lo que me ha apoyado en ser mucho más clara en mis prioridades diarias. Brillante".

D.C. Córdova, *CEO y cofundadora de Excellerated Business Schools*

"Si realmente quieres tener, hacer, ser tu pasión, esta es la guía para ti. Janet y Chris han ideado un sistema de gran alcance funciona a la perfección".

Dra. Cheryl Clark, *fundadora de ¡Haciendo la Vida! Internacional, Inc., (Doing Life! International, Inc.) Directora del Campus de Tratamiento de Drogas Willard y del Departamento de Servicios Correccionales del Estado de Nueva York.*

"Buen trabajo, Janet y Chris! Su rápida evolución y su esclarecedor libro El Test de la Pasión, sin duda inspira a sus lectores y les ayuda a descubrir y actuar sobre su vocación y misión única, así como expresar su magnificencia interior. Me encantan las citas, las historias y el mensaje. Gracias por ayudarnos a todos nosotros a hacer lo que es más importante: vivir nuestros sueños más auténticos".

- Dr. John F. Demartini, *autor de La experiencia de penetración: Un revolucionario nuevo enfoque para la transformación personal (The Breakthrough Experience: A Revolutionary New Approach to Personal Transformation), publicado en El Secreto (The Secret):*

"Un método maravilloso y simple de habilitar a su cerebro para ayudarle a abrazar sus creencias, con el fin de crear su realidad óptima".

- Andrew Newberg, *profesor asociado de radiología y psiquiatría, director del Centro para la Espiritualidad y la Mente de la Universidad de Pennsylvania y coautor de Born to Believe*

"Puedo resumir mi experiencia con el Test de la Pasión con tres palabras: dirección, coherencia y ahorro. Por un lado me permitió sintonizarme con la dirección que quiero seguir y que me hace sentir vital. Me ha permitido sentirme coherente en mis pensamientos, sentimientos y acciones, ahorrando mi propia energía. Me ayuda cada día a reafirmarme y mantenerme enfocada en lo que amo hacer. Mi sorpresa ha sido lo práctico, sencillo y directo de la herramienta. Estoy muy agradecida"

- .Raquelina Luna Calvo, *Raquelina Luna, Médico y Psicoterapeuta. Directora de Lunavital, Centro de Medicina Integrativa en Rep. Dominicana y Facilitadora y Conferencista Internacional.*

EL *TEST* DE
LA PASIÓN

EL *TEST* DE LA PASIÓN

**EL CAMINO MÁS FÁCIL
PARA DESCUBRIR TU DESTINO**

Janet Bray Attwood

Chris Attwood

Señor,

Gracias por cada momento de nuestras vidas.
Gracias por todo lo que nos has dado.
Damos gracias a Ti.
Todo lo que hacemos, pensamos, tenemos o sentimos,
te lo debemos a Ti.

Permite que seamos canales
a través de los cuales hables.
Utilízanos en la forma que desees,
como humildes siervos tuyos,
caminando esta senda de la mano contigo.

Permite que las palabras en estas páginas
toquen los corazones de todos aquellos que anhelan
unirse a Ti.

Permite que a cada uno de nosotros nos sirvan
de inspiración para alinear nuestras vidas
contigo y con Tu voluntad.

Todo lo que tenemos
te lo ofrecemos en agradecimiento.
Nos inclinamos ante Ti.

CONTENIDO

Prefacio a la segunda edición en español
Prefacio por T. Harv Eker
Introducción

PARTE 1_
Descubre tus pasiones

PARTE 2
Viajando en la autopista cósmica:
Creando la vida que eliges vivir

Hay dos días extraordinarios
en la vida de una persona:
el día en que nace
y el día en que descubre para qué.

-William Barclay
Teólogo y escritor escocés, 1907 - 1978

Prólogo

Segunda edición en español

Hace aproximadamente 13,835 millones de años, en un punto único de singularidad, desde la nada, es decir, en un lugar que no existía, se produjo una explosión de magnitudes inimaginables que generó una energía de proporciones desbordantes. Era como si la nada fuese perforada desde el más allá, por una corriente de fuerzas misteriosas que creaban, en el mismo instante, el tiempo y la existencia de algo donde antes había nada, ni un pensamiento...

De ese evento surgió la dualidad, el tiempo/espacio brotó. Nació el arriba, abajo, el adentro, afuera y la explosión descomunal fue seguida de la inflación cósmica, junto a la expansión progresiva que ha llegado a nuestros días.

Esta es la teoría más aceptada que tenemos hasta ahora. Por complementariedad, si este fue el origen, las leyes que rigen el universo no visible, surgieron en ese preciso instante. Principios como el del ritmo que expresa: «Todo fluye afuera y adentro; todo tiene sus mareas; todas las cosas se elevan y caen; la oscilación del péndulo se manifiesta en todo; la medida de la oscilación hacia la derecha es la medida de la oscilación hacia la izquierda; el ritmo compensa».

Estamos atados al ritmo, a los grandes procesos que se repiten incesantemente, desde los movimientos galácticos, los movimientos planetarios con sus soles y satélites, hasta las experiencias individuales más viscerales y espirituales posibles.

Todas las personas formamos a nuestro alrededor una colectividad indivisible, estamos separadas solamente en apariencia. Los grandes místicos y sabios de todas las épocas y culturas siempre han dicho que cuando tenemos una pequeña oportunidad para ver un punto minúsculo de la realidad última, parece suceder algo en nuestra psique, algo que, en el argot de los físicos cuánticos, se llama salto cuántico.

Esto fue precisamente lo que me sucedió en la década de los 90 cuando conocí a Janet y Chris, cuando leí El Test de la Pasión: mi ciclo cambió, se reinició todo un nuevo proceso y una especie de salto se generó. Comprendí algo que los místicos ancestrales decían: "Todos estamos hechos de la misma esencia, el ser humano y las estrellas más lejanas están hechos de lo mismo". Y a esto agregaban: "Todo, absolutamente todo, está interconectado".

Mirando en retrospectiva, siento como si por alguna extraña razón se abriera un océano de autoconocimiento. Pude entender que todo lo que estaba buscando también me estaba buscando y ese encuentro fue mágico.

Hubo un tiempo que pensaba mucho sobre lo bueno y malo, sobre el ser altruista o ser egoísta, sobre la guerra y la paz; me parecía que ese juego de los opuestos no era más que una especie de juego macabro, porque regularmente el ser humano elige los aspectos negativos, expresa de manera inevitable su sombra, ese aspecto irreconocible de su personalidad, y por definición, dos fuerzas no pueden manifestarse al mismo tiempo; luego no había espacio para la polaridad, el lado positivo. Por esa razón me parecía todo en esta sociedad un enorme absurdo. También pensaba que las teorías de conspiración mundial eran lo suficientemente coherentes y fuertes para ser reales y que literalmente el fin estaba cerca.

Recuerdo que en 1987 me vi envuelta en lo que el místico San Juan de la Cruz llamó "La noche oscura del alma", un momento casi interminable de desesperación, una angustia profunda, una especie de sin razón, en que no encontraba motivos para seguir. Un momento en el que los influjos de energías a veces desorganizadas y otras increíblemente organizadas, venían a mí, y yo sin las fuerzas para ordenarlas o sostenerlas; una confusión total, terriblemente amarga: Con una niña pequeña, sin pareja, y en una ciudad en donde las oportunidades de trabajo eran casi nulas. Los ingresos no eran suficientes para mantenernos a ambas. Literalmente fue entonces que, en mi angustia y en mi desesperación, pensaba que solo se agregaban más y más problemas; ya no era solamente mi confusión interna sino la realidad cruda de lo elemental para vivir. No veía salidas. Clamé, pedí a Dios, grité desconsoladamente; sin saberlo estaba a punto de encontrar algo insospechado y sólo se me ocurrió escribir.

Recuerdo que la primera línea que escribí decía: La vida es una entrega de amor, vivir es un acto de agradecimiento.

Esa frase fue suficiente para entender un poco de qué se trata este dechado de energía, como el punto debajo de la rueda que sabe que inevitablemente tendrá que subir, que el ciclo no depende de ella y que cuando llega el momento el flujo llega y sólo hay que sonreír.

El Test de la Pasión ofrece una dimensión integrada de lo que consideres es tu vida: las experiencias, las vivencias, las emociones que entran en juego, el manejo armonioso de las energías, el equilibro dinámico; todo esto y mucho más es la propuesta para abordar este MISTERIO PROFUNDO que llamamos VIDA.

Siempre me ha parecido bella, simplemente hermosa, la DIVERSIDAD; es impresionante que este planeta esté repleto de criaturas vivientes, de tanta riqueza en formas de vida, tan increíblemente diversas, que en el tiempo lejano, cuando la raza humana eche un vistazo a cómo inició y se desarrolló, estará más que extasiada por el flujo incesante de la manifestación de la vida, del propósito.

Esa es la esencia de lo que quiero compartir con todos mis hermanos latinoamericanos, que la vida en sí misma tiene un propósito y podemos manifestarlo con:

INTENCIÓN - ATENCIÓN - SIN TENSIÓN

Este libro pondrá en perspectiva tu vida como la conoces, te pondrá en relación directa con lo que piensas, con lo que sientes, con lo que dices y con lo que haces.

Existe una unión indisoluble entre lo que ha sido, lo que es y lo que será; y al parecer no son tres cosas por separado (pasado, presente y futuro), sino la continuación infinita de un momento, UN AHORA INTERMINABLE.

Estaré eternamente agradecida por las casualidades que llevaron a encontrarme con Janet, con Chris y este maravilloso sistema, esta fantástica herramienta que me ha ayudado a mí, a mi familia y a millones de personas a repensar sus vidas, a dar una vuelta más a sus experiencias, a dimensionar mejor sus vidas para ser más felices.

Celeste Gumercinda Pérez Rodríguez
Representante para Latinoamérica
The Passion Test,

Montañas de Santiago,
República Dominicana,
Octubre 2015.

Prefacio

Alguna vez te has sentido desanimado y frustrado con la vida? ¿Alguna vez has sentido que tus sueños nunca se harán realidad? Pues bien, este libro hará que esto cambie.

¿Quién de nosotros no sabe que vivir su pasión es la clave para vivir una vida feliz y plena? Sin embargo, para muchas personas, lo difícil está precisamente en descifrar su verdadera pasión.

Con frecuencia he dicho: "La razón número uno por la cual las personas no consiguen lo que quieren, es porque no saben lo que quieren".

El Test de la Pasión te muestra el camino, de la forma más simple y clara, para saber lo que quieres: comprendiendo quién eres. Al redactar una lista con las diez o quince características que describen tu vida ideal, te sorprenderás al descubrir qué es lo que realmente te interesa.

Tener claro lo que quieres y a dónde quieres llegar es indispensable para alcanzar el éxito. La claridad conduce al poder, el poder de actuar, que es la base para alcanzar el éxito, la plenitud y la felicidad en la vida. Sin una dirección clara que nos indique a dónde queremos ir, nos quedamos paralizados o permanecemos dando vueltas en círculos para llegar al mismo lugar. Peor aún, nunca logramos vivir todo nuestro potencial porque no nos atrevemos a comprometernos por completo.

Movernos sin sentido, en cualquier dirección, no funciona. Y allí es donde está el reto. Cada uno de nosotros es único. Cada uno de nosotros tiene algo especial que ofrecer al mundo. Cada uno de nosotros tiene sus propios dones y talentos naturales. Para ser en verdad felices debemos utilizar nuestra propia individualidad, para agregar valor a la vida de los demás.

El *Test* de la Pasión, que llevarás a cabo mientras lees este libro, te ayudará a descubrir ese don único. Después, está en tus manos entregárselo o no a aquéllos que necesiten de ti.

En aras de tu libertad,

T. Harv Eker

Gerente general y presidente de Peak Potentials Training,
#1 en la lista de autores más vendidos de *The New York Times* con
Los Secretos de la Mente Millonaria.

EL TEST DE LA PASIÓN

"¿Cómo estuvo el viaje?" - Preguntó Chris.

"Sin dudas, fue la mejor experiencia de toda mi vida y la más fascinante", respondió Janet.

"¿Qué pasó?".

De repente, la cara de Janet cobró una expresión de perplejidad.

"¡Debo estar completamente loca!" - Dijo ella.

Conocerán la increíble historia de Janet antes de que este libro termine.

Pero, primero...

Introducción

¿Qué significa vivir una vida apasionada, emocionante, satisfactoria, estremecedora, ardiente, con sentido, activa, motivada, amena, fácil, divertida e incontenible? Significa vivir una vida alineada con el destino.

A todos nos gustaría sentir que nuestra vida tiene un propósito. Todos queremos sentir pasión por lo que hacemos, sentirnos emocionados por la forma como pasamos nuestros días, amar nuestras vidas y sentir que estamos haciendo alguna contribución valiosa.

Sin embargo, ¿cómo descubrimos nuestra verdadera pasión? Este es el tema de este libro.

Antes de comenzar, tenemos algunas cosas que platicar contigo:

1.   La clave para crear cualquier cosa que quieras en la vida.

2.   Un poco sobre quiénes somos.

3.   El "trabajo interior" a través del cual este libro te guiará y porqué es importante para tu éxito personal.

4.   Cómo el destino y la pasión van de la mano.

Comencemos...

Intención - Atención - Sin tensión

Nuestro amigo y consejero Bill Levacy compartió este sabio consejo con nosotros. Recomendamos que lo conviertas en tu mantra, ya que es la esencia de lo que se requiere para crear cualquier cosa que desees en la vida.

Intención.- El primer paso para manifestar lo que eliges crear en tu vida es afirmarlo de manera consciente.

Atención.- Presta atención a lo que eliges crear en tu vida y eso comenzará a aparecer.

Sin tensión.- Cuando estás abierto a lo que aparezca en el momento presente, estás permitiendo que la voluntad de Dios fluya a través de ti. Por el contrario, cuando te aferras con fuerza a tus ideas de cómo deben ser las cosas, interrumpes el flujo de la vida y eso de alguna manera impide disfrutar la satisfacción de vivir tu destino.

¿Quiénes somos?

Si estuviéramos en tu lugar, estaríamos preguntándonos: ¿Quiénes son estas personas para que estén hablando sobre cómo vivir nuestra pasión?

En la fase inicial de su carrera, Janet dirigió cocinas y hoteles para miles de personas en España y en Italia. Se convirtió en la vendedora líder en todos los puestos que ocupó; además, era la propietaria de dos exitosos negocios (uno de ellos fue clasificado entre las diez mejores compañías en su área). Impartió cursos motivacionales en una empresa de seminarios para alcanzar el éxito. Administró la división de telemercadeo de Books Are Fun, que en esa época era el tercer mayor vendedor de libros en los Estados Unidos. Un año después de que su departamento alcanzara un nivel récord de desempeño, la compañía fue vendida a Reader's Digest por 360 millones de dólares.

A lo largo de su carrera, Chris administró diez negocios diferentes como presidente, gerente general o director de operaciones. Al principio de la década de los ochenta, se convirtió en presidente de un distribuidor secundario de bonos del Estado, luego se retiró del mundo durante diez años para explorar la conciencia humana y estudiar la tradición védica de la India.

Ambos tenemos un compromiso con las prácticas espirituales. La meditación siempre ha sido la base de nuestras vidas.

Janet fue tras sus sueños. En el camino, se desvió. Después regresó nuevamente a buscar sus sueños y se desvió de nuevo. Así le ocurrió en varias ocasiones. Chris tuvo una experiencia similar. No es poco común que la mayoría de nosotros nos entusiasmemos y nos apasionemos y luego sintamos que debemos "ser responsables" o que tengamos un concepto de qué es lo que nos hará felices (como casarnos) y por eso perdemos el rumbo temporalmente.

Algunas personas se quedan varadas toda su vida. Hemos escrito este libro con la esperanza de que podamos ayudarte a encontrar tu camino o a confirmar que estás en el camino correcto.

En noviembre del año 2000, Janet recibió una llamada de Mark Víctor Hansen, coautor de la mundialmente exitosa serie de libros Sopa de Pollo para el Alma. Se habían hecho amigos algunos años antes cuando Janet trabajaba para Books Are Fun.

Cuando la llamó, Mark le dijo: "Estoy trabajando en un nuevo libro con Robert G. Allen, el autor del libro financiero de mayores ventas Nothing Down (Sin cuota inicial). Quiero que trabajes con nosotros en la promoción de este nuevo libro".

No es necesario decir que Janet estaba encantada. Mark le explicó lo que tenían en mente. Luego le pidió que elaborara un plan comercial y se lo terminara en tres días. Ella describe como se sintió:

> "Cuando Mark mencionó un plan comercial, me sentí descorazonada. Eso no es lo que yo hago. Y en ese momento tuve un momento de inspiración".

"Después del divorcio, mi ex marido Chris y yo seguíamos siendo buenos amigos y hablábamos con regularidad. Chris tiene una maestría en administración de empresas y es un genio cuando se trata de asuntos como planes comerciales. Además, las habilidades que tiene son el complemento perfecto de las mías y pensé que quizá podríamos llevar a cabo este proyecto juntos".

"Llamé a California, le expuse la situación y pregunté si podía ayudarme a elaborar un plan comercial en tres días. Le encantó la idea de trabajar con Mark y Bob, pero no le gustó el preparar un plan comercial en un tiempo tan corto. Me dijo que eso tardaría por lo menos tres semanas y que estaba demasiado ocupado con su propio trabajo como para escribirlo".

"Entonces apelé a su buen corazón: '¿No podrías hacerlo como un regalo de Navidad para mí?'. Como Chris es una persona de una flexibilidad extraordinaria, aceptó; bosquejaría el esquema de un plan comercial que serviría como base para nuestra siguiente conversación con Mark y Bob".

"Este fue el comienzo de una sociedad maravillosa. Chris y yo trabajamos durante un año con Mark y Bob en la creación del programa El Millonario Iluminado, el programa de tutoría de un año que diseñamos con ellos en base a nuestro plan inicial que generamos para ayudarles a comercializar el libro. Al trabajar juntos con cientos de personas en ese programa, descubrí una vez más lo que significa vivir la vida con pasión."

Durante ese mismo año, comenzamos a enseñar el *Test* de la Pasión, el cual Janet había desarrollado cuando tenía treinta años para aplicarlo en su propia vida. Descubrimos que el *test* tenía un profundo efecto en las personas. Al día de hoy, hemos aplicado el *test* a miles de personas en diferentes partes del mundo. Y ha sido emocionante escuchar el gran impacto que ha tenido en sus vidas. He aquí algunos ejemplos:

"No fue sino hasta que hice el Test de la Pasión que caí en cuenta de que una de mis cinco pasiones principales era viajar a otros países con mis dos hijos. Dos días después de haber realizado el test de la pasión y de poner en claro mis pasiones

principales, unos amigos me enviaron un correo electrónico invitándome a viajar a Tonga en su barco, con mis dos hijos, para ayudar a filmar una expedición de ballenas. ¡Quedé estupefacto! Janet tenía razón cuando dijo: "Aquello en lo que uno fija la atención cobra fuerza en su vida". ¡Le recomiendo el test de la pasión a todo el que quiera manifestarse ahora!"

- Dr. Jacalyn Buettner

"Siendo un director ganador de un Oscar y de dos Premios Emmy, había perdido el camino por completo. Me encontraba dirigiendo comerciales de bebés para jugueterías. El taller y el libro El Test de la Pasión me llevaron de regreso a lo mío, a mi compromiso fervoroso de generar un cambio a través del poder de las películas. Ahora, un año después, estoy viviendo mi sueño. Estoy produciendo siete largometrajes y estoy a punto de dirigir mi primer largometraje. Trabajo con personas fascinantes y nunca antes me había sentido más feliz o más realizado".

- Jeffrey Brown

"El proceso es increíble y ha sido muy valioso para mí en la búsqueda de mi pasión. Por muchos años, he estado buscando respuestas que por uno u otro motivo se me escapaban. En este momento, puedo ver que el haber llevado a cabo el test de la pasión me ha iniciado en un viaje que finalmente me deja ver con claridad en donde radican mis pasiones. Me siento muy emocionado; estoy comenzando el siguiente paso del proceso y mi energía simplemente está fluyendo."

- Dee Berman

Puedes encontrar más testimonios en:

www.thepassiontest.com/ testimonials (información en inglés).

Hoy en día, nos apoyamos mutuamente para vivir intensamente nuestras pasiones, tengan o no un sentido lógico. Como resultado vivimos una vida plena y gratificante que ha rebasado en todo los límites de nuestra imaginación.

A lo largo de la primera parte de este libro hemos entretejido un relato que describe la forma en que Janet está cumpliendo una de sus pasiones. Mantente atento a las lecciones que están embebidas en el relato porque esas lecciones serán primordiales para ayudarte a forjar tu propio destino.

Haciendo el trabajo interior

En nuestra revista en línea *Healthy, Wealthy 'n Wise* (Saludable, Rico y Sabio), cada mes entrevistamos a entrenadores transformacionales de renombre *(www.healthywealthynwise.com-interview* [información en inglés]). Muchos de estos entrenadores comentan en sus entrevistas que la mayoría de las personas no quieren dejar de lado su vida atareada para dedicar el tiempo necesario para hacer su "tarea interior". La mayoría teme que si deja de "hacer", entonces no podrá ganarse la vida, cuidar a su familia, pagar la hipoteca, etcétera.

Cualquier gran maestro les diría que los resultados no se producen en el nivel superficial del "pensamiento" o la "acción", sino al adentrarse profundamente en sí mismo y aprovechar la reserva ilimitada de creatividad e inteligencia que existe en cada uno de nosotros.

En este libro compartiremos contigo parte del conocimiento esencial que se necesita para una vida plena en todos sus niveles - el personal, el emocional, el espiritual, el físico y el material. Creemos que todo lo que vale la pena hacer siempre tiene algún componente de diversión, de gusto y placer.

Así que, en una forma verdaderamente divertida, hicimos que este fuera un libro participativo. Te invitamos a jugar con nosotros y que, mientras lees, participes activamente en el proceso; y que cuando realices los ejercicios, sueñes e imagines una vida llena de pasión.

¿Qué es el destino personal? ¿Tienes uno?

Por supuesto que lo tienes. Todos lo tenemos. Piensa en ello. Ninguna persona en el planeta es exactamente igual a otra. Eres único. Tienes dones únicos que nadie, excepto tú, puedes dar. Tienes esos dones para que puedas desempeñar un papel especial en este mundo que necesita de tus dones y que necesita de ti.

Cuando estás desempeñando ese papel, estás viviendo tu destino personal. Cuando estás alineado con tu destino, tu vida es alegre, encantadora, emocionante y gratificante.

Tus pasiones son los amores de tu vida. Son esas cosas a las que das una importancia extrema. Son esas cosas que, cuando las haces o hablas de ellas, te hacen brillar de alegría.

Las personas que amas están relacionadas con tus pasiones y, en muchos casos, las relaciones que tienes con ellas pueden *ser* tu pasión. No es raro que las personas enumeren entre sus pasiones principales a su cónyuge, a su familia o a sus hijos. La mayoría de las personas consideran que su destino se cumplirá como parte de un equipo y la familia es el equipo más importante para uno.

La pasión y el amor están entrelazados de manera inextricable porque ambos brotan del corazón. Cuando sigas tus pasiones, amarás la vida.

El Dr. Andrew Newberg y Mark Waldman, neurocientíficos del Centro para la Espiritualidad y la Mente de la Universidad de Pennsylvania, han hecho estudios exhaustivos sobre la relación que existe entre nuestras creencias y lo que creamos en nuestro mundo. Son coautores de la aclamada obra *Born to Believe* (*Nacido para Creer*)

Les preguntamos si cuando alineamos nuestras vidas con las cosas que más amamos, sentimos que aumenta la sensación de tener un norte, alegría y satisfacción. Esto fue lo que respondieron:

"El cerebro se siente muy contento cuando te enfocas en lo que amas. Enfocarte en lo que en realidad amas y deseas, hace que las partes del sistema límbico, que controlan las emociones destructivas como el temor, la rabia, la depresión y la ansiedad, bajen el volumen. Esto permite pensar con mayor lucidez".

"También puedes subir el volumen en las partes del sistema límbico que generan emociones positivas. Cuando esto ocurre, recibes una descarga de dopamina, endorfina y una variedad de hormonas y neurotransmisores que reducen el estrés. Concentrarte en lo que en realidad amas, puede ayudarte a mejorar tu salud y permitir que sientas más los efectos positivos de esos neuroquímicos que reducen el estrés corporal y mental".

"De hecho se obtiene una especie de doble efecto. Cuando nos alineamos con lo que consideramos tiene mayor importancia, las emociones negativas tienden a disminuir y las positivas a aumentar".

Así que, seguir las pasiones es bueno para la salud y el bienestar, pero... ¿Qué tiene que ver esto con tu destino? Las pasiones no son nuestro destino; son indicios o claves que te llevan a descubrir tu destino. Mientras más apasionante sientas que es tu vida, más alineado estás con tu destino. En la segunda parte de este libro encontrarás entrevistas con algunas de las personas más exitosas de nuestra época. Al irlas leyendo, descubrirás cómo su destino fue surgiendo a partir de las cosas que las apasionaban.

El destino es el viaje a través de la vida. Las pasiones cambian y se transforman con el tiempo en la medida en que llegamos a conocernos y a comprendernos más a fondo. Cuando sigas tus pasiones, sentirás una atracción irresistible que te obligará a seguir adelante, hasta que llegue el día en que te despiertes y descubras que estás viviendo apasionadamente, con un claro sentido de dirección y destino.

Y todo esto comienza con identificar claramente tus principales pasiones, algo que harás antes de terminar de leer este libro.

Recuerda el mantra que te presentamos al inicio de este capítulo. Es una fórmula sencilla para vivir tu destino personal:

Intención - Atención - Sin tensión

Juntos, mantengamos la intención de que durante la lectura descubrirás tus verdaderas pasiones y comenzarás la vida que te corresponde vivir.

PRIMERA PARTE

DESCUBRE TUS PASIONES

¡EL PRINCIPIO
DEL PRINCIPIO!

"Cuando sigas tu dicha absoluta...
Se abrirán puertas donde nunca habrías imaginado
que había puertas; y donde
*no habría una puerta para nadie más.***"**

- Joseph Campbell

- ¿Qué tal estuvo el viaje? - Preguntó Chris.

- Sin dudas, fue la mejor experiencia de toda mi vida y la más fascinante -respondió Janet.

- ¿Qué pasó?

De repente, la cara de Janet cobró una expresión de perplejidad.

- ¡Debo estar volviéndome loca! - Dijo ella. - Estuve tan enferma que casi no pude levantarme de la cama durante una semana. Me caí de una montaña y por poco me mato. Estuve a punto de morir congelada en los montes Himalaya, un burro me pateó y tuve que viajar sola por la India; y había jurado que nunca lo haría -.

A pesar de todo esto, el viaje de Janet a la India fue la mejor experiencia de su vida. Allí conoció a más de sesenta "santos" o individuos venerados por su sabiduría e iluminación. Entrevistó a más de cuarenta de ellos para su próximo documental y libro, The Saints Speak Out (Los Santos Hablan.). Realizó una ardua y larga caminata hasta el nacimiento del río Ganges en lo alto de la cordillera Himalaya y tuvo algunas de las percepciones intuitivas más profundas de su vida.

Un poco más adelante, les contaremos la forma como la pasión de Janet creó este viaje que le cambió la vida y las experiencias memorables que surgieron de él, pero primero hablemos sobre los amores de tu vida.

¿Por qué estás leyendo este libro? Quizá quieres tener una vida más feliz y llena de satisfacciones. Quizá sientes en lo más profundo de tu ser que tu destino personal es más, o diferente, de lo que estás viviendo en este momento.

Nos sentimos afortunados y agradecidos por haber descubierto como vivir inmersos en nuestras pasiones.

Esto nos tomó mucho tiempo; para cada uno de nosotros fueron más de treinta años en el mundo laboral y buena parte de eso no fue fácil. No nos sorprendería que supieras qué se siente al trabajar semanas, meses o años haciendo todo lo posible por salir de la rutina diaria y tediosa del trabajo, apenas sobreviviendo y viviendo de sueldo a sueldo.

Quizás hayas participado en seminarios o hayas visto programas de televisión que te enseñan cómo hacer dinero en bienes raíces, en la bolsa o en tu propio negocio. Quizás hayas intentado ganar dinero adicional en negocios de mercadeo multinivel, vendiendo cosas en eBay o con un trabajo de medio tiempo.

Tal vez sabes lo que se siente cuando otro plan maravilloso fracasa, cuando surge un sentimiento de depresión y desánimo que aumenta y te abruma, hasta que se te revuelve el estómago y te comienzas a preguntar: "¿En realidad, todo esto vale la pena?".

También nosotros hemos pasado por eso. Descubrimos que esos sentimientos surgen cuando no estás alineado con tu destino personal. Y todo puede cambiar en un instante, tal como le ocurrió a Janet.

La luz se encendió

Janet comenzó su viaje de niña, bailando debajo de los postes del alumbrado público:

"Cuando tenía ocho años de edad solía recostarme en la cama en las noches, esperando a que mi familia se durmiera.

Luego, sin hacer ruido, me escabullía fuera de casa y entraba en mi mundo imaginario. Este era mi momento preferido del día. En la esquina, debajo del poste del alumbrado público, mi mundo se convertía en un escenario muy iluminado. Me convertía en una actriz hermosa, de fama internacional, que actuaba frente a miles de ardientes admiradores. En el silencio del amanecer, cantaba y bailaba sin inhibición alguna. Allí, en mi escenario callejero de la esquina, me sentía realmente viva y libre".

"Cuando mis tías y tíos venían a visitarnos, siempre me aseguraba de que papá me permitiera cantar y bailar para ellos. ¡Cómo me odiaban mi hermana y mi hermano cuando mi padre reunía a todo el mundo en la sala para mi show de Broadway! Cuando lo hacía, Mickey y Johnny salían corriendo por la puerta de atrás, muertos de vergüenza".

"Después de todo, yo desafinaba y no sabía bailar. Sin embargo, mi afición por actuar frente a otros superaba con creces cualquier inseguridad que pudiera sentir ante mi falta de talentos. Sin dudarlo ni un segundo, entretenía a cualquier visitante que llegara. Pedía a mis padres con insistencia que me dejaran asistir a clases al Pasadena Playhouse, una escuela de artes dramáticas que quedaba cerca. Ellos respondían: "Lo sentimos, cariño, sencillamente no tenemos dinero para ese tipo de cosas"".

"Cuando cumplí diez años, mi padre estaba ganando más dinero y accedió a mi antigua petición. Pero yo sentía que ya no era posible.

Con el corazón partido, miré a papá y le dije: 'Me encantaría asistir a clases en el Pasadena Playhouse, pero ya es muy tarde, temo que ya estoy demasiado vieja'. Pensaba que como era mayor que Shirley Temple, cuando ella comenzó actuar, había desperdiciado mi oportunidad de ser una estrella".

"Así que, en ese aciago momento, mi mundo de fantasías colapsó y entré en un mundo de realidades crueles y duras. Nunca encontraría a mi hermano ni a mi hermana inmersos en un juego imaginario bajo el alumbrado público al amanecer. Era hora de crecer y darme cuenta de que ya estaba demasiado grande para este tipo de cosas. Y ahí es donde estaba equivocada".

"Para cuando cumplí dieciocho años había dejado de soñar y comencé a vivir una versión poco inspiradora de 'la vida real'. Nunca pensaba en lo que me gustaba hacer, esperaba o incluso quería hacer. Hacía tiempo que había olvidado todo eso. Cuando necesitaba un empleo, simplemente ojeaba los avisos de ocasión. Mis únicas preguntas eran: ¿Qué tan duro tendría que trabajar? Y ¿Cuánto me pagarían?".

"En 1981, comencé a trabajar para una empresa de reclutamiento técnico en San José, California, en el corazón de *Silicon Valley*. La empresa se encontraba en sus años de apogeo, cazando 'ingenieros de servicio para discos duros de ordenador'. La empresa tenía mucho éxito. Había una campana que sonaba cada vez que contrataban a alguien y sonaba muchas veces al día".

"Por desgracia, nunca sonó para mí. Solo veía como los demás hacían una colocación tras otra. Todos los empleados se felicitaban entre sí, se compraban autos y casas nuevas, se daban vacaciones maravillosas; mientras yo permanecía sentada en mi escritorio esperando a que el reloj diera las cinco. Cada día salía del trabajo humillada, enojada, avergonzada, deprimida y sin dinero. Y cada día que pasaba era peor".

"Esta empresa élite, rentable, de doce personas, me había contratado por una razón muy simple: casi todos los que trabajaban allí eran amigos míos. Cuando se abrió una vacante en la compañía, todos mis amigos estuvieron de acuerdo: 'Este es el trabajo perfecto para Janet'. ¿Y por qué no? Todos me conocían como una persona social que te podía presentar con mucha gente, una persona con una gran red de amigos y contactos y una gran comunicadora; un auténtico dínamo de energía; alguien que podía lograr cualquier cosa. Sin embargo, lo que no sabían era que yo no contaba con ninguna aptitud de tipo ingenieril. A nadie se le ocurrió (ni siquiera a mí) que no sería capaz de comunicarme en lo absoluto con posibles ingenieros de servicio".

"Un día, 'por casualidad', vi un volante sobre un curso motivacional llamado *Sí al Éxito*. De repente, tuve una sensación extraña. Sabía que tenía que asistir a ese seminario. No dudé en llamar al trabajo para decir que estaba enferma".

"La directora del seminario era una mujer joven llamada Debra Poneman; el punto clave que exponía era la importancia de 'encontrar la pasión'. Mientras observaba a Debra dando la clase, discutiendo con entusiasmo ideas como el manejo y administración del tiempo y la fijación de metas, me sentía más interesada en lo que ella estaba *siendo* que en lo que estaba *diciendo*".

"Era obvio que estaba viviendo su pasión; cada una de sus palabras y de sus gestos era evidencia de ello. Debra, sin duda alguna, era una persona realmente feliz. Allí estaba ella, la 'mujer ideal', motivando a todo el mundo no sólo con su profundo conocimiento, sino también con el amor que irradiaba. Al mismo tiempo, recorría el mundo y ganaba dinero hablando sobre lo que amaba; y todo esto lo hacía de una forma brillante".

"Debra nos enseñó que cuando viéramos a una persona que tuviera algo que nosotros deseábamos, era necesario dejar de lado la envidia o el resentimiento. En lugar de esto, solo debíamos decirnos a nosotros mismos: '¡Eso es lo mío!' ".

"Tomé ese consejo muy a pecho mientras observaba a Debra. Cerré los ojos y en silencio repetí este nuevo e invaluable mantra: '¡Eso es lo mío! ¡Eso es lo mío! ¡Eso es lo mío!'. Por un golpe de 'suerte', cuando el curso se terminó, pude llevar a Debra al aeropuerto. Mientras esperábamos el vuelo, ella me miró a los ojos y dijo: 'Janet... ¿Cuál es tu sueño?'. Le sostuve la mirada y respondí: '¡Me alegra que lo preguntes! Justo hoy estaba pensando que deberías contratarme o hacerte a un lado, porque voy a ser la conferencista transformacional más exitosa del planeta'. Justo en ese momento, anunciaron que ya se podía abordar el avión. Sin hacer ningún comentario sobre lo que le acababa de decir, Debra me abrazó, se dio vuelta de prisa y se fue. Lo único que se me ocurrió pensar fue: '¡Nos volveremos a ver!' ".

"Una vez que encuentro la dirección hacia donde realmente quiero dirigirme, tengo la habilidad de hacer cambios con mucha rapidez. Al día siguiente, regresé al trabajo sabiendo que mis días de zángano desmotivado estaban a punto de terminar. Tenía un pensamiento clavado en la mente: ¿Cómo podía convencer a Debra para que me contratara?"

"Por fin se me ocurrió un plan que sabía la iba a impresionar. Al final de su curso, Debra nos entregó el itinerario de las presentaciones que haría en los próximos meses; éstas incluían Nueva York, Boston, Washington, D.C., Fairfield (Iowa) y Los Ángeles. Decidí que de alguna manera conseguiría dinero suficiente para volar a todos esos lugares y sentarme en primera fila en cada una de las clases. Cuando Debra entrara al auditorio, me vería sentada allí y sabría que hablaba en serio. Lo único que necesitaba era dinero suficiente para cubrir los gastos que implicaría seguir a Debra a todas partes".

"Esa noche me encontré a una amiga en el Centro de Meditación Trascendental al que solía asistir. Cuando casualmente me preguntó qué había estado haciendo recientemente, la sorprendí al manifestarle en voz alta y con mucha pasión que por fin había descubierto mi propósito en este planeta. Le conté que planeaba asistir a todas las clases de Debra. La noche siguiente, mi amiga y yo volvimos a encontrarnos en el centro de MT. Cuando nos estábamos levantando de la meditación, ella abrió la cartera y dejó caer sobre mi cabeza una lluvia de diez billetes nuevecitos de cien dólares y entre risas me dijo: '¡Feliz Navidad!'. Me quedé allí, con la boca abierta. Con los ojos llenos de lágrimas le agradecí que creyera en mí y le prometí que muy pronto le retribuiría su increíble generosidad".

"Seguí mi plan, viajé de una ciudad a otra y asistí a cada uno de los seminarios de Debra. Finalmente, en Los Ángeles, en el último seminario de su itinerario, ella se me acercó y me dijo: 'Bueno, si no puedo deshacerme de ti es mejor que te aproveche ¡Estás contratada!'. No hace falta decir que éste fue un momento muy emocionante. Estaba en camino hacia mi sueño. Sin embargo, mientras escuchaba sentada los seminarios de Debra, una y otra vez, algo mucho más importante ocurrió: el nacimiento del *Test* de la Pasión".

NACE EL TEST
DE LA PASIÓN

"Estoy aquí por un propósito y ese propósito
es crecer hasta ser una montaña,
no encogerme hasta ser un grano de arena.
Por lo tanto, concentraré TODOS mis esfuerzos
para convertirme en la montaña más alta de todas
y forzaré al máximo mi potencial
hasta que pida clemencia a gritos."

- Og Mandino

La pasión es una experiencia muy personal. Cuando comienzas a hacer lo que amas, lo que en verdad te apasiona, tu vida se moverá de forma irresistible en direcciones que ni siquiera te puedes comenzar a imaginar.

En el transcurso de la primera parte de este libro, compartiremos contigo la asombrosa historia de los milagros que aparecieron en la vida de Janet una vez que tuvo claro los grandes amores de su vida: sus pasiones.

Con mucha frecuencia nos quedamos enredados en los "cómos": ¿Cómo obtendré el dinero? ¿Cómo sacaré tiempo? ¿Cómo aprenderé esta o aquella habilidad? Pero, como verás, lo que importa saber no es el cómo, sino el "qué". El propósito de este libro es ayudarte aclarar el "qué", tus verdaderas pasiones.

Al irse desenvolviendo el relato del viaje de Janet a la India, verás cómo apareció el dinero de la "nada" y cómo, en vez de tener que ir tras sus deseos, éstos vinieron hacia ella. Relataremos los hechos fortuitos que ella nunca habría podido predecir y cómo las inconveniencias o incomodidades externas, que surgen de manera inevitable a lo largo del sendero de la pasión, se vuelven irrelevantes cuando estás alineado con el destino.

Con todo esto pendiente, regresemos ahora a la historia de Janet sobre el nacimiento del *Test* de la Pasión.

"El segundo día del seminario, Debra mencionó una investigación sobre cien de los individuos más influyentes y más exitosos, desde el punto de vista económico, en los Estados Unidos. El estudio reveló que todas estas personas súper exitosas y poderosas tenían una cosa en común.

- ¿Alguien puede adivinar qué es? - Preguntó ella. Cada uno dijo lo que pensaba podía ser la respuesta mágica, pero Debra seguía sacudiendo la cabeza. - ¿Que podría ser? - Pensaba yo".

"Por fin, después de lo que pareció una eternidad, Debra dijo: - La encuesta reveló que estas personas poderosas y exitosas habían completado las cinco cosas que consideraban ser las más importantes y vitales para una vidas ideales. Esa sola frase cambió mi vida para siempre. En otras palabras: se me encendió el bombillo. De hecho, ¡Más bien fueron fuegos artificiales!"

"Debra siguió hablando sobre la importancia de saber lo que se quiere ser, hacer y tener; y cómo, una vez que se fijan metas, también uno puede volverse poderoso y exitoso. Era tan fácil. En la medida en que Debra continuaba hablando sobre cómo vestirse para el éxito, yo seguía en mi propio mundo, pensando en el estudio: 'Es claro que lo que uno tiene que hacer es establecer cuáles son sus aspiraciones más importantes', pensé".

Cuando regresó a casa, Janet se sentó e hizo una lista de quince de las cosas que le gustaría hacer, ser o tener en la vida. Luego, seleccionó las cinco más importantes.

1. Soy una conferencista transformacional brillante, exitosa, que motiva a los seres humanos en todo el mundo.

2. Viajo por el mundo en primera clase.

3. Me tratan como a una reina dondequiera que voy.

4. Recibo y doy amor en todos los aspectos de mi vida.

5. Trabajo con un equipo humano iluminado.

El procedimiento sencillo y único que Janet utilizó para seleccionar estos elementos es lo que ahora se conoce como el *Test* de la Pasión.

Le presentaremos el *Test* de la Pasión en un momento, pero primero: ¿Por qué es tan importante hacer lo que amamos? Una amiga nuestra compartió con nosotros una historia verdadera que ilustra la importancia de hacer lo que disfrutamos por completo. Esta es la historia:

"Una joven que coleccionaba autógrafos de gente famosa estaba en el aeropuerto esperando abordar un avión, cuando vio una multitud de gente parada alrededor de un hombrecito envuelto en una túnica blanca.

Ella sabía que este hombre tenía que ser alguien muy conocido por la multitud que lo rodeaba. Fue a preguntarle a una persona que estaba parada cerca de él, quién era ese hombre. Le contestó que era Maharishi Mahesh Yogi, un gran santo de las montañas del Himalaya.

La chica corrió con mucho entusiasmo hacia Maharishi y de inmediato le pidió un autógrafo. Maharishi cogió el papel y el bolígrafo, la miró a los ojos y dijo: "Te daré algo mucho más importante que un autógrafo". Y escribió una palabra en el papel".

Disfruta

¿Qué mensaje le estaba transmitiendo Maharishi? El propósito de la vida es disfrutar. Cuando no estás disfrutando, estás fuera del flujo de la vida. Estás perdiendo de vista tu propósito.

De nuevo... ¿Por qué es tan importante disfrutar lo que se hace? Piensa en las personas más destacadas del planeta, en el pasado y en el presente. Todas amaban lo que hacían o lo que están haciendo ahora. Cada una de ellas. Puede que sus vidas no hayan sido fáciles; con seguridad, tuvieron que enfrentar retos; sin embargo, *amaban* lo que estaban haciendo.

Ahora piensa en las personas que conoces y que de verdad son felices. ¿No es cierto que aman lo que están haciendo en sus vidas? Quizá algunos aspectos de sus vidas son difíciles, pero, a fin de cuentas, aman sus vidas, la forma como pasan los días y aquellos con quienes comparten la vida. ¿No es así?

Para nosotros, es obvio. Para tener un éxito absoluto en cualquier área, el requisito más importante debe ser que se tenga pasión por hacerlo.

¿La pasión y el deleite van de la mano? ¡Por supuesto! La pasión es el fuego interior que nos impulsa hacia adelante a través de la combinación del amor por lo que se hace y el sentido interior de propósito que surge cuando nos conectamos con nuestras pasiones más profundas. El deleite resulta de esta combinación del amor y el sentido de propósito.

Al ayudarte a aclarar lo que más amas, lo que más te importa, el *Test* de la Pasión te da los medios para que puedas alinear tu vida con aquello que más disfrutas.

El *Test* de la Pasión es efectivo porque es un sistema. El diccionario *Webster* define la palabra sistema de esta forma:

Sistema

1. Un grupo de elementos que interactúan de manera regular o que son interdependientes y que forman una unidad...

2. Una serie organizada de doctrinas, ideas o principios que por lo general tiene como objetivo explicar la disposición o la forma como trabaja una unidad sistemática...

3. A: un procedimiento organizado o establecido. B: una forma de clasificar, simbolizar o esquematizar: "un sistema taxonómico", "el sistema decimal".

4. Un orden o patrón armonioso: ORDEN: "descubrir un sistema dentro de la confusión" - Ellen Glasgow.

Un sistema pone orden, ahorra tiempo, requiere menos energía y cuesta menos. Es un procedimiento organizado y establecido que produce resultados. Una forma fácil de recordar el valor de un sistema es el acróstico que Robert Allen y Mark Víctor Hansen acuñaron para la palabra sistema en inglés en su libro *Millonario en un Minuto*. SYSTEM = Save Yourself Time, Energy and Money (Ahórrese tiempo, energía y dinero).

El *Test* de la Pasión es un sistema que te ayudará a descubrir tu misión en la vida. ¿Cuál es tu propósito? ¿Cuál es tu destino? ¿En qué trabajo te sientes como si estuvieras jugando sin importar cuantas horas le dediques?

El *Test* de la Pasión es muy sencillo, pero no te dejes engañar por eso. Los resultados pueden ser profundos. Te ofrecerá una manera fácil y divertida de priorizar lo que en verdad es lo más importante y significativo para ti. Te ayudará a eliminar las cosas que en este momento te distraen.

El *Test* de la Pasión exige que te enfrentes a tu vida interior y la saques a la superficie, para que la puedas examinar y con ello aclarar lo que realmente es importante para ti. Es la llave mágica que abrirá aquellos sueños olvidados que esperan con paciencia en tu corazón a que llegue el día en que por fin digas: "¡Estoy aquí para marcar la diferencia y el momento es *ahora!*".

REALIZA EL TEST DE LA PASIÓN

"Dios ha dado a cada uno de nosotros
"un mandato".
Nuestro propósito aquí en la Tierra
es encontrar esas órdenes y llevarlas a cabo.
Esas órdenes reconocen nuestros dones especiales."

-Soren Kierkegaard

Era el año 2003. Habíamos completado nuestro proyecto con Mark Víctor Hansen y Robert Allen. Mientras estábamos trabajando con ellos, conocimos a mucha gente increíble y formamos el *Enlightened Alliances* (*Alianzas Iluminadas*), disfrutando algunos éxitos maravillosos. Liz y Ric Thompson, miembros del programa *El Millonario Iluminado*, nos propusieron que nos asociáramos con ellos para administrar su revista en línea, *Healthy, Wealthy 'n Wise* (*Saludables, Ricos y Sabios*), que en la actualidad hacemos juntos.

Janet sintió que era el momento de volver a poner en claro sus pasiones. Había tomado el *Test* de la Pasión muchas veces, pero esta vez era diferente. Algo estaba despertando en ella y sabía que iba a tener un profundo efecto en su vida.

Mientras hacía la lista de las cosas más importantes para ella, lo que sería, haría o tendría cuando su vida fuera la ideal, se dio cuenta que nunca lo había tenido tan claro.

Un elemento de la lista le brincaba: "Pasar tiempo con los iluminados". Esta breve afirmación fue como una chispa que encendió un fuego insaciable dentro de ella.

Aunque se sentía sumamente atraída hacia esta idea, pensó: "¿Cómo rayos lograré esto?". Después de todo, los seres más venerados por su sabiduría e iluminación se encuentran rodeados por organizaciones enormes con mucha gente que los protege o están ocultos en una cueva arriba de los montes Himalaya o en un bosque espeso.

Sabía que quería empezar a viajar a la India porque ya había encontrado algunos maestros iluminados allí, pero más allá de esto no tenía ni idea de cómo podría satisfacer esta pasión.

Antes de que contemos cómo se cumplió y se sigue cumpliendo la pasión de Janet de pasar tiempo con los iluminados, haz el *Test* de la Pasión. Sólo recuerda que, por ahora, no necesitas descifrar *cómo* vas a llevar a cabo las pasiones que pongas en la lista. Te ayudaremos con eso una vez que las hayas escrito.

En nuestra experiencia con el *Test* de la Pasión, hemos encontrado que el reto más grande para la mayoría de la gente es dejar de ser un obstáculo en su propia senda. Cuando la mayoría de personas hacen por primera vez el *Test* de la Pasión, comienzan a escribir una pasión, pero si no ven de inmediato como la pueden manifestar en la práctica, la borran (¡sobre todo las que son más grandes!) y ponen algo que sea fácil de alcanzar. En otras palabras, no arriesgan demasiado.

Por ejemplo, quizás anhelabas ser un pianista de renombre internacional. Ahora, a la luz de las circunstancias de tu vida presente, eso puede parecer poco realista. Entonces, en vez de anotar en la lista de tus pasiones "ser un concertista de piano", no te arriesgas y escribes "tocar piano".

Podemos adivinar lo que estás pensando: "Pero no tengo ni la menor idea de cómo convertirme en un pianista de renombre internacional". Confía en nosotros. No importa. Escríbelo.

El Dr. Andrew Newberg y Mark Waldman, neurocientíficos del Centro para la Espiritualidad y la Mente de la Universidad de Pennsylvania, que mencionamos antes en la introducción, expresan lo siguiente con respecto a pensar en grande:

> "Cuando nos enfocamos en grandes interrogantes, esas interrogantes que son realmente grandes, desafiamos a nuestro cerebro a que piense desde una perspectiva nueva y esto genera un cambio en la estructura de las neuronas, particularmente en los lóbulos frontales, esa parte del cerebro que controla la lógica, la razón, el lenguaje, la conciencia y la compasión".

> "Crecen axones nuevos y alcanzan nuevas dendritas para comunicarse de manera nueva y desconocida para nuestro cerebro. Cuando estamos contemplando esas grandes interrogantes, usamos nuestros lóbulos frontales para alterar la función de otras partes del cerebro".

Así que no temas pensar *en grande*. Janet no tenía ni la más remota idea de cómo podría llegar a pasar tiempo con maestros iluminados cuando escribió: "Pasar tiempo con los iluminados". Sin embargo, como verás al seguir leyendo la historia de Janet, el resultado fue mucho mejor de lo que ella jamás había soñado.

Una vez que aclaras tu intención, el paso siguiente es la atención. Si crees que tu pasión es ser un multimillonario y no sientes ningún deseo por enfocar tu atención a hacer dinero y amasar una fortuna, entonces tu mente está jugando contigo. Te está diciendo que esa es tu pasión cuando en realidad sólo quieres sentirte protegido de los pagos mensuales, las responsabilidades y las incomodidades. Este tipo de juegos mentales nunca te llevarán a que te sientas realizado.

Las pasiones brotan del corazón. Cuando uno en verdad siente pasión por algo no tiene que esforzarse mucho para fijar su atención en ello. Si aparecen retos, éstos no logran disuadirte. Te pueden frenar temporalmente, pero no te pueden detener.

Regresemos a la idea de "jugar a la segura". ¿Has notado alguna vez que las personas que no se arriesgan y juegan a la segura no son tan entusiastas, enérgicos, apasionados, ardientes y emocionados con respecto a sus vidas como lo son aquellos amigos que se arriesgan y que van con todo a buscar sus sueños?

Piensa en alguna persona que conozcas que siempre elige irse por la vía segura. Cuando busca empleo prefiere a una empresa reconocida con un salario más bajo, que le dé seguro de gastos médicos, prestaciones, jubilación y vacaciones pagadas, en lugar de arriesgarse a trabajar en una empresa recién creada que pague más, tenga una atmósfera más familiar y que le ofrezca la opción de comprar acciones.

Estas personas no caminan cerca del borde del desfiladero, no se lanzan desde el trampolín más alto, no viajan a sitios donde podrían contagiarse de alguna enfermedad horrible. No viven en el lugar donde les encantaría vivir porque es muy caro, no vuelan en aviones pequeños, no conducen a altas velocidades, no navegan en el mar y no hacen nada que pueda ser peligroso, arriesgado o que asuste. ¿Quieres parecerte a este tipo de personas?

Por otro lado, ¿cómo se siente ser alguien que disfruta con gusto cada momento? ¿qué se siente ser alguien que está haciendo lo que tiene que hacer para vivir su sueño, que está dispuesto a enfrentar cualquier reto, a vérselas negras, a ir a donde sea necesario con tal de cumplir los deseos más preciados de su corazón?

No nos malinterpretes. No te vamos a pedir que te lances de la montaña hasta que no estés preparado, pero sí queremos recalcar la importancia de pensar en tu vida *ideal*, no en tu vida *posible*.

Existe un secreto para identificar el "cómo" de tus sueños, que compartiremos contigo más adelante. Este secreto se revela en el relato del viaje de Janet a la India. Sin embargo, este viaje nunca se habría llevado a cabo si ella no se hubiera dado primero el permiso de estar abierta a todas las posibilidades cuando tuvo claro el "qué".

Así que por ahora, confía en nosotros. No censures tu *Test* de la Pasión.

Para asegurarte de que vas a liberar esas *grandes pasiones* que todavía tienen que salir a la luz, Janet compartirá contigo un ejemplo - la lista de pasiones de un amigo que no batalla para pensar en grande.

"Hace un par de años, Chris y yo estábamos hablando en el seminario *Riqueza y sabiduría* de T. Harv Eker en Vancouver. Mi gran amigo y socio, Jack Canfield, de *Sopa de Pollo para el Alma*, también era uno de los conferencistas. Por ese entonces estaba escribiendo mi libro digital, *The Passion Test: Discovering Your Personal Secrets to Living a Life on Fire (El Test de la Pasión: Descubre tus Secretos Personales Para Vivir una Vida Llena de Entusiasmo)*. Quería que Jack tomara el *test* para poderlo usar en mi libro".

"El día en que Jack salía para California lo llamé por la mañana a la habitación de su hotel y le pedí que nos reuniéramos antes de que se fuera para hacerle el *test* de la pasión. Jack me comentó que no era el momento oportuno porque iba para el aeropuerto y el taxi ya lo estaba esperando.

- No hay problema - dije - . ¿Podría acompañarte y hacerte el *test* en el camino? Todavía puedo oír la risa de Jack por el teléfono, mientras decía:

- ¡Estás loca! OK. Nos vemos abajo".

"En el camino hacia el aeropuerto, le expliqué a Jack cómo funcionaba el *Test* de la Pasión y más o menos en un minuto había mencionado quince de sus más grandes pasiones. ¡Hablando de saber quién eres y qué es lo que amas!"

"No me sorprendió. Con más de 100 millones de libros de la serie *Sopa de Pollo para el Alma* vendidos a nivel mundial, es obvio que el tipo sabe a dónde quiere ir y que no tiene problemas en pensar muy en grande".

"Esta fue la lista inicial de las pasiones de Jack:

1. Presto servicios a un inmenso número de personas.

2. Ejerzo un impacto a nivel internacional.

3. Disfruto de un estatus de celebridad.

4. Soy parte de un equipo dinámico.

5. Tengo un rol de liderazgo.

6. Ayudo a la gente a vivir su visión.

7. Hablo frente a grupos grandes de personas.

8. Ejerzo una gran influencia a través de la televisión.

9. Soy multimillonario.

10. Tengo sedes y un equipo de apoyo de talla mundial.

11. Tengo mucho tiempo libre.

12. Estudio con maestros espirituales con regularidad.

13. Formo parte de una red de trabajo de líderes espirituales.

14. Conformo un grupo élite de entrenadores en crecimiento, que se sienten identificados con mi organización.

15. ¡Me divierto, me divierto, me divierto!

Después de que conduje a Jack a través del proceso, estos fueron los resultados del test:

1. Ayudo a la gente a vivir su visión.

2. Soy parte de un equipo dinámico.

3. Presto servicios a un inmenso número de personas.

4. Tengo un impacto en el ámbito internacional.

5. Conformo un grupo élite de entrenadores en crecimiento que se sienten identificados con mi organización.

Al igual que las personas de gran éxito en el estudio que inspiró el *Test* de la Pasión, Jack, después de hacer el *test,* me dijo que estas cinco pasiones ya eran un hecho en su vida. Pero le sorprendió algo. Después del procedimiento del *Test* de la Pasión, "ser parte de una red de líderes espirituales" había quedado fuera de las cinco primeras pasiones. A pesar de que era importante para Jack, esta pasión aún no existía en su vida. Mientras nos despedíamos, me dijo que iba a comenzar a trabajar en ella de inmediato".

"En la actualidad, a Chris y a mí nos complace ser miembros fundadores del *Transformational Leadership Council* (Consejo de Liderazgo Transformacional) de Jack. Este es un grupo en crecimiento de más de cien conferencistas, autores y entrenadores de todas partes del mundo, formado por Jack. El creó este grupo poco después de hacer el *Test* de la Pasión y caer en cuenta de que ser parte de una red de este tipo era importante para él. Está bien, obviamente estoy orgullosa de mi pequeño *test* por ser parte del nacimiento de uno de los sueños de Jack. No se diga más".

"Ahora regresemos al *Test* de la Pasión de Jack. ¿Notas algo en él? Casi todas sus pasiones son en extremo ambiciosas. ¿Cuándo le apliqué el *test,* le preocupaba a Jack si iba a poder realizar sus pasiones? En lo absoluto. El siguiente principio, que te voy a compartir en este momento, ya estaba codificado en el ADN de Jack antes de tomar el test".

"Cuando se tiene claridad, lo que quieres aparecerá en tu vida y sólo en la medida de esa claridad".

"Lo contrario también es cierto: los deseos confusos dan resultados confusos. Casi todo este libro está dedicado a ayudarte a alcanzar una claridad mayor. En la medida en que avancemos, te daremos varias herramientas para ayudarte a aclarar tus pasiones".

Fin de la historia.

Ahora revisemos las pautas para que lleves a cabo tu propio test.

Pautas del Test de la Pasión

La primera parte del *Test* de la Pasión es hacer una lista de tus pasiones; por ejemplo, de las cosas que más amas, que más te importan y las más cruciales para tu felicidad y bienestar.

Mientras preparas tu lista inicial de pasiones, no te guardes nada. Escribe por los menos diez y máximo quince cosas que estés seguro de amar.

Lo que estás buscando aquí son tus pasiones, no tus metas. Las pasiones son la forma como vivimos la vida. Las metas son las cosas que elegimos crear en la vida. Por ejemplo, una de las pasiones de Jack es "ser un multimillonario". Incluso si Jack todavía no fuera multimillonario, su pasión se enunciaría como "ser un multimillonario". Sin embargo, una de sus metas podría ser ganar dos millones de dólares el próximo año.

¿Cuál es la diferencia? Una pasión es la forma como eliges vivir tu vida. Jack elige vivir como un multimillonario. Una meta es algo que te propones alcanzar. La meta se enunciaría como "ganar dos millones de dólares el próximo año".

Cuando tienes claras tus pasiones, puedes fijarte metas que estén alineadas con éstas y comenzar a crear la vida que eliges vivir. Tanto las pasiones como las metas son valiosas; el primer paso es tener claridad sobre las pasiones. Piensa lo que serás, harás y tendrás cuando tu vida sea la ideal.

Del mismo modo que Jack lo hizo con su lista, comienza cada pasión con un verbo que exprese cómo estarás viviendo cuando tu vida sea la ideal.

Aquí hay ejemplos de pasiones expresadas por algunos de nuestros estudiantes.

- Vivo en una casa hermosa en la que me siento en paz por completo.

- Escribo novelas de misterio exitosas.

- Trabajo en un ambiente estimulante con muchas plantas y mucha luz.

- Disfruto de una salud perfecta con mucha energía, vigor y vitalidad.

- Me divierto con todo lo que hago.

- Comparto mucho tiempo de calidad con mi familia.

- Disfruto de buen sexo con regularidad.

- Trabajo con un equipo de apoyo integrado por personas que comparten mis valores.

Bueno, está bien, todas estas pasiones son buenas y adecuadas. ¿Y qué tal si tienes pasiones altruistas, por ejemplo; tener un mundo en paz o eliminar la pobreza de la Tierra o erradicar enfermedades?

Recuerda: las pasiones son la forma como vives la vida. Las metas son las cosas que logras.

Vivir en paz puede ser una pasión. Crear paz en el mundo es una meta. Vivir en abundancia puede ser una pasión. Eliminar la pobreza de la Tierra es una meta.

Ahora... ¿Alguien podría tener la pasión de eliminar la pobreza en la Tierra o acabar con el hambre mundial?   Claro que sí. Lynne Twist, una integrante del *Transformational Leadership Council* (Consejo de Liderazgo Transformacional) es un gran ejemplo. Lynne fue durante muchos años recaudadora de fondos y líder de *Hunger Project*, una organización internacional que ha tenido un gran impacto en la eliminación del hambre mundial. La pasión de Lynn era trabajar para acabar con el hambre mundial. La meta de *Hunger Project* es acabar con el hambre mundial.

¿Captas la diferencia? Las pasiones tienen que ver con procesos. Las metas tienen que ver con resultados.

Mientras piensas en tu lista de pasiones, aquí hay algunas ideas para ayudarte a poner en marcha:

- Aficiones y talentos: Preguntas detonadoras para descubrir tus dones individuales.

¿Qué te gusta hacer? ¿En qué tipo de ambiente te gustaría estar? ¿Qué tipo de gente te gusta tener alrededor? ¿Qué te emociona, te entusiasma, te estimula? Las respuestas a estas preguntas te ofrecen una guía para definir tu propósito.

Aquí hay otro grupo de preguntas: ¿Para qué eres bueno? ¿Cuáles son las cosas por las cuales las personas te felicitan? ¿Qué cosas al parecer haces mejor que la mayoría? ¿Cuáles son tus habilidades y talentos particulares? Por lo general se disfruta más haciendo las cosas para las que se es bueno. Así que a menudo los gustos y los talentos van de la mano.

Ten cuidado con la mente

Si es tan sencillo, ¿por qué hay tanta gente que no logra realizar el propósito de su vida? Porque la mente tiende a engañarnos. La mente es como un mono, salta por aquí, por allá y por todos lados.

Primero corre hacia algo que la seduce y luego huye de algo que la atemoriza. Incluso, para mantenerte seguro y protegido, la mente intentará convencerte de que tu propósito de la vida es menos importante de lo que en realidad es.

Por ejemplo, mucha gente nos dice que su pasión es hacer una gran cantidad de dinero. Pero algunos de ellos no sienten atracción por las cosas que están relacionadas con el dinero, con hacer dinero o con producir más dinero. Estas personas pueden tener una pasión por el servicio, una pasión por su familia o una pasión por estar en la naturaleza. No hay nada sobre hacer dinero, como tal, que los atraiga, que los emocione o que los entusiasme. Cuando hablamos con ellas, lo que descubrimos es que no les importa tanto tener mucho dinero, sino sentir la libertad de hacer las cosas que les gustan.

No es necesario tener mucho dinero para tener esa libertad. Por ejemplo, la Madre Teresa tenía libertad total para hacer lo que le gustaba; sin embargo, nunca tuvo mucho dinero. Lo mismo puede decirse de Mahatma Gandhi y Martin Luther King.

Por otro lado, hemos conocido a algunas personas (nos viene a la mente T. Harv Eker), que tienen una pasión ardiente por hacer mucho dinero, combinada con una pasión por ayudar a una gran cantidad de personas, al mismo tiempo. No hay nada que pueda detener a estas personas para que hagan dinero. Están tan concentradas en hacer grandes cantidades de dinero que es imposible que éste no aparezca.

Mantente abierto a recibir apoyo de donde venga y verás cómo la prosperidad, satisfacción y plenitud irán aumentando en tu vida. Si la seguridad y la libertad que el dinero proporciona son muy importantes para ti, éstas aparecerán.

Para la mayoría de las personas hacer dinero y crear una fortuna son habilidades aprendidas. Tener dinero y fortuna requiere invertir tiempo, energía y dinero para aprender estas habilidades o para rodearse de personas que las tengan.

Algunas otras pautas que vale la pena mencionar. En la medida en que elabores tu lista, ten esto en mente:

- No consultes a nadie. Esto tiene que ver con las cosas que encienden tu fuego. Entra en lo más profundo de tu ser y conéctate con las cosas que en verdad tienen la mayor importancia para ti.

- No tomes el *test* en pareja. Lleva a cabo el procedimiento solo. Más adelante, si así lo deseas, puedes compartir tus pasiones con tu cónyuge o pareja. Si tienen muchos deseos de hacerlo juntos, entonces cada uno debe elaborar su propia lista inicial y después llevar al otro a través del proceso del *test*. Es su *test*. Si no te gustan sus elecciones, entonces piensa si puedes amarle lo suficiente como para querer para tu pareja lo que ella quiere para sí misma.

- Recomendamos que hagas el *test* en una sentada. Sólo debe tomarte veinte o treinta minutos; en caso de que no tengas ninguna claridad sobre las cosas que son más importantes para ti, puedes tomarte un poco más de tiempo.

- Si es posible, haz el *test* en un ambiente tranquilo, sin distracciones. Este es un procedimiento en el que quieres buscar en lo más profundo de tu interior para identificar las cosas que son más importantes para ti en tu vida. No podrás encontrarlas si estás agitado o si debes estar atento a otras cosas.

● Escribe oraciones cortas y claras. Evita combinar varias pasiones en una, tal como: "Disfruto de una relación ideal, viajo por todo el mundo en primera clase y vivo en una hermosa casa con vista al mar". Separa cada pasión y enumérala por separado, por ejemplo: "Disfruto de una relación ideal". "Viajo por todo el mundo en primera clase". "Vivo en una hermosa casa con vista al mar".

El *Test* de la Pasión es una herramienta para ayudarte a comprender los elementos claves que hacen que *tú* vivas feliz y plenamente. Es muy personal. Tus cinco pasiones principales no serán exactamente iguales a las de nadie más. Sólo recuerda, la gente feliz y exitosa tiene presente en su vida sus cinco pasiones principales. El *test* de la pasión te ayudará a identificar las tuyas y te pondrá en el camino hacia una vida llena de alegría, pasión y plenitud.

Instrucciones del Test de la Pasión

Primer paso

Primero, haz una lista de al menos diez cosas importantes que te darían una vida llena de alegría, pasión y plenitud. Comienza cada una con un verbo relacionado con ser, hacer o tener, que complete la frase:

- **Cuando mi vida es la ideal, yo** _____.

Cierra los ojos e imagina tu vida ideal. ¿Qué estás haciendo? ¿Con quién estás? ¿Dónde estás? ¿Cómo te sientes?

Ahora escribe la lista y sé consciente de que ésta es sólo tu primera lista. Si sigues nuestro consejo y haces el *test* cada seis meses, vas a terminar repitiendo este ejercicio muchísimas veces en los próximos años y cada vez tendrás mayor claridad. No te censures. En este momento no necesitas saber "como", sólo el qué.

Haz tu lista en este momento—por lo menos diez (y tantas como quieras):

1. _____

2. _____

3. _____

4. _____

5. _____

6. _____

7. _____

8. _____

9. _____

10. _____

11. _____

12. _____

13. _____

14. _____

15. _____

Deja reposar la lista un rato. Retómala en unas pocas horas o mañana.

Segundo paso

Cuando vuelvas a mirar la lista, da los siguientes pasos para comparar los elementos e identificar cuáles son las más importantes para ti.

a. Si tuvieras que elegir entre poner la primera pasión de la lista y la segunda, ¿cuál elegirías? Ten en cuenta que al elegir no pierdes nada. Es necesario comparar los dos elementos como si sólo pudieras tener uno de ellos, porque esto ayuda a conectarte con aquello que tiene el grado más profundo de importancia para ti. Desde luego que en la vida real puedes tener ambas y para cuando termines todos los ejercicios de este libro, verás que todo está incluido.

b. Sigue comparando la pasión que elegiste con la siguiente hasta que hayas recorrido toda la lista y luego marcas la elegida como número 1. Por ejemplo, si comparaste el primer elemento de la lista con el segundo y optaste por éste, entonces pasarás a comparar el segundo elemento con el tercero. Si eliges de nuevo el segundo, compara éste con el cuarto y así sucesivamente, siempre comparando tu elección con el siguiente elemento de la lista. Ten presente que si comparas el 1 con el 2 y escoges el 1, luego comparas el 1 con el 3 y el 2. Ya sabes que el 1 es más importante que el 2 y que el 3 es más importante que el 1, por lo tanto también el 3, por definición, es más importante que el 2.

c. Comienza de nuevo y compara cada uno de los elementos restantes (no incluyas los que ya escogiste), siempre conservando el que sea más importante. Cuando llegues al final de la lista, marca con el 2 la pasión que quedó seleccionada. Revisa la lista de nuevo y marca la siguiente elección con el 3 y así sucesivamente, hasta que identifiques tus cinco pasiones principales.

d. Si te quedas estancado y no puedes decidir qué elemento es más importante, pregúntate: "Si yo pudiera ser, hacer o tener al 1 y *nunca* tener el 2 o si pudiera ser el 2 y *nunca* ser, hacer o tener el 1, ¿cuál sería mejor?". Al plantear tu elección claramente como una decisión entre dos opciones, ganarás una comprensión mucho más profunda. Evita decir: "Ambas tienen la misma importancia para mí". De acuerdo con nuestra experiencia, esto es sólo una falta de claridad. Profundiza más.

e. Casi todas las personas descubren que el primer impulso es el más acertado. La pasión brota del corazón y es más factible que el impulso del corazón esté más cercano a la verdad que el razonamiento mental.

f. Sé honesto. No te preocupes si tus elecciones no son las que otros consideran que deberían ser. No tienes que mostrar esta lista a nadie más. Esto tiene que ver con lo que enciende tu fuego en este momento. Mientras más alineado estés con lo que en realidad amas, más alegre y realizado te sentirás. Mientras más alegre estés, más atractivo serás para aquellos que amas y valoras. Como dijo un gran maestro alguna vez: "La alegría se esparce como la fragancia de una flor y atrae todas las cosas buenas hacia uno".

g. Evita la tentación de llegar a un elemento en la lista que te parece muy importante y decir: "Ah, ése es el número uno, así que no tengo que revisar el resto de la lista". No te puedes imaginar las veces que hemos oído decir a personas frente al *test*: "Sé, sin someterme a este proceso, cual es mi pasión número uno", solo para descubrir durante el proceso que las cosas fueron cambiando conforme realizaban el ejercicio. Así que para elegir tus cinco pasiones principales lleva a cabo el proceso comparando cada uno de los elementos de la lista.

h. No te sorprendas si las cosas que eliges cambian en cada interacción. Cuando estás abierto y llevas a cabo este procedimiento sin algún fin preestablecido, cada vez que recorres la lista, tu mente y tu corazón exploran capas cada vez más profundas de tu interior. Si esto ocurre, es posible que tus elecciones varíen en la medida en que avanzas. Si quieres hacerte una idea de lo que otros han escrito en el *Test* de la Pasión, visita: http:/*www.thepassiontest.com-results* (información en inglés).

El Dr. Andrew Newberg y Mark Waldman, los neurocientíficos que escribieron *Born to Believe (Nacidos para Creer)*, dieron algunos consejos que vale la pena recordar cuando se hace el *Test* de la Pasión:

"Cuando introducimos una nueva idea en el cerebro, al principio habrá una confusión interesante y una disonancia cognitiva. Puede ser una sensación incómoda. Al cerebro no necesariamente le gustan las nuevas ideas, en especial si entran en conflicto con creencias más antiguas que anteriormente hayas adoptado. Así que, si durante muchos años cultivaste una baja autoestima y de repente decides introducir la noción de que en realidad eres una persona maravillosa, dos circuitos neuronales deben entrar a competir: la antigua memoria y la nueva idea."

"Cuando algo nuevo llega, el cerebro entra en un estado de alerta. La amígdala dice: 'Despierta, presta atención, algo diferente está pasando en mi cuerpo o en el mundo. ¿Es seguro o peligroso?' La gente tiene que pasar por un momento de incomodidad mientras que se alinea su vida con sus pasiones".

"Un hallazgo neurológico muy interesante sugiere que sólo podemos mantener cerca de siete trozos de información en nuestra conciencia a la vez. Cuando entra más información, el cerebro filtra aquellos elementos que considera insignificantes. Así que si tratas de manejar demasiadas ideas, deseos o metas a la vez, el cerebro dice: "Esto es demasiado. Sólo me puedo enfocar en unos cuantos puntos".

"En nuestra opinión, desde el punto de vista neurocientífico, el proceso del *Test* de la Pasión es muy importante, porque ayudará a mantenerte enfocado en las cosas que tienen la mayor importancia para ti. Mientras más claridad tengas sobre lo que en verdad amas y deseas, más fuerte se volverá tu intención consciente; y eso ayudará al resto del cerebro a responder de una forma organizada".

¿Cuál fue el mantra que compartimos?

Cuando se tiene claridad, lo que quieres aparecerá en tu vida y sólo en la medida de esa claridad.

Cuando se tiene claridad, la magia sucede. Te descubrirás diciendo: "¡Esa fue la mejor experiencia de mi vida!". Y así fue para Janet cuando empezó a pensar cómo concretaría su pasión de "pasar tiempo con los iluminados".

CREA UNA VIDA
APASIONADA

*"La persona que nace con un talento
que está destinado a usar, encontrará
su mayor felicidad al usarlo."*

- **Johann Wolfgang von Goethe**

- "Bueno...Yo puedo hacerlo. Después de todo, he hecho *networking* casi toda mi vida y encontrar santos para entrevistar no debe ser más difícil que encontrar una estrella de cine o a cualquier otra persona famosa. Humm... De todos modos, ¿por qué querrían verme?".

"Estos y otros pensamientos similares comenzaron a surgir en mi cabeza al observar la nueva pasión número uno de mi vida. - ¿Por dónde comienzo con algo tan ajeno a la "vida normal"? - Me pregunté.

"¿Alguna vez te has sentido totalmente desconcertado ante

un problema, un reto o una situación? Mientras más se piensa, más desconcertante se vuelve. A veces, lo más conveniente es simplemente olvidarse del asunto por un rato y eso fue lo que hice".

"Después, un día una amiga me llamó: - Janet, un santo maravilloso de la India va a venir a Chicago. Deberías entrevistarlo para tu revista. En ese instante se me ocurrió...

'¡Eso era! Si escribo artículos sobre santos iluminados para nuestra revista, puedo convertirlos en un libro y es factible que los santos estén dispuestos a pasar tiempo conmigo con el fin de transmitir su mensaje. ¡Eso sí que sería divertido!'. – Pensé".

"El plan comenzó a gestarse. 'Me pondré en contacto con mis amigos que han vivido en la India o que han viajado con frecuencia; averiguaré quienes en la India son los más venerados por su sabiduría y conocimiento; y veré si me permiten entrevistarlos'. Era un buen plan; lo único que yo necesitaba era un poco de orientación".

"Telefoneé a mi amigo Bill Levacy, experto en astrología védica, para pedirle uno que otro consejo sobre el viaje. Me animó a viajar: - Solo asegúrate de llevar una cámara de video para que registres las entrevistas. No tiene que ser una muy sofisticada, basta con que tengas la cámara allí y registres tus entrevistas con los santos- .Se me ocurrió otra gran idea".

"¡Haré un documental! ¿Podría dedicarme a algo más importante que llevar a todas las personas alrededor del mundo el conocimiento profundo de los sabios con respecto a lo que necesitamos hacer frente a la situación mundial actual? Estaba en el séptimo cielo, flotaba al imaginarme sentada a los pies de los maestros más sabios del mundo; cuando, de repente, caí aterrizando en el piso de nuevo".

"¡Esto podría costar mucho dinero, sobre todo del modo en que me gusta viajar! Todo mi dinero está invertido en nuestro negocio. ¿Cómo podría pagar este viaje, para no mencionar el equipo que necesitaba?. La realidad me asestó un fuerte golpe".

Te contaremos cómo llegaron cientos de miles de dólares a manos de Janet unos meses después, pero primero necesitamos ayudarte a evaluar tus pasiones y a crear tus tarjetas de pasión. Identificaste las cinco que amas, las cosas que en este momento tienen para ti la mayor importancia en la vida. ¿Esto cambiará? Por supuesto.

Nosotros hacemos el *Test* de la Pasión cada seis meses porque sabemos que en la medida en que nuestra experiencia de vida aumenta, nos vamos conociendo más a fondo. Nos podemos casar, tener hijos; se presentan nuevas oportunidades, hacemos nuevos descubrimientos. La vida evoluciona constantemente y con esa evolución llega una mayor claridad sobre qué es lo más importante.

Por ejemplo, cuando Chris comenzó a usar el *Test* de la Pasión era un alto ejecutivo en una importante empresa de consultoría y entrenamiento. Una de sus pasiones principales era: "Establezco mi propio horario".

Hoy en día esa pasión no se encuentra por ningún lado en la lista de Chris. El hecho de que ya controla su horario por completo puede tener algo que ver con eso.

Sin embargo, en la lista actual de Chris se puede observar que su segunda pasión es: "Divertirme con todo lo que hago". Cuando se le pregunta qué significa eso para él, Chris dice que divertirse es en parte tener libertad para hacer lo que le gusta, cuando guste.

Mientras más a fondo te conoces a ti mismo, más te puedes alinear con tu destino personal.

Por ahora, creaste la única lista que en realidad importa: la lista de tus pasiones, tal como las conoces en este momento. Es hora de otro mantra:

Aquello en que fijas tu atención cobra fuerza en tu vida

Desde el punto de vista fisiológico, según el Dr. Andrew Newberg y Mark Waldman, los neurocientíficos del Centro para la Espiritualidad y la Mente de la Universidad de Pennsylvania, esto es lo que pasa en nuestro cerebro:

"Mientras más atención se da a una creencia particular, más fuertes se hacen esas conexiones neurales en el cerebro. Cuando nos concentramos en los aspectos positivos de la vida, esas sendas neurales se fortalecen y eso va cobrando mayor verdad para uno. De la misma manera, fijar la atención en creencias negativas y al ambiente que las rodea, redundará en conexiones neurales más fuertes y esas creencias, a su vez, cobrarán más y más verdad. Literalmente, se convierten en la realidad interior de nosotros y eso, por supuesto, también tendrá una influencia sobre la realidad externa".

Constantemente estás creando tu vida. Todos lo hacemos. Creamos nuestra vida a partir de las cosas a las que prestamos atención. Y atraemos más de aquello en lo que enfocamos nuestra atención.

Si tu atención está puesta en todas las cosas que no posees, todos los problemas que tienes en la vida, todas las cosas malas que te ocurren, entonces estás creando más de eso mismo.

Si quieres más problemas, más retos, más infelicidad, entonces centra tu atención en esas cosas. Si quieres más pasión, más satisfacción y alegría en la vida, entonces centra tu atención en las cosas que te generan esos sentimientos. Por temor, la gente se concentra en lo que no quiere. Teme que no tendrá dinero suficiente o que se enfermará o que habrá un desastre. Una de nuestras expresiones favoritas es: "El temor es imaginarse vívidamente que lo que no quieres que suceda, sucede".

Enfocarse en lo que no quieres es un hábito. Cuando te llegues a dar cuenta de que te estás enfocando en algo en forma negativa, simplemente di: "cancelar" y reemplaza ese pensamiento con algo que tú elijas crear.

Intentémoslo en este momento. Baja el libro y cierra los ojos. Imagina que puede pasarte algo que temes. En cuanto aparezca di: "cancelar" y fija tu atención en lo opuesto. ¿No es lo opuesto igualmente probable? Así de fácil es hacer que tu vida cambie.

Debido a esas sendas neurales de las que hablaban Mark Waldman y Andrew Newberg, esos pensamientos aterradores pueden seguir apareciendo por un tiempo. Sólo sigue cancelándolos y reemplazándolos por sus opuestos. En poco tiempo se crearán nuevas sendas neurales y tu experiencia cambiará.

El puntaje de tu pasión

¿Te gustaría una forma sencilla para descubrir en dónde has estado poniendo tu atención hasta ahora? Bueno, nos convenciste, aquí está.

Revisa las cinco pasiones principales que identificaste en tu *test* de la pasión y califícalas en una escala de 0 a 10. Cero significa que no estás viviendo para nada esa pasión. Diez significa que la estás viviendo a plenitud.

Para de leer y califícalas ahora.

¿Notaste algunas diferencias significativas en los puntajes? La mayoría de las personas sí las nota. Las pasiones que tienen puntajes bajos son ésas a las que no has dado tanta atención. Las pasiones con puntajes altos han recibido mucha atención de tu parte.

¿Podría ocurrir que creas que has estado dando mucha atención a algo y aún así el puntaje sea bajo? Es posible. Si crees que este es el caso, busca detenidamente en dónde realmente has estado poniendo tu atención.

Por ejemplo, supongamos que una de tus pasiones es ser el propietario de un negocio multimillonario. Has trabajado en tu negocio durante años y apenas te las arreglas, escasamente te sostienes. ¿Eso no suena como a un 10, cierto?

Entonces dices: "He estado poniendo mucha atención en mi negocio y apenas funciona".

Vuelve atrás y piensa dónde has puesto realmente tu atención. ¿Has enfocado tu atención por completo en el valor que das a tus clientes? ¿Te has enfocado en dar un trato honorable y respetuoso a tus clientes, para que se vayan agradecidos por haber tenido la oportunidad de hacer negocios contigo? ¿Has prestado atención a todos los éxitos y ganancias que te llegan?

¿O tu atención se ha enfocado en todas las cuentas que tienes por pagar? ¿O en cuán irracionales son algunos clientes? ¿O en lo poco que te queda a fin de mes? ¿O en lo endeudado que estás?

Cuando decimos: "Aquello en lo que fijas la atención cobra fuerza en tu vida", no queremos decir que poner la atención sobre algo, de un modo generalizado, confuso e inespecífico, hará que aparezcan en la vida las cosas que quieres. Queremos decir que aquello en lo que centras tu atención, consistentemente, cada instante de cada día, determina lo que se crea en tu vida.

Si pones tu atención en todas las cosas que no puedes tener ni puedes hacer, entonces no las obtendrás ni podrás hacerlas. Si tu atención está puesta en los beneficios, las bendiciones y la buena suerte que están fluyendo en tu vida, entonces verás que más y más cosas de este tipo irán apareciendo.

Si en realidad eres honesto contigo mismo, descubrirás que el lugar donde estás enfocando tu atención crea los resultados que percibes en tu vida.

La buena noticia es que el lugar donde centras tu atención es ante todo un hábito. Si aplicas de manera consistente un nuevo comportamiento durante veintiún días, puedes cambiar un hábito. El único requisito es la voluntad de cambiar.

Si ves que tienes dificultad para cambiar el hábito de pensar en los problemas, dificultades o retos de tu vida, aquí te damos otra técnica útil.

Consigue una banda elástica y póntela alrededor de la muñeca. Úsala siete días a la semana, veinticuatro horas al día, durante 30 días. Cada vez que tengas un pensamiento que sabes generará malestar en tu vida, hala la banda elástica y suéltala para que te golpee la piel. ¡Huy!

Sí, lo sentirás. Este recordatorio táctil ayudará a la mente a entender que este tipo de pensamientos no son útiles.

Haz esto durante un mes y comprobarás que has dado un gran paso para romper el hábito de fijar la atención en cosas que te generan infelicidad y fracaso en la vida.

Tarjetas de pasión

Como ya te comprometiste a mantener la atención en tus pasiones, vamos a compartir un método comprobado para crear cualquier cosa que desees en la vida.

Hace algunos años, cuando éramos socios de Mark Victor Hansen y Robert Allen, Janet se encontraba en Phoenix, Arizona, en un evento en el que el conocido conferencista transformacional Bob Proctor estaba ofreciendo una presentación. Ella relata la historia:

- Una de las primeras cosas que Bob dijo cuando se levantó para hablar fue: "¿Saben lo fácil que es ser rico? En la actualidad tengo más de cuatrocientas fuentes de ingresos y todo gracias a esta pequeña tarjeta".

Metió la mano en el abrigo y sacó una tarjeta de archivo y se la mostró al grupo. La tarjeta decía: "Estoy agradecido y feliz ahora que...". Y enumeraba sus cinco metas en orden de prioridad.

Bob explicó que la mente es como una computadora: cualquier cosa que uno introduzca en la mente, tarde o temprano tiene que llegar a imprimirse o aparecer en nuestro universo. La mayoría de las personas se la pasan fijando la atención en lo que les falta, en vez de en lo que eligen crear, así que el resultado es una carencia mayor.

Bob sostenía la tarjetica de archivo y tenía en el rostro una sonrisa contagiosa cuando dijo al grupo: "Una de las partes más importantes de mi día la dedico a mirar esta pequeña tarjeta".

Nos explicó que ponía tarjetas de archivo con sus metas en sitios estratégicos, para poderles dar un vistazo con facilidad de vez en cuando en el transcurso del día. En cuanto alcanzaba una meta, la reemplazaba por una nueva.

"Es así de fácil", dijo.

Ahora es el momento de poner en práctica el consejo de Bob, aplicándolo a tus pasiones. Consigue una tarjeta de 3x5 pulgadas. En cada tarjeta escribe tus pasiones:

MI TEST DE LA PASIÓN

Fecha_____/_____/_____

Cuando mi vida es IDEAL yo soy o yo estoy:

1. _____

2. _____

3. _____

4. _____

5. _____

Esto o algo mejor!

¿Cuál era esa pequeña frase localizada en la parte inferior?

"¡Esto o algo mejor!". En nuestra experiencia, hemos encontrado que, casi siempre, el universo tiene en mente un plan que es mejor para nosotros que el que nosotros mismos somos capaces de imaginar, siempre y cuando estemos abiertos para recibirlo. Pronto verás un ejemplo de qué tan cierto es esto, cuando contemos cómo se cumplió la pasión de Janet de pasar tiempo con los iluminados.

He aquí una norma infalible que te garantizará una vida apasionada:

Cada vez que te enfrentes a una elección, decisión u oportunidad, elige a favor de tus pasiones.

Para poder elegir a favor de tus pasiones en el momento en que estás tomando una decisión, tienes que recordar cuáles son. ¿Cómo se logra eso? Hay que tenerlas en donde las puedas ver en el momento en que tengas que tomar una decisión. Coloca las tarjetas de tres por cinco en un lugar donde puedas verlas varias veces al día. ¿Cuáles lugares son buenos?

- El espejo del baño; así veras tus pasiones a primera hora en la mañana.

- A un lado de tu computadora; de ese modo verás tus pasiones mientras escribes correos electrónicos.

- En la cartera o billetera, para que puedas remitirte a ellas a cualquier hora del día.

- En el tablero del auto; allí podrás verlas cuando te dirijas a algún sitio.

- En el refrigerador, para que las vea mientras preparas la comida o mientras te comes un refrigerio.

El propósito de estas tarjetas es mantener la atención en tus pasiones con facilidad. No tienes que estudiarte las tarjetas. No tienes que concentrarte en ellas. No tienes que crear planes para entender cómo vivirlas (aunque no hay nada malo en ello cuando estás inspirado). Lo crítico es elegir a favor de tus pasiones siempre que te enfrentes a una elección, una decisión o una oportunidad.

Lo que debes hacer es leer tus pasiones varias veces al día para que queden profundamente arraigadas. Tan profundamente arraigadas que cuando tengas que encarar una decisión puedas preguntarte a ti mismo: ¿Esto me ayudará a estar más alineado con mis pasiones o menos alineado?

Escribir tus tarjetas de pasión y pegarlas es el primer paso y el más importante para crear una vida apasionada. Así que, pega tus tarjetas ahora y mantente abierto para recibir lo inesperado en tu vida.

CREA TUS MARCADORES

"Estamos en nuestro mejor momento y estamos más felices cuando estamos completamente inmersos en un trabajo que disfrutamos, en el camino rumbo a la meta que nos hemos fijado. Esto le da sentido a nuestro tiempo libre y tranquilidad a nuestro sueño. Hace que todo lo demás en la vida sea maravilloso y valioso."

Earl Nightingale

Crear marcadores para tus pasiones genera hitos o indicadores, para que sepas cuándo estás sobre el camino para vivir tus pasiones. En un minuto mostraremos cómo crear los marcadores.

Mantenerte abierto a lo que se te presenta en la vida y ajustar tus pasiones adecuadamente, en respuesta a cambios en tus situaciones y circunstancias, es crítico para mantenerte en el camino de tu destino. Nunca puedes saber qué se te presentará o cómo resultará, tal como lo descubrió Janet.

- ¿Por qué estas empacando dos maletas grandes si vas a ir a Santa Bárbara sólo por cuatro días? - Preguntó Chris.

- Lo sé, es bastante extraño. ¿Eh? - Respondí -. Estoy demasiado cansada para pensar en lo que necesito y en realidad no importa. Siempre es bueno tener varias opciones. Nunca se sabe qué puede presentarse. Ya me conoces. Me gusta estar preparada para cualquier cosa.

Me dirigía a Santa Bárbara, California, para encontrarme con Jack Canfield y otros escritores y conferencistas de renombre para la primera reunión del Transformational Leadership Council (Consejo de Líderes Transformacionales).

En Santa Bárbara, pasé unos días con mi amiga Christian. Cuando salimos a almorzar, le conté que planeaba hacer un documental.

- En toda mi vida, nunca he utilizado una cámara de video - le dije a Christian-. Me encantaría contratar a un profesional para que me acompañe y se encargue de la filmación- .

- ¿Conoces a alguien? - Preguntó ella.

- Hay una mujer que me agrada, a quien conocí hace algunos años. Se llama Juliann. Creo que lleva algún tiempo haciendo producciones y ediciones en Hollywood. Pero hace años que no hablamos.

Ring, ring. Era mi celular.

-¿Hola?-.
- Hola. ¿Janet? Te habla Juliann Janus.

¡Por poco dejo caer el celular dentro de la ensalada! Después de no estar en contacto por varios años, ¿cuál era la probabilidad de que Juliann me llamara en el instante preciso en que le estaba hablando de ella a Christian?

- ¿Cómo me localizaste? - Pregunté.

- En este momento, estoy conduciendo por la autopista en San Diego con mi amiga Stephanie. Vamos camino a un concierto de

Prince y estábamos hablando de lo que está pasando en nuestras vidas. Stephanie me contó que iba para la India; cuando le pregunté que con quién, me contestó: "Con Janet Attwood".

-Le dije: ¿Janet Attwood? Me encanta Janet. ¡Llamémosla ahora!

Cuando pensé en las formas de financiar mi viaje a la India, planeé un tour de mujeres para visitar algunos de los lugares sagrados famosos en esta tierra espiritual. Resultó que una de las mujeres que se había inscrito era amiga de Juliann.

Tenía que averiguar si esta era la respuesta a mis oraciones, así que le pregunté: "Mira, Juliann, no sé qué estás haciendo ahora, ¿pero habría alguna posibilidad de que quisieras ir conmigo a la India a filmar?".

Resultó que Juliann estaba aburridísima con su actual situación laboral y viajar a la India le sonó justo como la aventura que necesitaba. Le dije que la llamaría apenas estuviera de vuelta en casa para que continuáramos haciendo los planes necesarios.

El día en que me marchaba de Santa Bárbara me desperté en la mañana con la más clara intuición de que aún no debía irme de California. Telefoneé a mi hermano John, en San Diego, para decirle que iba a pasar algunos días con él y con nuestra madrastra Margie.

- Bueno, Margie está en el hospital. No es nada grave. Sólo exámenes de rutina. Saldrá hoy, sé que le encantará verte, dijo John.

- Está bien, tomaré el AMTRAK hasta allá. Tengo que ponerme al día con algunos correos electrónicos, así que viajar a lo largo de la costa será divertido-. Le pedí el número del hospital donde Margie se estaba haciendo los exámenes para llamarla y contarle que iba.

Cuando llamé al hospital, me comunicaron con un médico.

- Lo siento mucho - dijo el médico cuando supo que yo era la hijastra de Margie-. A Margie se le diagnosticó un cáncer terminal y renunció a cualquier tratamiento. Como ya no le podemos ayudar, alguien tiene que venir por ella y llevarla a casa de inmediato.

-¿Cuánto tiempo le queda? - Pregunté completamente horrorizada.

-Entre cinco y seis meses. ¿Usted será la encargada de recogerla? - Preguntó.

Nunca sabemos lo que presentará la vida. Sólo podemos estar abiertos a lo que exija el presente. Cuando se renuncia a la forma como se piensa que deben ser las cosas y nos abrimos a la forma como se presentan, nos abrimos a la voluntad de Dios, al perfecto poder ordenador de la Naturaleza.

Eso fue lo que Janet hizo y como resultado le ocurrieron milagros asombrosos que les vamos a contar, pero antes necesitamos ayudarles a crear sus marcadores.

Los marcadores son un paso adicional para tener cada vez mayor claridad.

El Dr. Pakaj Naram es un famoso médico ayurveda y el encargado de leer el pulso al Dalai Lama. Cuando Pakaj tenía veinte años era, según sus propias palabras, "un don nadie, no sabía nada ni tenía nada".

En esa época, su maestro le preguntó qué era lo más importante para él en la vida. Pakaj respondió: "Ser el médico ayurveda más famoso del mundo, poner la medicina ayurveda a disposición de todo el mundo".

Su maestro le dijo: "Muy bien, escríbelo". Pakaj lo escribió y luego su maestro le preguntó - "¿Cómo sabrás que estás viviendo ese sueño?".

Pakaj lo pensó unos minutos y dijo: "Le tomaré el pulso a por lo menos 100,000 personas; la Madre Teresa vendrá a mi clínica y elogiará mi trabajo; le tomaré el pulso al Dalai Lama y tendré centros ayurvedas por todo el mundo".

Su maestro le volvió a decir: "Muy bien, escríbelo". Pakaj pensó para sí: "¿Cómo haré yo, un don nadie, para alcanzar esto?". Pero él amaba y respetaba a su maestro, así que lo escribió.

Ahora, después de más de dos décadas, Pakaj les ha tomado el pulso a más de 400,000 personas; la Madre Teresa estuvo en su clínica en los años ochenta y lo felicitó por su gran labor contra el sida; lo llaman para tomar el pulso al Dalai Lama y tiene centros ayurvedas en doce países alrededor del mundo.

¿Cómo ocurrió eso?

Todo lo que el ser humano hace es creado primero en la mente de alguien, luego se manifiesta en el mundo. Mira alrededor de la habitación donde estás sentado en este momento.

¿Ves la lámpara? Comenzó con la bombilla eléctrica de Thomas Edison que estaba basada en la idea de Humphry Davy de que la electricidad podía ser utilizada para calentar un filamento que produciría luz. Entonces a una persona se le ocurrió este pensamiento: "Diseñaré esta hermosa y práctica lámpara que funcionará con esa bombilla eléctrica". A otra persona más se le ocurrió: "¿Cómo podemos hacer miles de éstas, distribuirlas entre miles de personas y obtener una buena ganancia?". Y después usted pensó: "Me gusta esta lámpara. Se verá bonita en mi casa".

Gracias a todos estos pensamientos, la lámpara de tu habitación llegó a tus manos. Comenzó sólo como una idea y finalmente se convirtió en una realidad concreta en la vida.

Cada una de las cosas que han sido creadas por el ser humano fue una idea en la mente de alguien en un momento dado. Si deseas crear la vida de tus sueños, comienza poniendo tus sueños por escrito y teniendo la mayor claridad posible con respecto a ellos.

El poder de la intención y de la atención es lo que hace que las ideas adopten una forma concreta. Cuando tienes intención y atención sin tensión, entonces todo el proceso se vuelve divertido.

Intención

Intención   es la elección consciente o inconsciente de crear. Todos nosotros estamos creando constantemente las circunstancias y situaciones en nuestro mundo en virtud de las creencias y conceptos que consideramos verdaderos.

Para la mayoría de las personas, las creaciones ocurren de un modo inconsciente; por lo tanto, se ven a sí mismas como víctimas de las situaciones y de las circunstancias.

Sin embargo, las personas exitosas conocen el secreto: ellas crean su realidad a partir de aquello en lo que fijan la atención. En este libro, utilizamos la palabra "intención" para referirnos a las elecciones que haces para crear tu mundo.

Algunos individuos expresan sus intenciones y luego se desconciertan cuando los resultados en sus vidas no concuerdan con las intenciones que enunciaron. ¿Por qué podría pasar esto?

Aquí hay un secreto que podría equivaler a una vida entera de satisfacción para ti, así que pon mucha atención:

Tus resultados siempre coincidirán con tus verdaderas intenciones

Tu vida siempre expresará lo que está ocurriendo en lo más íntimo de tu ser. Así que, si los resultados están desalineados con las intenciones que enunciaste, es hora de mirar para adentro y hacer un poco de introspección.

¿Significa esto que a las personas "buenas" no les pasan cosas "malas"? ¿Las buenas intenciones impedirán que quedes atrapado en un huracán o que tu casa sea destruida por el fuego? Supongamos que la respuesta es no.

Imagina que dos personas quedan atrapadas en una inundación a raíz de una tormenta gigantesca. Una de ellas está decidida a garantizar su propia supervivencia y está fijando su atención por completo en todo aquello que amenaza su vida. No le importa nadie más. Incluso podría llegar a salvarse a sí misma a expensas de otros. La otra está resuelta a dar amor y ayuda a los que la rodean. Toda su atención está concentrada en cómo brindarles amor, apoyo y asistencia a las personas con las que quedó atrapada.

¿Cómo creen que experimentan estas dos personas sus vidas en medio de esta catástrofe? La primera está llena de temor, piensa en sí misma y está desesperada por salvarse. La segunda está tan absorta en ayudar a los demás que todo lo que experimenta es el amor que fluye entre ella y aquéllos a quienes asiste. No tiene tiempo para preocuparse y agobiarse por los peligros, porque su atención está enfocada en dar y recibir amor.

¿Se salvará? ¿No harías todo lo que estuviera a tu alcance por salvar a este tipo de persona? Y, ya sea que sobreviva o no, ¿cuáles son los resultados? En todo caso esa persona ofrece y recibe consuelo. Está llena de amor. Da y recibe ayuda. Disfruta una calidad de vida que trasciende el significado de la supervivencia física.

En un ejemplo más mundano, hace algunos años nos asociamos con unos amigos para hacer un negocio. Expresamos de manera conjunta la intención de generar diez millones de dólares en entradas y más de dos millones en ganancias el primer año. Un año después, teníamos una deuda de 100,000 dólares después de haber generado un millón de dólares de entradas.

Enunciamos nuestras intenciones con claridad, hicimos un plan detallado, lo ejecutamos y nos matamos trabajando. ¿Qué falló?

Más adelante, cuando miramos esa época en retrospectiva, nos dimos cuenta de que nuestra intención real había sido hacer felices a nuestros socios, aceptando lo que ellos querían. Había momentos en que sentíamos que algunas cosas debían hacerse de un modo diferente, pero como creíamos que ellos tenían más experiencia en ese medio, decidimos que no nos correspondía cambiar la forma como se hacían las cosas.

A corto plazo, los hicimos felices. Hicimos las cosas que a ellos les gustaban, pero al final todos nos desilusionamos con los resultados.

Los resultados *siempre* coincidirán con las verdaderas intenciones.

Esto significa que si quieres saber qué está sucediendo en el nivel más profundo de tu vida, debes enfocarte en los resultados. Cuando tus resultados no coinciden con tus intenciones, busca más a fondo para descubrir tus verdaderas intenciones y luego trabaja para poder cambiarlas y así modificar la manera en que vives tu vida.

Cuando tus acciones están alineadas con tus intenciones, crearás un mundo completamente a voluntad.

Atención

Atención es conciencia dirigida hacia un objetivo. En cada momento del día, fijamos nuestra atención en algo. La vida cambia cuando, en forma consciente, el objeto de tu atención se convierte en tu elección.

Sin embargo, la mayoría de la gente no considera en donde está poniendo su atención. Su vida es una corriente inconsciente de pensamientos.

La vida de la mayoría de la gente está regida por hábitos. ¿Tienes una rutina que sigues cuando te levantas en las mañanas? ¿Y cuando conduces al trabajo o hasta la tienda? ¿Te ha pasado alguna vez que conduces hacia un lugar familiar sin recordar cómo llegaste allí? Has recorrido esa ruta tantas veces que se ha vuelto un hábito y mientras tanto tu mente se mantuvo absorta en pensamientos (es decir, tu atención estaba en otras cosas).

Puedes aprovechar el hecho de que somos seres de costumbres. Comienza a cultivar hábitos que te conduzcan al éxito.

¿Qué hábitos te conducen al éxito?

- Tomarte el tiempo todos los días para repasar tus cinco pasiones principales.

- Siempre que tengas que enfrentar una decisión; elegir a favor de tus pasiones

- Asumir la responsabilidad de la vida que has creado.

- A diario, tomarte tiempo para orar y/o meditar.

- Hacer ejercicio con regularidad.

- Descansar lo suficiente.

- Hacer donaciones caritativas con regularidad.

- Consumir comidas saludables que promuevan la lucidez.

- Hablar de modo positivo y motivar a los demás a través de tu discurso.

¿Qué otros buenos hábitos vienen a tu mente?

En estudios han encontrado que tardamos alrededor de veintiún días en desarrollar un nuevo hábito. Por lo que no intentes hacer todo a la vez. Escoge un nuevo hábito, domínalo y luego continúa con otro.

¿Cuál fue el mantra que te enseñamos?

Aquello en que fijas la atención
cobra fuerza en tu vida

El segundo paso para manifestar cualquier cosa es poner atención a su creación. Esto significa desarrollar el hábito de prestar atención a todo lo que favorezca tu intención y ser indiferente a las cosas que no lo hagan.

Un gran maestro dijo una vez: "La indiferencia es el arma que se debe usar ante cualquier situación negativa en la vida".

Pon tu atención a todas las cosas buenas de tu vida, ocúpate de las situaciones de las que tengas que ocuparte y no te detengas en nada que no apoye lo que eliges crear.

Cuando Janet supo que debía posponer sus planes para cuidar a su madrastra, pudo haberse convencido a sí misma de que su sueño nunca se haría realidad. De haberlo hecho, es probable que no le estuviéramos relatando su asombrosa historia en este momento.

En cambio, ella se enfocó en lo que debía hacer en ese momento y resultó que esto, que parecía ser un obstáculo en el camino, se transformó en un gran regalo en muchos sentidos.

Por desgracia, la mayoría de las personas enfocan su atención en todas las razones por las que sus sueños no se harán realidad. ¿Por qué?

Porque temen no obtener lo que desean. Si crees que algunas personas sencillamente son muy perezosas para ir tras sus sueños, encontrarás que esa pereza enmascara el miedo a fallar que guardan muy dentro de sí.

Cuando te consume el miedo, cuando pones la atención en las cosas que andan mal en tu vida, se genera inactividad y aburrimiento o, peor aún, tú mismo generas las circunstancias que temes puedan ocurrir.

Sin embargo, todos sentimos miedo de vez en cuando. ¿Qué haces cuando te pega el miedo?

Encarar al miedo de frente

Si eres como Tellman Knudson de ListCrusade.com, te emocionas y avanzas contra el miedo hasta alcanzar la meta. Cuando Tellman tenía alrededor de veintisiete años, decidió que quería crear un negocio multimillonario de mercadeo por Internet, que mostrara a las personas cómo construir una lista de correos electrónicos (uno de los factores cruciales del éxito en Internet). En ese momento, su oficina era un cubículo improvisado en la sala de su casa. Tenía únicamente un ventilador viejo y destartalado, para mantenerlo fresco durante el verano, y una unidad de CD-ROM que frecuentemente tenía que desmontar de su computadora y zarandear para poder escuchar un CD.

Una parte de Tellman estaba aterrorizada; otra parte de él estaba completamente eufórica ante el reto. Puso su atención en la euforia. Escribió correos electrónicos a más de sesenta de los principales líderes de mercadeo en la red. Pasaron meses. La mayoría de ellos no le respondió. El perseveró. Finalmente, logró formar una relación con algunos de ellos, incluyendo a Rick Thompson, nuestro socio en la revista *Healthy Wealthy 'n Wise* (*Saludables, Ricos y Sabios*).

Durante los tres primeros meses después del lanzamiento de *ListCrusade.com,* Tellman había construido una lista de más de 25,000 correos electrónicos y había ganado más de 200,000 dólares en ventas. A los nueve meses, éstas habían rebasado los 800,000 dólares y a los dos años los dos millones de dólares.

Esto únicamente se dio porque Tellman dirigió su atención hacia aquello que lo emocionaba, no hacía lo que lo atemorizaba.

Encarar al miedo de frente - paso a paso

Si no eres como Tellman y encuentras que el miedo te paraliza, entonces da pasos pequeños hacia tu meta. Cada pasito que logres construirá tu confianza y reducirá el miedo, hasta que llegue al punto en el que serás capaz de atravesar la última brizna de miedo y llegar al resultado.

En cada paso que des, presta atención a lo que ya has logrado. A algunas personas les sirve repetir frases positivas, como por ejemplo: "*Soy capaz y logro mis metas con éxito*".

Consideramos más útil convertir la frase positiva en una interrogante: "¿Qué hay en mí que puede hacer que tenga éxito en alcanzar mis metas?". La mente es una máquina asombrosa. Hazle una pregunta y buscará una respuesta. Si haces una pregunta como ésta y no encuentras la respuesta, busca a un amigo que valores y estimes. Pídele que te responda. Garantizamos que lo hará.

No te sorprendas si tu amigo dice cosas que ni siquiera sabías de ti mismo, por ejemplo, que tu compañía es agradable; que se siente más feliz cuando pasan un rato juntos; que sabe que puede contar contigo o que le ayudas a ver las cosas de un modo diferente.

Si por alguna razón no ves lo bueno que hay en ti, es sólo porque has caído en el hábito de la autocrítica. Es hora de cambiar esa costumbre. ¿Recuerdas que dijimos que tardamos veintiún (21) días en cambiar un hábito?

Pega estas interrogantes en donde puedas verlas diariamente y todos los días, por lo menos durante veintiún (21) días, tómate unos minutos para escribir cosas que valoras de ti. Esto tiene tanta importancia que lo hemos formalizado en nuestras vidas y lo hemos llamado el juego de la apreciación. Te contaremos todos los detalles en el capítulo 7.

Te darás cuenta de que al centrar tu atención en tus fortalezas, en lo capaz que eres y en las razones por las cuales puedes alcanzar tus metas, el miedo disminuye. Los resultados que deseas comenzarán aparecer en tu vida con gran facilidad.

Sin tensión

Sin tensión significa eso exactamente. Crear tus intenciones y enfocarte en ellas es un proceso sencillo, fácil y natural.

No importa dónde te encuentres o por lo que estés pasando, estás creando tu mundo a través de las cosas a las que les prestas atención. No tienes que esforzarte. Lo haces de un modo natural.

No importa si estás en medio de un desastre, si eres una madre soltera que depende de la asistencia social o si eres un magnate billonario de bienes raíces. Cada día creas una experiencia de vida a partir de las cosas a las que les prestas tu atención.

Es una elección. Sin embargo, la mayoría de las personas no eligen. Permiten, de manera inconsciente, que su atención se dirija hacia las cosas que más temen. ¿Y adivinen qué aparece en sus vidas? Así es. Las cosas que más temen.

La persona que se halle en medio de un desastre puede elegir concentrarse en el miedo a morir o en cómo ayudar a las personas a su alrededor que necesitan ser auxiliadas. La madre soltera que depende de la asistencia social puede elegir enfocarse en el miedo de no tener suficiente alimento para sus niños o puede enfocarse en las cosas que puede hacer por ellos. El magnate billonario de bienes raíces puede concentrarse en su temor a perder su fortuna, o en el bien que puede hacer con su riqueza.

Enfocar tu atención de manera consciente es tan sencillo como atender las cosas de manera inconsciente. La diferencia es que una vez que conscientemente enfocas tu atención, te vuelves consciente de lo que estás creando.

Si quieres darte cuenta del gran poder que tienes, observa todo lo que has creado en tu vida. Bueno o malo, es tu creación. Lo bueno es que, si no estás contento con lo que has creado, a partir de este momento puedes comenzar a crearlo de manera consciente.

La lista de tus pasiones y las demás herramientas que compartiremos en los próximos capítulos están ahí para inspirarte, entusiasmarte y recordarte lo que en realidad es importante en tu vida.

Están ahí para ayudar a fijar tu atención en las cosas que te traerán la mayor alegría y satisfacción en la vida.

Si alguna vez sientes que no quieres leer la lista de tus pasiones, que no quieres revisar las metas o repasar tu visión, lo más probable es que te has estado tensionando por estas cosas o que inconscientemente temes que no puedes llegar a tener o alcanzar lo que escribiste.

Cuando estás realmente apasionado por algo, no hay nada que te pueda alejar. No tendrás que esforzarte para pensar en ello, porque te llamará de manera irresistible.

"Intenté todo lo que se me ocurrió para que Janet se concentrara en otros proyectos, pero nada podía desviar su atención del viaje a la India," diría Chris. No había ninguna duda al respecto. Por parte de Janet, esto no implicaba esfuerzo. Era como si esta pasión, con voluntad propia, la halara hacia adelante de manera inexplicable.

Cuando escribes tus pasiones de tal forma que te emocionan, cuando las metas son grandes aunque alcanzables, cuando tu visión se alinea con el corazón y con tu sentido de propósito, estas cosas te llaman. Las leerás con gusto. Y cuando te sientas triste, buscarás leerlas de nuevo porque te levantarán otra vez.

Cuando tus pensamientos están alineados con los sentimientos más profundos que habitan en tu corazón, la intención, la atención y la ausencia de tensión son completamente naturales, no requieren esfuerzo.

Marcadores

El Dr. Naram sabía que deseaba con todo su ser convertirse en el médico ayurveda más famoso y hacer que el ayurveda fuera conocido en todas partes del mundo. Con la ayuda de su maestro, identificó los "marcadores" o "indicadores" que le permitirían saber que estaba viviendo esa pasión.

Cuando los escribió por primera vez, desde su perspectiva, *tomar el pulso al Dalai Lama, ser elogiado por la Madre Teresa, tratar a más de 100,000 personas* y *tener centros clínicos ayurvedas por todo el mundo*, estaban completamente fuera de sus posibilidades. Sin embargo, él, de manera inocente, sólo siguió el consejo de su maestro y escribió las cosas que le encantaría crear en su vida (sus intenciones). Luego mantuvo estos marcadores en mente (en su atención), mientras construía su práctica ayurvédica. No se esforzó por buscarlas. Sencillamente permitió que estas cosas aparecieran en el momento adecuado (sin tensión). ¡Y, claro, aparecieron!

Ahora te estamos ofreciendo la misma oportunidad. Toma una hoja de papel en blanco y escribe una de tus pasiones en la parte de arriba. Luego escribe tres a cinco de los marcadores que describan lo que estará pasando cuando estés viviendo a plenitud esa pasión. Ese es el tipo de cosas que te dirán que tu pasión está viva y bien enraizada en tu vida.

Por favor, no pienses por ahora cómo vas a alcanzar los marcadores. Sólo escríbelos. Por ejemplo:

Pasión: soy un concertista de piano de fama internacional.

Marcadores

1. He ejecutado el piano ante jefes de Estado por todo el mundo.

2. He tocado con la Orquesta Filarmónica de Nueva York.

3. Tengo mi propio programa especial de televisión.

4. Me gano más de un millón de dólares anuales por mis presentaciones.

Pasión: estoy viviendo el momento y confiando en mi intuición.

Marcadores

1. Estoy presente por completo con cada una de las personas que conozco y con las que comparto.

2. Siento que cada día es perfecto y los días parecen fluir con facilidad.

3. Tengo un claro sentido interior sobre cuál es la mejor acción para mí en cada momento.

4. Los demás hacen comentarios sobre mi confianza y sobre lo agradable que es estar conmigo.

Está bien, ahora te toca a ti. Para cada una de tus pasiones, toma una hoja. Escribe la pasión y su lista de marcadores. Guarda estas hojas porque vamos a utilizarlas de nuevo en el próximo capítulo.

Y recuerda, a menudo las cosas no resultan como pensamos que lo harán. Para Janet, cuidar a su madrastra, no correspondía ni remotamente a su pasión de *pasar tiempo con los iluminados*. Al estar abierta, ella escogió a favor de sus pasiones y poco sospechaba que...

PERMITE QUE EL SUEÑO COBRE VIDA

"Cada momento es un regalo, cuando permanecemos abiertos a lo que está apareciendo en este momento."

Janet y Chris Attwood

- Después de enterarme de que mi madrastra necesitaba de alguien que la cuidara, supe que eso era lo que yo debía hacer. Al permanecer abierta a lo que se iba presentando momento a momento, hice a un lado mi sueño de estar con los iluminados y me mudé a la casa de Margie, que ahora se había convertido en mi pasión #1.

Esa fue una de las épocas más hermosas que haya vivido. Desde el instante en que entré a la casa de Margie, tuve una sensación de alborozo. Tenía muy claro que esta oportunidad de estar con ella en sus últimos días era un regalo. Habíamos superado tantas cosas juntas.

Le dije lo feliz que estaba de ser la encargada de cuidarla. Su respuesta me llenó los ojos de lágrimas.

"Oh, Janet, gracias. Eso me alegra tanto. Tenía tanto miedo de ser una carga".

La casa estaba desbordándose de amor.

Me quedé sorprendida cuando, en menos de una semana, el estado de salud de Margie sufrió un deterioro dramático. Parecía estar yéndose mucho más a prisa, que no llegaría a sobrevivir los cinco o seis meses que el médico había dicho que le quedaban de vida.

Cinco días después de mi llegada, Margie murió en forma tranquila y apacible. Como mi hermana estaba en el extranjero, mi hermano John y yo nos hicimos cargo del cuerpo de Margie y de la sucesión.

Antes de que Margie muriera, le pregunté si podía hacerle una ceremonia especial después de que falleciera. Le dije que mis maestros espirituales me habían enseñado que el alma tarda varios días en abandonar el cuerpo. Para asegurar una transición serena, los amigos y familiares deben orar, meditar, entonar cantos espirituales y leer literatura espiritual, en presencia del difunto. A Margie le encantó la idea y dijo que se sentiría honrada si yo hacía estas cosas por ella después de morir.

Mi sobrina Tania y yo bañamos a Margie y le pusimos su ropa preferida. Recogimos cientos de flores en el vecindario y la cubrimos de pies a cabeza con ellas y solo dejamos su hermoso rostro brillar entre ellas. Mi hermano y yo recogimos todas las plantas de Margie y también las fotos predilectas de sus seres queridos y las pusimos a su alrededor. Luego, encendimos velas e incienso y creamos un ambiente celestial para ella.

Al día siguiente, meditamos y oramos, leímos literatura espiritual y escuchamos la música favorita de Margie. John incluso insistió que viéramos el torneo de golf y subió el volumen para que Margie pudiera oír, en caso de que estuviera escuchando. "El golf - dijo

John – era el deporte preferido de Margie".

Al segundo día después del deceso, una amiga mía, que había vivido en la India muchos años, me envió un correo electrónico para informarme que un gran santo llamado Bapuji se encontraba en Orange County, como a tres horas de distancia; que yo tenía que ir a reunirme con él para mi documental. Ella no sabía que mi madrastra acababa de fallecer.

Cuando le conté lo que estaba ocurriendo, me dio un número de teléfono para que me pusiera en contacto con una de las devotas de Bapuji. Yo estaba pensando: "Tal vez él pueda decirme si hay algo más que yo deba hacer por Margie".

Llamé y pude hablar a través de un traductor con Bapuji, cuyo nombre completo es Prem Avadhoot Maharaj. Después de hablar con este gran santo durante unos minutos, su devota me dijo: "Bapuji quiere que le informe que hay un 99 por ciento de probabilidad de que él vaya mañana a bendecir a su madrastra".

Quedé anonadada por completo. Al otro día, a la hora acordada, llegó un auto y un hermoso santo, de avanzada edad, envuelto en un dhoti, la tradicional vestimenta blanca india, se bajó del auto con los brazos cargados de rosas. Sus acompañantes traían una enorme canasta de frutas.

Bapuji estudió con cuidado la habitación en la que se encontraba Margie y sonrió. Podía adivinar que estaba complacido con todo lo que habíamos hecho por ella hasta ahora. Con cuidado, nos entregó una rosa a mi hermano y a mí e hizo que las pusiéramos con delicadeza sobre el cuerpo de Margie. Cuando terminamos, Bapuji se quedó en silencio al lado de Margie un largo rato. Luego nos indicó, a mi hermano y a mí, que nos sentáramos en el piso y él se sentó después en el diván, junto a nosotros. Permaneció las dos horas siguientes en silencio, acariciando nuestras cabezas y prodigándonos amor.

Cuando Bapuji terminó, caminó hacia el auto, se volteó hacia mi hermano y yo y dijo:

- ¿Saben ustedes por qué vine?

- No, dije yo.

- No fue por ustedes.

- No pensé que así fuera, respondí.

Luego Bapuji nos miró con ojos muy amorosos y compasivos y con una voz suave dijo: "Vine porque, cuando ustedes me estaban contando sobre su madrastra, percibí una conexión tan profunda que sentí que ella pudo haber sido mi madre en una vida pasada".

Mi pasión por pasar tiempo con los iluminados estaba comenzando a cumplirse de un modo que nunca habría podido imaginar.

¿Quieres esto o algo mejor?

La muerte de Margie fue un choque para Janet. Sucedió en una forma muy rápida e inesperada.

Fue un choque igualmente grande para Janet al escuchar que su hermano le decía, una semana después, que Margie había dejado una herencia significativa y que iba a recibir una cuantiosa suma de dinero.

De repente, tenía a su disposición todo el dinero que necesitaba para el viaje a la India: un regalo de su querida Margie. Ahora entiendes por qué escribimos: "¿Quieres esto o algo mejor?".

La experiencia de Janet sirve para ilustrar uno de los secretos más importantes que tenemos para compartir contigo. Cuando uno tiene bien claras sus pasiones, no puede predecir cómo se cumplirán.

Está bien, te podemos oír decir: "Eso fue sólo una coincidencia afortunada. ¡Yo no tengo ningún familiar rico a punto de morir que me deje un montón de dinero!".

Ese es exactamente el punto. No podemos imaginar por anticipado cómo se cumplirán tus pasiones. A Janet jamás se le ocurrió que Margie podía morir y dejarle su dinero. La muerte de Margie fue totalmente inesperada.

Janet no habría podido imaginar cómo iba a recibir más que suficiente dinero para satisfacer su pasión. Lo que se requería de ella era que permaneciera abierta a todo lo que se le presentara, sin aferrarse a sus propias ideas de lo que necesitaba.

Los medios para llevar a cabo tus pasiones pueden aparecer de muchas formas. A la mayoría de nosotros nos han enseñado que cuando queremos conseguir algo, debemos hacer un plan, ejecutarlo y luego, si haces un buen trabajo, disfrutarás los resultados.

Eso podría funcionar para ti, pero también es que, a pesar de que tengas planes muy bien diseñados, nada parece salir como esperabas. En esos momentos, ten cuidado de no caer en la tentación de pensar que sólo hay una forma en que se pueden realizar tus sueños.

Lo que necesitas es permanecer abierto. Date cuenta de que lo bueno en la vida puede no presentarse de la manera como piensas que lo hará. Cuando suceden cosas que no son las que habías planeado, esperado o deseado, deja a un lado tu voluntad y abrázate a la voluntad de Dios, al perfecto poder ordenador de la Naturaleza. Observa cómo se desenvuelve tu vida y acepta lo que aparezca en este momento.

Cuando su madrastra la necesitaba, Janet se dio cuenta de que su pasión de dar amor y apoyo a su familia era más importante en ese momento que pasar tiempo con los iluminados. Sin embargo, como resultó finalmente, el amor que ella prodigó a Margie fue el terreno en que apareció un santo iluminado en su vida.

Antes de que te contemos las increíbles aventuras de Janet en la India, que surgieron de un proceso tan sencillo como poner por escrito lo que ella más amaba, construyamos tu tablero de visión y tus hojas de la pasión y escribamos el discurso para celebrar tu centenario.

Tablero de visión

Nuestro amigo John Assaraf vive cerca de San Diego, California, en una espectacular casa construida en seis acres sobre la cima de una montaña, rodeada de 320 naranjos en producción, con una increíble vista panorámica. Es multimillonario gracias a sus negocios.

Hace años, cuando John estaba viviendo en Indiana, creó un tablero de visión con fotografías que había recortado de revistas de todas las cosas que quería crear en su vida. Una de las fotografías en el tablero era de la casa de sus sueños.

Puso el tablero de visión en la oficina y lo mantuvo allí cerca de dos años, como un recordatorio permanente de las cosas que estaba eligiendo crear. Después de ese año, guardó el tablero y nunca lo volvió a mirar.

Cerca de cinco años después, John se mudó con su familia a la hermosa casa que ahora posee cerca de San Diego. Cuando los de la mudanza trajeron a la nueva casa las cajas selladas que contenían los tableros de visión, él las dejó aparte en su oficina para abrirlas después. Un día, temprano en la mañana, su hijo entró a la oficina y vio las cajas selladas y preguntó: -¿Papi, qué es esto?

-Esos son los tableros de visión que hice antes de que tú nacieras con todas las cosas que quería tener algún día.

Cuando John empezó a sacar uno de los tableros para enseñárselo a su hijo, se quedó sorprendido. Miró el tablero que sostenía y vio que la fotografía que había pegado años atrás... ¡Era de la misma casa en que él y su familia estaban viviendo ahora! Para cuando compró la casa de sus sueños, había olvidado por completo el tablero y la casa específica que había puesto. Sin embargo, su mente, de alguna manera, lo atrajo hacia la casa que había seleccionado como la casa perfecta.

Te contamos esta historia por dos razones. En primer lugar, nunca subestimes el poder de la mente para crear la visión que tienes.

Segundo, crear un tablero de visión es una de las cosas más divertidas que puedes hacer para comenzar a crear la vida de tus sueños.

Puedes conseguir una cartulina o seguir el ejemplo de Chris y pegar las fotografías en un espejo grande. Este último método tiene la ventaja de que es fácil agregar y cambiar las fotografías. Janet pega las fotografías en un cuaderno para poder sentarse y mirarlas de vez en cuando y llevarlas consigo.

Ya sea que consigas una cartulina o quieras pegar las fotografías en un espejo, consigue un montón de revistas que traten temas relacionados con tus pasiones y comienza a ojearlas. O puedes buscar en Internet las imágenes que deseas.

Recorta fotografías de cosas que quieres ser, hacer o tener y pégalas en tu tablero de visión. Ubica el tablero en algún sitio donde puedas verlo a diario. Así, habrás formado un sencillo conjunto de fotos que te recordarán lo que eliges crear en tu vida. ¿Recuerdas el mantra que enseñamos?

**Aquello en que fijas la atención
cobra fuerza en tu vida**

Un tablero de visión es una de las maneras fáciles de mantener la atención en las cosas que realmente quieres fortalecer en tu vida.

Hojas de pasión

¿Te divertiste haciendo el tablero de visión? Claro que, si eres como nosotros, todavía estás leyendo el libro y no has hecho el tablero de visión.

Recuerda: las personas que tienen más éxito para disfrutar vidas apasionadas son las que se dan el tiempo para hacer sus tareas y reflexionar en su interior.

Crear un tablero de visión es el tipo de cosas que resulta súper divertido hacer con familiares o amigos. Así que, si aún no has hecho tu tablero de visión, organiza una "fiesta de visión" y crea tu tablero junto a familiares o a tus mejores amigos.

Veamos: ¿Qué hemos logrado hasta el momento? *Tienes:*

- Tus cinco pasiones principales.

- Tus tarjetas de pasión pegadas en puntos estratégicos.

- Tus marcadores.

- Tu tablero de visión.

¿Por qué has hecho estas cosas?

Cuando se tiene claridad, lo que quieres aparecerá en tu vida y sólo en la medida de esa claridad

¿Estás comenzando a darte una idea más clara de cómo podría ser tu vida cuando estés viviendo plenamente tus pasiones? Llevémoslo a otro nivel y elabora tus hojas de pasión.

En el capítulo 5 creaste una página para cada una de tus cinco pasiones principales y escribiste los marcadores para cada una de ellas.

Ahora, en esa misma página, escribe algunos párrafos que describan lo que esa pasión significa para ti.

Cierra los ojos durante un minuto. Imagina que estás viviendo plenamente esta pasión. ¿Cómo te sientes? ¿Cómo son tus días al vivir esa pasión por completo? ¿Cambia la forma en que interactúas con los demás? ¿Qué impacto tiene esa pasión en tu vida?

Una vez tengas una imagen clara de lo que es tu vida cuando estás viviendo esta pasión, comienza a escribir.

Hazlo ahora.

Cuando hayas escrito una página sobre cada una de tus cinco pasiones principales, descansa. Cuando regreses a estas hojas, sea en unos minutos, una hora o mañana, léelas en voz alta.

Comienza leyendo tus cinco pasiones. ¿Cómo se siente? Ahora lee la página que escribiste sobre cada pasión. Al final de cada página, detente, cierra los ojos e imagina tu vida tal como la acabas de escribir. ¿Cómo lo sientes?

Otro principio:

Tu vida se crea primero en tu mente, después en el mundo

¿Tu vida se verá exactamente como te la imaginas en este momento? ¡Por supuesto que no! Será mejor.

El propósito de escribir estas páginas es elevar tu visión, inspirarte y motivar a que tu corazón vaya a lugares que de otra manera no habría podido ir.

Tu vida siempre será mejor de lo que ahora te imaginas, porque estás comenzando a crear esa vida de manera consciente. Tu vida futura será el resultado de todas las experiencias, evolución y el crecimiento que tendrás a partir de hoy.

La vida aparenta ser peor cuando nos empecinamos en que se presente como pensamos que debe ser. Cuando insistimos en que el mundo se amolde a nuestros conceptos sobre qué es lo mejor y éste no se amolda, ¿qué sucede? Sufrimos.

Todo en tu vida está estructurado para tu propia evolución. Las leyes de la Naturaleza que gobiernan cada aspecto de la existencia, incluyendo nuestras vidas cotidianas, están diseñadas para ayudarnos a experimentar aspectos más profundos de nuestra propia naturaleza.

Cuando peleamos con la realidad, siempre perdemos. Cuando nos damos cuenta que cada parte de la vida está funcionando para acercarnos a un conocimiento más completo de la verdadera naturaleza, la vida sólo puede mejorar.

Al permanecer abiertos a la forma en que la vida se presenta en el momento presente, liberados de los conceptos sobre cómo "debería" ser, propiciamos la oportunidad de que ocurran milagros.

Tu centenario

Ahora vamos a juntar todas las piezas para conformar una visión suprema de tu vida. Hoy tienes la oportunidad de viajar en el tiempo hasta tu cumpleaños número cien. Y desde ahí tendrás la oportunidad de observar toda tu vida en retrospectiva.

Imagínate que llegó ese día. Amigos y familiares de todas partes se han reunido para acompañarte. Tu cónyuge o tu mejor amigo van a dar un discurso para rendirte un homenaje por todo lo que has compartido y has dado a todos los que han estado alrededor tuyo en el transcurso de tu larga vida.

Y escribirás ese discurso ahora.

¿Cuál es el legado que deseas construir en tu vida? ¿Cómo quieres que la gente te recuerde? El discurso de tu centenario se basará en todo lo que has hecho hasta este momento, tu lista de pasiones, tus marcadores, tu tablero de visión y tus hojas de pasión, para resumir una vida bien vivida. Cuando hayas terminado de redactar el discurso, éste debe incluir todo lo que has escrito hasta ahora, porque tú *puedes tener* todo lo que elijas tener en la vida.

Al redactar el discurso, escríbelo en tercera persona, como si tu cónyuge o tu mejor amigo hubiera escrito sobre ti, sobre tu vida y sobre la influencia que has ejercido sobre él.

Esta es la oportunidad de soltarse y hablar sobre el tipo de vida que realmente eliges crear. Imagínate en esa fiesta de cumpleaños. ¿Cómo se vería tu vida desde esta perspectiva privilegiada, cuando has llevado una clase de vida que te ha hecho muy feliz? ¿A quién has amado y quien te ha amado? ¿Qué hiciste y qué enseñaste con tu ejemplo? ¿Por qué la gente se sentiría agradecida de haberte conocido?

Es probable que el discurso de tu cumpleaños número 100 tenga bastantes páginas. Después de todo, describe las contribuciones que hiciste durante toda tu vida. Con el fin de ayudarte a empezar, daremos un pequeño ejemplo de algunas de las cosas que Chris podría decir sobre Janet en su cumpleaños número cien:

"Gracias a todos por haber venido al corazón de los Estados Unidos, Fairfield, Iowa, el lugar desde donde Janet ha ayudado a generar un modelo ideal de vida, un lugar donde celebramos la vida de alguien que ha tenido influencia en todas partes del mundo. No es sorprendente que haya más de cinco mil personas aquí para celebrar el centenario de esta hermosa mujer que ha tocado tantos corazones.

Muchos de ustedes han viajado grandes distancias para estar aquí: desde las alturas del Himalaya, las cimas de Nepal hasta las grandes ciudades de Europa, Sur América, Australia, Nueva Zelanda, Asia y África. La vida de Janet ha servido de inspiración para todos los que estamos comprometidos con vivir una vida apasionada y totalmente iluminada.

Janet ha demostrado, con su ejemplo, que los milagros ocurren una y otra vez cuando estamos plenamente comprometidos en vivir nuestras pasiones. Los libros, el show semanal en televisión, las películas, revistas y programas radiales que ha realizado, todos giran en torno a un solo tema: Tus pasiones son la clave para tu destino personal.

Es muy apropiado que Janet haya dedicado su vida a enseñarnos a todos nosotros como vivir con pasión, porque ha sido eso lo que su propia vida ha expresado de un modo tan directo. La pasión brota del corazón y es la calidad de ese hermoso y universal corazón de Janet la que ha tocado a millones de personas y ha hecho que su programa de televisión esté catalogado como el número uno a nivel mundial.

Ese mismo corazón bello y amoroso se conectó con los cinéfilos y le valió un Premio de la Academia por su revolucionario documental que llevó a los santos vivientes del mundo a los hogares de muchísimos países.

Aquellos que la conocen, la llaman cariñosamente Jani Ma, porque ella ha sido de verdad una gran madre para todos nosotros, nos ha mostrado como desentrañar nuestros destinos personales y vivir una vida de auténtico servicio.

Aun habiendo gozado de un gran éxito comercial, Janet ha sido una inspiración para muchos por su filantropía. Ha sido un modelo ejemplar de un "diezmo a la inversa", pues dona el noventa por ciento de su ingreso anual a causas que elevan la calidad de vida en el mundo.

Mucho después de que Janet haya abandonado su cuerpo físico, su influencia se sentirá a través de la labor de sus fundaciones y de los miles de millones de dólares que éstas distribuyen cada año para mejorar vidas a través de programas educativos, preventivos de salud, de agricultura orgánica, de autosuficiencia financiera, de plantación comunitaria, de investigación científica, artísticos y programas para enaltecer la conciencia humana".

Esta es una muestra breve de un discurso para el cumpleaños número cien de Janet. Recuerda que eres único. Tus pasiones te están llevando a expresar tus dones particulares. Tú eres tú, así que tu discurso no se puede parecer al de Janet, al de Chris o al de nadie más. Es exclusivamente tuyo.

No todas las pasiones de todo el mundo llevarán a un discurso que encarne ideales tan nobles como los de Janet, inclusive algunos podrían sonar más como esto (mientras lees, piensa en lo que dirán en tu discurso):

"Que placer es estar aquí con todos aquellos que han conocido a John. La vida de John ha sido una vida de amor.

Ama a su familia. Ama el mar. Ama la naturaleza. Le encanta conocer personas en los muelles y pasar un rato con ellas. Cuando conoce a alguien, puede intuir con certeza quién es. Cuando menos piensan, las personas empiezan a contarle la historia de su vida. John tiene una habilidad única para hacer que todo el mundo sienta que es especial y que su vida vale la pena.

El gran corazón que tiene fluye en todas direcciones. Durante algunos de los grandes desastres del siglo pasado, John estuvo en medio de la devastación, entregando billetes de veinte dólares. Observó que a pesar de toda la asistencia que los sobrevivientes recibían, ninguna proporcionaba la tranquilidad de tener algunos dólares en el bolsillo.

John es leal más allá de las palabras. Una y otra vez se ha esforzado al máximo para ayudar a su hermosa esposa Anne, a sus hijos, hermanas y a los amigos que llenan su vida.

John siempre ha seguido su corazón. Encontró la forma de fusionar su amor por el mar con la necesidad de tener un lugar para vivir y una fuente de ingresos. Durante años, ha vivido en barcos. Su habilidad para encontrar barcos viejos y maltrechos, pero con mucho potencial, le ha permitido hacer negocios estupendos para sus clientes; al mismo tiempo, reparar los barcos que tanto ama, le permite ganarse la vida con holgura.

Es más que justo que John se encuentre hoy rodeado por su familia, amigos y seres queridos, a quienes les ha dado tanto".

El discurso de tu cumpleaños número cien es la oportunidad para expresar la razón por la cual fuiste puesto en este mundo, descubrir cómo le has entregado, estás entregando y seguirás entregando tus dones al mundo. Escríbelo y observa cómo te hace sentir.

¡Hazlo ahora!

Todos los ejercicios en este libro tienen un propósito en mente: que tengas claro cómo te gustaría fuera tu vida.

Aunque parezca que estás escribiendo sobre el futuro cuando preparas el discurso de tu centenario, no es así. Estás escribiendo tus pensamientos, sueños y visión tal como existen en este momento en el tiempo.

Cuando llegue tu cumpleaños número cien, te garantizamos que tu vida será diferente a lo que escribiste hoy. No estás escribiendo sobre el futuro, porque no tienes forma de saber cómo será. Este escrito de hoy es sobre los pensamientos y sentimientos que tienes en este momento.

Este proceso traerá hacia ti más alegría, abundancia, éxito, paz y más placer, más de todo aquello que deseas. Y los detalles específicos de cómo será esto, cuando el futuro se convierta en hoy, son parte del misterio de la vida.

Por esta razón, al final de cada una de las cosas que escribimos o dibujamos ponemos: "¡Esto o algo mejor!".

Cuando hizo el *test* de la pasión en el año 2003, Janet no podía imaginarse lo que significaba "mejor" cuando expresó el deseo de pasar tiempo con los iluminados. ¡Dios, que sorpresa le esperaba!

EL MUNDO ES COMO ERES TÚ

"Aquél que tenga un porqué para vivir,
puede soportar casi cualquier cómo."

Friedrich Nietzsche

"Habiendo resuelto el dinero para mi viaje a la India, solo quedaba organizar los detalles. Volví a conectarme con Juliann y ella ordenó todo el equipo de video que necesitábamos. Luego me puse en contacto con amigos que sabía podían orientarme hacia los maestros más iluminados de la India y Nepal. Utilicé mi talento natural para hacer conexiones y obtuve el permiso para entrevistar a varios de estos maestros".

"Cuando llegué a la India, una de mis primeras paradas fue un pueblo pequeño al lado occidental del país, hogar de Prem Avadhoot Maharaj o Bapuji, el santo que había ido a presentar sus respetos a mi madrastra.

Bapuji nos invitó a hospedarnos en su casa en Linch, un pueblo remoto en las afueras de Ahmedabad. Además de él, la familia tenía en total dieciséis miembros. En la casa de Bapuji vivían alegremente hijos, esposas, niños y amigos de la familia".

"Era una casa hermosa. Sencilla, pero muy limpia y ordenada. Bapuji nos dio a Juliann y a mí dos habitaciones en el piso de arriba, una para dormir y la otra para meditar. Mi primera lección no estaba muy lejos".

"La primera mañana en casa de Bapuji me desperté a las 4:30 a.m.; Juliann todavía dormía y decidí meditar. Llevé una vela al cuarto de meditación, la puse sobre lo que parecía ser una mesa y comencé a meditar".

"Después de un rato, oí que Juliann se despertó, así que fui a darle los buenos días. Sentadas en la cama, mientras nos reíamos de lo normal que nos sentíamos en un ambiente extraño con toda esta familia india que no hablaba mucho inglés, ambas comenzamos a oler a humo. Miré a mi alrededor y a través de la puerta del cuarto de meditación vi unas llamas que lo envolvían. 'Dios Santo - dije. ¡La habitación está en llamas!'. Aunque mi cabeza daba vueltas, comencé a actuar".

"Recordé de inmediato que en el baño de arriba había dos cubos de agua porque no había agua corriente en ningún lugar del segundo piso. Aterrorizada ante la idea de quemar la casa de Bapuji y a todos sus habitantes, le grité a Juliann: '¡Tenemos que ir por los cubos de agua, *ahora*!'. Corrimos al baño, agarramos los dos cubos de agua y los vaciamos sobre los objetos que estaban ardiendo en el cuarto de meditación, mientras el fuego comenzaba rápidamente a envolver una pared. Mi único pensamiento era: ¡De ninguna manera permitiré que se queme la casa de Bapuji!'".

"Corrí a nuestra habitación y agarré una almohada. Mientras Juliann me gritaba que saliera del cuarto en llamas o que moriría. Yo luchaba con todo contra las llamas, las golpeaba ferozmente con la almohada, deseando que ocurriera un milagro".

El humo comenzó a alcanzarme y Juliann, temiendo por mi vida y la de los demás habitantes de la casa, salió corriendo del cuarto, gritando a todo pulmón: '¡Fuego, fuego!'. Los hijos de Bapuji no sabían que quería decir 'fuego', por lo que tardaron un poco en comprender".

"Tan pronto como todos en la casa entendieron por qué gritaba Juliann, comenzaron a llegar cubos con agua de todas partes. El fuego no tardó mucho en ser extinguido. Incluso antes de que el fuego estuviera apagado, las esposas, los niños y Bapuji nos rodearon a Juliann y a mí para cerciorarse de que estuviéramos bien. En todo este caos, yo estaba plenamente consciente de que nadie se preocupaba en lo absoluto por la casa, el cuarto quemado o los objetos que se habían destruido".

"Después de asegurarse de que Juliann y yo no estábamos lastimadas, los miembros de la familia hicieron un rápido inventario de los daños. El fuego había destruido una pared y ocho maletas atiborradas de efectos personales de la familia. Me sentía deshecha".

"Tan pronto Bapuji y los demás se aseguraron por segunda, tercera y cuarta vez de que Juliann y yo estábamos bien, una gran carcajada llenó la casa. Nos quedamos mudas de asombro. Juliann y yo no teníamos idea del motivo de la risa.

"Bapuji se nos acercó y dijo: 'Por favor, no se sientan mal; esto fue una bendición'. Y se alejó, sonriendo. Los demás sonrieron en señal de acuerdo, mientras Juliann y yo escuchábamos con la boca abierta. Con el rostro bañado en lágrimas, miré a Juliann y pregunté: ¿Quiénes son estas personas?".

"En mi humilde estado, todo lo que podía sentir era como una bendición. Me sentía bendecida por haber sido testigo de cómo es el verdadero amor llevado a la práctica. Estuve a punto de quemar la casa en donde la familia de Bapuji siempre había vivido y los únicos comentarios de ellos fueron: '¿Se encuentran bien?'. Y acto seguido: '¡Fue una bendición!'".

¿Cómo es posible que ver arder sus pertenencias sea una bendición? Bapuji y su familia comprenden que lo nuevo se crea, cuando se destruye lo viejo. Como la vida está en permanente evolución, aferrarse a lo viejo puede impedir la llegada de lo nuevo".

"Bapuji y su familia también consideran que todos los actos de creación y destrucción son actos de Dios, pues creen que Dios es bueno y que Dios es todo. No es posible pensar que somos una víctima, porque saben que todos los actos de Dios son bendiciones. Esta es la misma idea expresada en la Biblia: 'Den gracias a Dios por todo, porque esto es lo que Él quiere de ustedes como creyentes en Cristo Jesús' (1 *Tesalonicenses* 5:18)".

En este tono comenzaron las aventuras de Janet en la India y Nepal. En breve, le diremos por qué Janet regresó a casa diciendo que este viaje había sido "la mejor experiencia de su vida"; pero primero queremos darle algunas herramientas que le servirán de ayuda en la senda hacia una vida apasionada.

Hemos entrenado a miles de personas en el *Test* de la Pasión y cuando alguien está teniendo dificultades para creer que puede realizar sus pasiones, sabemos con seguridad que nos vamos a encontrar con uno de esos casos típicos de "baja autoestima".

¿Has notado que cuando alguien se siente mal consigo mismo, no importa cuánto le digamos lo bello que es, lo grandioso que es y como lo amamos, sencillamente no puede escucharlo? La creencia que acompaña una baja estima es: "Yo no valgo y, por lo tanto, no puedo realizar mis sueños".

En capítulos anteriores, prometimos compartir los secretos que hemos aprendido para hacerte cargo de "cómo" cumplir tus pasiones, una vez que tengas claro "cuáles" son tus pasiones. Quizás recuerdes que Janet comenzó a pensar diversas maneras para llegar a la India. Sin embargo, al mirar hacia atrás, podemos ver que el "cómo" se le apareció en forma inesperada. La solución resultó ser algo que nunca habría podido descifrar por sí misma. El "cómo" vivir tus pasiones es el resultado de estar alineado con el flujo de la ley natural; con tu "yo superior".

En este capítulo, compartiremos una herramienta poderosa y algunos principios fundamentales que nos parecen esenciales para que te puedas conectar con tu "yo superior" -esa parte dentro de ti que es capaz de alcanzar todos tus sueños y que permite que utilices y entregues plenamente los dones que posees-.

El juego del reconocimiento (de Janet)

Durante años viví con baja autoestima. Podría explicarles todas las razones del porqué, pero con el ánimo de ser proactiva, prefiero compartir una herramienta que me recomendó hace años mi amiga Marie Diamond y que realmente me ayudó a transformar la forma como me veía a mí misma.

Chris y yo la llamamos el juego del reconocimiento.

Todos los días, revisaba todo lo que había hecho durante días y de alguna manera encontraba algo que reconociera y valorara de mí misma. No importaba si parecía ser algo trivial. El ejercicio era encontrar algo que pudiera reconocer y valorar de mí misma, sin importar lo que fuera.

Al principio, este ejercicio no fue fácil. Pronto comencé a darme cuenta de que había una recompensa cada vez que me permitía sentirme la víctima. Fue interesante ver lo que surgió cuando comencé a observar porqué en vez de reconocerme y valorarme a mí misma, optaba por sentir que no era valiosa, capaz o digna de ser amada.

Descubrí que la recompensa (siempre hay una) de hacerme la víctima era que yo:

1. Obtenía la atención de la gente.

2. Conseguía que la gente me compadeciera.

3. Me daba permiso de darme por vencida.

4. Me daba permiso de sentir que no valía.

5. Y la lista continúa.

¿Es algo bastante aterrador, no crees? Finalmente, después de tanto tira y afloja con el juego del reconocimiento, por fin me deshice de mi adicción a la baja estima y opté por poner mi atención no sólo en mis pasiones, sino también en mis logros.

En mis seminarios para ilustrar la importancia de este punto, comparto la historia que Mark Víctor Hansen y Bob Allen me contaron sobre un estudio que se hizo a dos equipos de boliche.

El equipo de boliche A jugó y recibió un video editado para mostrar sólo lo que había hecho mal. Se dijo a los jugadores que estudiaran el video para mejorar su desempeño.

El equipo de boliche B jugó y recibió un video editado para mostrar sólo las mejores jugadas de cada integrante del equipo. También se les dijo que estudiaran el video para mejorar su desempeño.

Los dos equipos jugaron de nuevo. ¿Cuáles fueron los resultados? Ambos equipos mejoraron, pero el progreso del equipo que se enfocó en las mejores jugadas fue significativamente mayor.

¿Entiendes cuál es el punto? Pon tu atención en aquello que haces correctamente, en tus triunfos, en las cosas que haces bien. Encontrarás que tu progreso es más rápido y más grande que cuando tratas de enmendar tus errores.[1]

Bueno, regresemos al juego del reconocimiento. Puedes jugarlo solo o en pareja (es bastante divertido jugarlo en compañía de alguien que nos ame y estime de verdad).

Si lo juegas solo, siéntate unos minutos al final del día o a primera hora en la mañana. Haz una lista de por lo menos diez cosas que reconoces y valoras de ti, los logros del día o los triunfos que se presentaron en tu vida ese día. No repitas ninguna de las cosas que escribiste en la lista en días anteriores.

Haz esto todos los días durante una semana y observa tus emociones. Se obtiene un beneficio mayor cuando se hacen las listas por escrito.

N.T.: A raíz de la aparición de la palabra error, en inglés, mistake, los autores hacen un paréntesis para reflexionar en torno a este vocablo. Separan la palabra en sus dos sílabas mis-take, que podrían traducirse como "toma errónea". Asocian esto con las tomas que se hacen en el rodaje de una película, toma uno, toma dos, toma tres, etc. La toma errónea sería simplemente una toma más dentro de una filmación. Los autores hacen hincapié en que el aspecto positivo de esto es que uno siempre piensa que los errores son malos, cuando en realidad son formas de hacer las cosas que podrían ser útiles a uno mismo y a todos los interesados.

Poner por escrito el juego del reconocimiento no sólo permite ver en realidad todas las cosas grandiosas que has hecho y has sido, sino que permite interiorizar a fondo tu grandeza; así tu mente comienza a revertir el discurso de autodenigración que impide realizar tus sueños.

Si estás practicando el juego del reconocimiento en pareja, prepárense para divertirse. Háganlo por turnos. Encuentren algo que reconozcan y valoren del otro y díganselo. Luego toca el turno a la otra persona para encontrar algo que le encante de ti. Repítanlo diez veces.

Después, haz otra ronda, excepto que ahora cada persona dice algo que reconoce y valora de ella misma y no puede repetir algo que haya sido dicho antes. Observa cómo te sientes con respecto a ti mismo y con respecto a tu pareja después del juego del reconocimiento.

7 claves para una vida alineada con tu pasión

La capacidad de vivir de acuerdo con principios más elevados es una de las cosas que distinguen a los seres humanos de los animales.

Hemos descubierto que hay ciertos principios claves que son esenciales para una vida apasionada. Los compartimos aquí:

1. Compromiso. Hasta que no te comprometes, nada sucede. No hay nada más importante en la creación de una vida apasionada que el compromiso inquebrantable de elegir a favor de tus pasiones. Todos los días se te pedirá que pongas otras cosas por encima de las cosas que más amas. Mantén tus pasiones en lugares donde las puedas ver y aprende a decir no, de un modo amoroso. Esta es una frase que puedes practicar:

"Valoro mucho tu propuesta y en este momento no puedo hacerlo".

Asegúrate de usar *y* en vez de *pero*. El *y* establece una conexión con la otra persona, el *pero* separa.

Cambia las palabras para que sean las apropiadas. Sólo recuerda que primero debes apreciar, amar, comprender y valorar a la otra persona y luego expresar lo que necesitas.

Por último, ten en cuenta el punto 4, más abajo (*permanece abierto*). Lo que tiene mayor importancia para nosotros puede cambiar temporalmente a la luz de circunstancias de emergencia. Cuando Janet supo que a Margie quizá no le quedaba mucho tiempo de vida, el amor por su madrastra pasó a ser más prioritario que estar con los iluminados. Así que, comprométete y sé flexible.

2. Claridad. Cuando se tiene claridad, lo que quieres aparecerá en tu vida y sólo en la medida de esa claridad. ¿Has escuchado esto en alguna parte antes? Los deseos confusos generan resultados confusos. Usa las herramientas de este libro además de otras que encuentres y disfruta, para que puedas obtener una claridad absoluta de lo que eliges crear en tu vida. Luego date cuenta de que ganar claridad no es una experiencia que acontezca de una sola vez, es un proceso continuo. Haz el *Test* de la Pasión por lo menos cada seis meses y revisa los marcadores y las hojas de pasión por lo menos una vez al año.

3. Atención. Aquello en lo que fijas la atención cobra fuerza en tu vida. ¡Te dijimos que íbamos a seguir repitiendo esta frase hasta que quedara grabada en tu ADN! Presta atención todos los días y a toda hora, a qué estás poniendo tu atención. Atraerás las personas, lugares y cosas que necesitas para crear aquellas cosas a las que prestas atención. Observa cómo se transforma tu vida, conforme desplazas tu atención hacia todo el bien que está fluyendo en tu vida.

4. Permanece abierto. Puede que tu mayor bien no sea el que crees. Cuando se está abierto a cualquier cosa que aparezca en el momento presente, aun si es diferente a lo que consideras debería ser, liberas tu voluntad individual y te abres a la voluntad de Dios. Esta es la senda para vivir el propósito más alto de tu vida. Este también es el secreto para superar cualquier obstáculo que pueda surgir en tu vida. Cuando ocurre un desastre y estás abierto, eres capaz de sacar provecho a todas las oportunidades que se presentan de manera inevitable.

Al permanecer abierta, Janet no solamente pudo disfrutar algunos de los momentos más dulces de su vida con Margie, sino que también pudo conocer y recibir a Bapuji.

5. Integridad. Sé tan sincero contigo mismo como lo eres con los demás y tan sincero con los demás como lo eres contigo mismo. El reto más grande que la mayoría de nosotros enfrenta es cumplir con nuestras responsabilidades para con los demás y a la vez ir tras nuestras pasiones.

Cuando te comprometas con otros, cerciórate de que estos compromisos estén alineados con tus pasiones. Una vez que hagas un compromiso, mantenlo. Si algo se presenta, habla con la otra persona y pídele permiso para renegociar el compromiso. Si ésta no está dispuesta o si no puede hacer el cambio necesario, entonces mantén el compromiso tal como se negoció inicialmente, incluso si resultara molesto.

Hazlo unas cuantas veces y serás más cuidadoso con los compromisos que contraigas. Y trátate con el mismo respeto. Cuando hagas compromisos contigo mismo, dale el mismo trato que darías a un compromiso con otra persona. Eso incluye estar dispuesto a renegociar tu compromiso si surgen nuevas condiciones.

Janet no habría sido fiel a sí misma si hubiera ignorado la necesidad de Margie y se hubiera limitado a decir: "Lo siento, mi compromiso es pasar tiempo con los iluminados, así que no puedo ayudar". En ese momento, estar con Margie y cuidarla significaba mucho más para ella que pasar tiempo con los iluminados. Sé fiel a ti mismo y, cuando tengas dudas, pon en práctica el principio número 7 (*sigue tu corazón*).

6. Persistencia. Muchos comienzan el viaje, quienes lo terminan son los que alcanzan el éxito y la realización en la vida. En su libro clásico *Piense y Hágase Rico*, Napoleón Hill relata la historia de un hombre que compró una propiedad con la intención de extraer oro. Descubrió lo que parecía ser una enorme veta. Fue y compró maquinarias para extraer el oro de la mina, pero antes de que lograra obtener ganancias significativas, la veta se secó. Cavó y cavó y finalmente se dio por vencido. Vendió la propiedad y la maquinaria a un chatarrero por unos pocos dólares.

El chatarrero consultó un experto que le demostró que el propietario anterior había fallado porque no entendía la naturaleza de las líneas de fallas. El experto le dijo al nuevo propietario que hallaría la veta otra vez no muy lejos de donde habían suspendido la excavación anterior. El nuevo dueño siguió el consejo del experto y, claro, encontró millones de dólares en oro a sólo tres pies de donde el propietario anterior había dejado de excavar.

Cuando se vive la vida alineada con las pasiones, perseverar no es difícil. Te darás cuenta que no puedes parar, incluso si lo desearas. Tus pasiones más profundas te guiarán a pesar de ti.

7. Sigue tu corazón. Cuando todo lo demás falle, escucha tu corazón. La pasión brota del corazón, no de la mente. Cuando te sientas confundido o perdido o no sepas en qué dirección ir, sólo camina y escucha lo que dice el corazón. Haz lo que amas, sigue la dirección de tu corazón y la senda hacia una vida realizada se desplegará ante ti con naturalidad.

Fue la mejor experiencia de mi vida

- ¿Qué tal estuvo tu viaje? - Preguntó Chris.

- Sin dudas fue la mejor experiencia de toda mi vida y la más fascinante, respondió Janet.

- ¿Qué pasó?

De repente, la cara de Janet adquirió una expresión de perplejidad. "¡Debo estar volviéndome loca!" - Dijo ella.

A pesar de todas las pruebas difíciles, el viaje de Janet a la India fue la mejor experiencia de su vida.

¿Qué hizo que fuera la mejor? Había una pasión que ardía en su interior cada momento del día. No importaba lo que estuviera aconteciendo en la superficie. Una enfermedad, el caerse de una montaña, el viajar sola, nada podía hacer tambalear el amor que sentía por lo que estaba haciendo.

Este es uno de esos secretos a los que debes poner especial cuidado:

Cuando estás alineado con tus pasiones más profundas e importantes, las vicisitudes de la vida cotidiana no podrán desviarte del camino.

Así fue como ocurrió en palabras de la propia Janet.

- No hay una forma adecuada para transmitir las profundas experiencias y hechos que transformaron mi vida, que ocurrieron durante este viaje. Pero quiero que tengas una idea de los milagros que son posibles cuando te entregas de lleno a tus pasiones, así que permíteme expresarte en un ejemplo lo que fue esta extraordinaria aventura.

Después del incendio en la casa de Bapuji, Juliann y yo nos dirigimos hacia Nepal, en donde nuevamente quedaría maravillada.

Cada paso del viaje fue mágico. Primero, una amiga nos habla de una santa de 107 años de edad. Fuimos a visitarla en el momento en que estaba haciendo sus oraciones diarias. No reparó en nosotras, ni siquiera después de que entramos en su habitación, hasta no terminar su ritual cotidiano.

Luego se dio vuelta y nos habló sobre la belleza, el amor y la devoción a Dios. Sentada en esta sencilla cabaña con esta anciana mujer, me sentía más cómoda, más a gusto, más honrada y más privilegiada que si hubiera estado en el más lujoso palacio con el rey más maravilloso de la Tierra.

De allí hicimos una caminata a las cimas de las montañas para visitar a personas excepcionales con mi guía y el equipo audiovisual. Fui a parar a la habitación de un hospital con un maestro *aghori* (los *aghori* tienen una tradición que busca la liberación abrazando todas las cosas, inclusive aquello que la mayoría de las personas en el mundo considera "malo" o "impuro"). Dondequiera que iba, encontraba amor.

No eres tu cuerpo

Aquí hay una pequeña muestra de cómo fueron estas experiencias. Había conocido al maestro *aghori* un año antes. Era el maestro del Dr. Pankaj Naram. Pankaj me había contado una historia tras otra sobre la asombrosa maestría de este hombre. Por ejemplo, una vez hizo que Pankaj escogiera tres monos entre cientos que corrían alrededor. Luego repitió un mantra específico y esos mismos tres monos llegaron y se sentaron frente a él en el piso.

Pankaj explicaba que el *aghori* era el maestro de sonidos específicos que producen determinados efectos en el mundo; sin embargo, rechazaba a cualquiera que viniera exclusivamente aprender estas cosas de él. El *aghori* decía que la búsqueda de poderes era un desperdicio de vida. Su consejo era: "Dejad que el hombre busque la realización de sí mismo y entonces cualquier poder que pueda desear será suyo".

Pankaj me había llevado a visitar a su maestro *aghori* y me explicó con tristeza que éste había contraído un cáncer de oído en el momento en que curó a una devota de esta terrible enfermedad. Le pregunté a Pankaj porqué sucedía eso y dijo que le había formulado la misma pregunta al maestro.

"Es mi karma y el momento de irme de este mundo", contestó con sencillez.

Ahora, cuando regresaba a Nepal, visité de nuevo a este *aghori* en el hospital y el amor con que me recibió me *derritió*. Lo había visitado en su casa y Pankaj me había mostrado que el *aghori* sentía tal compasión por todas las criaturas, que no solo alimentaba a cientos de perros, vacas y otros animales, sino que hasta les ponía comida a las cucarachas. Eso sí que es amor de verdad.

Cuando dejé por última vez al *aghori* en el hospital, le pregunté: "*Aghoriji* (*ji* es un término de respeto en la India), ¿hay algo más que deba saber?".

"No eres tu cuerpo", replicó. Al viajar por la India en los meses siguientes, pensé en la cantidad de veces que mi cuerpo fue atormentado por el vómito, la diarrea y fuertes dolores de cabeza. ¡Gracias a Dios que no soy mi cuerpo!

En un nivel más profundo, entendí que el *aghori* me estaba diciendo que la realidad de la vida trasciende la forma física del cuerpo. Cuando dejo de identificarme con mi cuerpo, me abro a la conciencia ilimitada del sí mismo puro. Este es el dominio de la felicidad absoluta, de la verdadera realización en la vida.

La pasión conduce a la realización porque nos ayuda a conectarnos de un modo más íntimo con nuestra naturaleza más profunda. Esta es la razón por la que decimos que las pasiones son las claves para el destino personal. En última instancia, el destino es la expresión espontánea del yo puro, manifestada a través de la vida de cada uno.

Permanecer abierto

La senda de la pasión da algunos giros y vueltas interesantes. Estaba a punto de dar un gran giro para mí.

Cuando se aproximaba el momento de irnos de Nepal, Juliann se me acercó y me dijo: "Janet, no me puedo ir; lo siento".

- ¿¡Qué!? - Dije con un chillido.

- No me puedo ir. Necesito quedarme en Nepal y buscar cuál es mi verdadera pasión.

Decir que estaba en *shock* era poco para describir mi estado. Juliann era mi productora, la experta que sabía cómo manejar la cámara, los micrófonos y dirigir la filmación. Sin embargo, a un nivel muy profundo, sabía que esto tenía que ser una bendición. Todo siempre lo era.

Me quedaban unas pocas horas antes de abordar el avión a Nueva Delhi y Juliann rápidamente me dio un curso intensivo sobre el manejo del equipo que había comprado para mí.

Chris y yo habíamos escrito un libro digital sobre como permanecer abierto en medio del cambio, llamado *From Sad to Glad (De la tristeza a la alegría)*. Ahora tenía la oportunidad de poner esto en práctica. Así que oramos juntas y yo me subí al avión.

Mientras viajaba de un lugar a otro, me hablaban de un gran maestro y de otro y de otro.

Éxtasis

Mi pasión de "pasar tiempo con los iluminados" se materializó más plenamente de lo que jamás habría podido imaginar.

En Nueva Delhi oí hablar de un gran santo llamado Hans Baba. Era conocido por el hecho de que, cuando cantaba, sus seguidores entraban en un estado como de trance y tenían experiencias interiores asombrosas.

Viajé de Vrindavan a Delhi y luego de nuevo a Vrindavan para estar con Hans Baba alrededor de una semana.

Nadie sabe nunca donde estará Hans Baba en un momento dado. Va a donde le plazca. Así que tuve que preguntar hasta averiguar dónde se encontraba y después viajé hasta allá.

Un día, cuando estaba con Hans Baba, uno de sus discípulos me dijo que ese era un día sagrado y que Hans Baba alimentaría y vestiría a muchos *sadhus* (hombres sagrados) de todas partes de la India.

"Janet, debes venir a la celebración, no hay nada parecido", dijo.

En un abrir y cerrar de ojos, más de dos mil s*adhus* indios, vestidos con *dhotis* blancos y anaranjados, llenaron el *ashram* de Hans Baba. A uno por uno se dio alimento, un chal de lana y un sobre que contenía rupias indias. Todos eran regalos de Hans Baba.

Después de terminar la celebración, Hans Baba regresó al salón principal y comenzó un melodioso canto, mientras parecía que estaba en trance.

En la medida que seguía con su cántico, sus devotos, uno tras otro, comenzaron a levantarse y a danzar, al parecer en un estado de arrobamiento. Después pregunté a una de las devotas por qué la gente se sentía atraída hacia Hans Baba y respondió con una sola palabra: "Éxtasis".

¡Éxtasis, me gusta!

El amor no conoce límites

Me dirigí hacia el sur con mi amigo Martin, al *ashram* de una gran santa que se había vuelto famosa alrededor del mundo como la "santa abrazadora", Mata Amritanandamayi Devi, llamada cariñosamente Amma o Ammachi. Recibió este apodo porque da abrazos a todos los que vienen a verla. Se sabe que ha pasado veinticuatro horas o más abrazando a miles de personas.

Llegamos al *ashram* de Amma y de inmediato nos llevaron arriba para conocer a esta asombrosa mujer. La presencia de Amma es excepcional. El impacto que ha tenido en el mundo se evidencia a través de las enormes donaciones que sus organizaciones sin fines de lucro han recibido y que ahora están siendo usadas para subvencionar hospitales, orfanatos y toda clase de servicios de caridad.

Después del *tsunami* que golpeó el sur de la India y Sri Lanka en el 2004, Amma se comprometió a dar más de 23 millones de dólares de ayuda económica para construir nuevas viviendas para los desplazados y otro millón para dar apoyo a las campañas de ayuda para las víctimas del huracán Katrina en los Estados Unidos.

En su *ashram*, Amma está rodeada por miles de devotos; ella gobierna el lugar con amor, firmeza y disciplina. Estar en su presencia es como estar en presencia de lo divino. No hay palabras para describirlo.

Durante mi visita, tuve la oportunidad excepcional de filmar a Amma mientras alimentaba a dos de los elefantes que tiene como mascotas. Se reía y jugaba con ellos, poniéndose galletas en la boca para que los elefantes las cogieran delicadamente con sus enormes trompas.

El amor de Ammachi parece no tener límites y no hay nada que considere demasiado bajo para ella. Varias veces encabezó las tareas de limpieza o las "labores humildes" necesarias para mantener el *ashram* en buenas condiciones. Es un ejemplo viviente de la humildad en acción, la personificación del amor.

Me dijeron que era muy poco común en estos días pasar tiempo con Amma. Me sentí increíblemente afortunada de haber podido quedarme una semana en el *ashram* y observar a esta gran santa en acción.

Trata al huésped como si fuera Dios

Seguí hacia Mysore y después de pasar una semana en el *Centro Ayurvédico del Valle del Indo,* uno de los *resorts* más sensacionales, confortables y lujosos que uno pueda soñar, estuve otra semana con un santo totalmente opuesto a Hans Baba.

Mientras escribo estas palabras, Swamiji Krishnamurthy se está hospedando en mi casa por dos meses. Lo conocí en una hacienda de cultivo de mangos orgánicos de 150 acres, a dos horas de Bangalore.

Swamiji es un manantial de conocimiento. Si formulas una pregunta, él da una descripción completa de ese aspecto de la vida. Parece que no hubiera nada que él no comprendiera en profundidad.

Me senté hipnotizada durante horas mientras él me describía la naturaleza de la realización, la experiencia del ser, el significado del contacto con la fuente, el propósito de la vida y la naturaleza efímera de las cosas que en Occidente llamamos nuestras vidas.

Después de estos discursos, Swamiji me llevó a saludar a sus vacas, a caminar por los cultivos de mango, a cortar algunas uvas y a disfrutar la belleza de la tierra en la que vive.

En la India, hay una antigua tradición que dice que debemos tratar a un huésped como a Dios. En la casa de Swamiji, realmente descubrí lo que esto significa. Su familia no pudo haber sido más atenta o más amorosa.

No había necesidad que yo tuviera que no fuera satisfecha, ni comodidad, dentro de sus posibilidades, que no me ofrecieran. Fue en verdad una experiencia memorable.

Dar en el blanco

Después de filmar maravillosas horas de las presentaciones de Swamiji, tomé un vuelo a Rishikesh, en el Himalaya. Me detuve a visitar a mi viejo amigo Su Santidad Swami Chidanand Saraswati, cariñosamente conocido como Pujya Swamiji. Pujya Swamiji tiene millones de seguidores en Asia y sus buenas obras son incontables. Cada tarde, miles de personas se congregan en su *ashram* a orillas del Ganges para entonar cantos y celebrar ceremonias védicas, bajo la vigilancia de una gigantesca estatua de Lord Shiva.

Me dirigí hacia la parte alta del Himalaya, a Uttarkashi, conocido como "el valle de los Santos". Este es un lugar que atrae a muchas de las personas que han decidido retirarse del mundo para emprender una búsqueda espiritual. Mientras estaba sentada en un hotel en este diminuto pueblo, tenía la sensación de estar en presencia de otro maestro.

Al mirar alrededor, vi a tres hombres indios en un rincón. Me acerqué a ellos y les pregunté: "¿Alguno de ustedes por casualidad es un gurú?". Por supuesto, sólo se puede preguntar tal cosa en la atmósfera esotérica de las altas montañas de los Himalayas, en este ambiente parecía bastante natural.

Uno de los hombres me miró muy irritado, el otro parecía indiferente y el tercero respondió: "Madam, ¡ha dado en el blanco!" Este es el Pilot Baba (señalando al hombre indiferente), muy conocido en toda la India".

Más tarde descubrí que Pilot Baba realmente es reconocido en toda la India y que fue filmado cuando se sumergió en un tanque de agua, donde permaneció por cinco días seguidos. Pregunté si lo podía entrevistar. Pilot Baba sonrió y dijo: "Por supuesto. Si eso ayudará al mundo, ¿por qué no?".

Pasé los días siguientes en compañía de Pilot Baba. Me invitó acompañarle y a algunos de sus devotos hasta Gomukh, la fuente del río sagrado Ganges, que brota de un glaciar arriba en los Himalayas.

Cuando lo bueno se oculta

Como no tenía idea en lo que me estaba metiendo, de inmediato dije que sí. El día que íbamos a emprender la larga caminata, Pilot Baba decidió que no la haría y preguntó si quería quedarme en Gangotri con él y algunas otras personas. Pero a estas alturas, después de oír hablar sobre el viaje a Gomukh, nada podía hacerme cambiar de opinión, ni siquiera pasar más tiempo con el maravilloso Pilot Baba.

- Puede ser un viaje muy duro, me advirtió.

- ¿Estás segura de ser capaz? - Preguntó con preocupación.

- ¡Claro que sí! -Dije-. ¡Practico yoga!

No me importaba que fuera una caminata de siete horas por montañas altas. No le presté atención al hecho de que sólo llevaba encima un *punjabis* (traje indio de pantalones de algodón y camisa larga como un vestido) muy delgado. La posibilidad de visitar este famoso lugar de peregrinación era demasiado irresistible.

Pedí prestada una chaqueta de algodón, me compré un gorro de lana, medias y un par de tenis blancos bastante delgados; me uní a un grupo de devotos de Pilot Baba que venía desde el Japón, y nos fuimos.

Siete horas de caminata es un paseo bastante largo para mí, inclusive en las mejores condiciones. Pero éstas no eran simplemente siete horas de camino. Era caminar cuesta arriba, a una altura elevadísima y la mitad del tiempo había que trepar a gatas por encima de rocas y enormes peñascos.

Cuando salimos de Gangotri, el sol brillaba y no se veía ni una nube.

"Esto será pan comido", pensé.

La delegación japonesa de Pilot Baba se rio con disimulo cuando pasé junto a ellos en mi *punjabis* de algodón y mis tenis blancos limpios.

¡Les demostraré de qué está hecha esta chica de Hollywood!

Cuando llevábamos cerca de dos horas de caminata, empezó a nevar y yo empecé a temblar. Estaba bien si seguíamos moviéndonos, pero cuando nos deteníamos para descansar, comenzaba a temblar de pies a cabeza, me dio dolor de cabeza y mi estómago estaba deshecho. Pero lo peor es que me puse terriblemente sensible y empecé a llorar mientras caminaba.

Casi llegando a Gomukh, nos detuvimos en un campamento del Estado para descansar durante la noche. Entre otros peregrinos que se encontraban en el campamento, corrió la voz sobre mi estado. Poco después de que me desplomé en un catre de lona en una de las carpas, un médico de Ahmedabad apareció en forma milagrosa. Me informó que tenía el mal de montaña. No había nada de qué preocuparse; sólo debía tomarme unas pastillas que me entregó.

Poco después, llegó hasta mí un médico homeópata que también me dejó algunos remedios. Luego un *sadhu* (un asceta o alguien que renuncia al mundo material) indio entró a mi carpa, me dio una hoja de *tulsi* y me dijo que la masticara despacio para extraer propiedades medicinales. Una mujer bondadosa vino y me regaló unos *jeans* nuevos para que estuviera más caliente. Alguien más me trajo un par de guantes y medias y muy pronto estuve bien arropada.

Estar a miles de millas de distancia de mi hogar y recibir un cuidado tan esmerado fue una experiencia impactante.

Esta es otra lección valiosa. Cuando sigues el camino de las pasiones, encontrarás apoyo proveniente de lugares que nunca podrías imaginar. La labor nuestra es dar lo mejor y estar abierto a todas las cosas buenas que llegan de esos lugares inesperados.

Mantente alerta. A veces el bien que te llega puede estar disfrazado de algo aparentemente incómodo o indeseable, como mi mal de montaña. Cuando esto ocurra, permanece abierto para ver dónde está el bien dentro de esta molestia.

A pesar de mis capas de ropa extra, esa noche hizo tanto frío que le insistí a mi amigo y compañero de viaje Tapash, soltero de toda la vida, profesor de meditación en Rishikesh, que se metiera dentro de mi bolsa de dormir, no para gozar de los placeres maritales, sino solamente para darme calor.

No le di alternativa cuando le dije: "Tapash, si no te metes en mi bolsa de dormir, voy a morir congelada. ¡Métete *ahora mismo*!". De no ser así, creo que no habría sobrevivido esa noche.

A la mañana siguiente, el sol brillaba y me sentía como una mujer nueva. (¡No pienses eso!). Mientras caminábamos las últimas horas hacia el nacimiento del Ganges, quedé deslumbrada. Los picos altos de las montañas perforaban el cielo y dominaban el mundo con su imponente majestuosidad.

Al estar en este excepcional escenario, me sentía como en otro mundo. Las comodidades de la vida moderna son inexistentes y la belleza extrema de los alrededores es espectacular.

Al llegar a Gomukh, me uní a los demás peregrinos que vienen hasta este lugar a sumergirse en las gélidas aguas del torrente denominado Ganges, que emerge por debajo de un glaciar gigante. Tapash, que dominaba el arte de controlar la respiración, permaneció sentado en esas aguas durante casi cinco minutos, antes de que yo lo obligara a salir. Para mí, era lo más que podía hacer para mojarme con esa agua sagrada, pero absolutamente helada.

Lo que más recuerdo de esta época son las emociones profundas que afloraron. La profunda cualidad espiritual de este sitio me llenó los ojos de lágrimas. Quisiera poder encontrar palabras para describirlo, pero fue uno de esos momentos indescriptibles. Para saber de qué hablo, pienso que la próxima vez tendrás que acompañarme (¡apuesto a que esperarás ese momento con ansias!).

Mientras escalaba por encima de las rocas para poder tomar una mejor fotografía del nacimiento del Ganges, de repente mi pie resbaló y rodé sobre los peñascos. Me detuve a un pie de las turbulentas aguas. Si no me hubiera detenido en ese punto, no estarías leyendo este relato. Fue, sin lugar a dudas, una de esas experiencias cercanas a la muerte.

Dejé esta catedral montañosa con renuencia y al regresar a la carpa del campamento, encontré un burro que me llevaría el resto del camino a casa. Di a mi burro algunos de los refrigerios que traía conmigo y después, mientras le daba la vuelta por el otro lado... ¡Me dio una patada tremenda! Caí al piso; por fortuna, no hubo daños graves.

Belleza indescriptible

Regresé a Uttarkashi y me quedé algunos días en una suntuosa casita de huéspedes para recuperarme. Me faltan palabras para describir lo sublime que fue este tiempo. Pasé estos días junto a la ribera del Ganges, rodeada de montañas gigantescas, cubiertas de árboles, bajo un cielo azul despejado. Pasé el tiempo en profunda meditación y comprendí porqué los hombres sagrados elegían los montes Himalaya para comulgar con lo divino. Aquí era tan fácil.

Mientras caminaba alrededor de esa cordillera, oí hablar de una venerada santa de Inglaterra que vivía en una pequeña cabaña a orillas del río. Me bastó oír hablar de su pureza y amor para saber que tenía que encontrarla.

Hacía más de treinta años que Nani Ma vivía en la India. Cuando pasaba tiempo en la cadena de montañas Himalaya se quedaba muchos meses en Gomukh, el lugar que yo acababa de visitar, para sumergirse en las aguas gélidas del Ganges tres veces al día, con la intención de purificar su espíritu.

Después de mucho rogarle, me permitió entrevistarla. No sabía la forma en que lo haría, porque Nani Ma no es una mujer propiamente atractiva. Sufrió un accidente automovilístico en la infancia y un ojo le quedó media pulgada por encima del otro; no se ha hecho tratamientos odontológicos desde hace años, así que sus dientes parecen necesitar atención con urgencia; y tiene muy poco cabello.

Sin embargo, apenas empezó hablar, comencé a entender cuál era su verdadera belleza. Esta asombrosa mujer hablaba con un conocimiento tan profundo y su hermoso corazón se desbordaba tan plenamente que, ante mis ojos, Nani Ma se transformó en una hermosa diosa.

Con el rostro bañado en lágrimas, casi no lograba sostener la cámara. Nunca había visto a alguien transformarse de esa manera.

"Nani Ma -dije, llorando-, muchas gracias. Usted realmente me ha mostrado lo que es la verdadera belleza".

De nuevo comprendí porqué compartir tiempo con los iluminados es una pasión tan grande para mí. Esta mujer no se parece a ninguna otra que haya conocido: tiene una profunda comprensión de la vida; habla con palabras sencillas, pero muy iluminadoras, y es la encarnación viviente del amor.

Muy pocas personas conocen la existencia de Nani Ma, pero no me cabe la menor duda de que su estilo de vida introspectivo y silencioso tiene un profundo efecto en algún nivel, como lo tiene la inagotable actividad de santos, entre ellos Ammachi o Pujya Swamiji.

Los milagros vienen en muchas formas

Viajé de nuevo a Rishikesh y visité a mi querida amiga, Devi Vanamali, una hermosa santa. Ella y Nani Ma comparten la misma profunda belleza interior.

Vanamali me acogió en su casa. Me senté atónita durante horas, escuchando sus hondas percepciones y sabiduría. Una mañana, antes de irme, me dijo que había un magnífico sanador en Kerala; su nombre era Sri Sunil Das y que indudablemente debía ir a conocerlo.

A este hombre le habían diagnosticado un cáncer terminal cinco años atrás y Sai Baba (otro maestro venerado por millones de devotos en el sur de la India) lo había curado. Junto con la cura, Sunil Das obtuvo el poder de curar a otros y desde entonces ha estado usando este don especial.

Vanamali me dijo que todos los días Sunilji alimenta a más de cinco mil habitantes del pueblo, trata a más de treinta y cinco familias leprosas; además, a su modesta casa llegan líderes de todas partes de la India en busca de sanación.

En otras circunstancias, habría estado encantada. Pero ya llevaba más de tres meses en la India, y Kerala quedaba en el extremo sur del país, era un viaje largo desde la casa de Vanamali en los montes

Himalaya, cerca de Rishikesh.

Dejé de lado la idea y volví a Rishikesh a preparar mi regreso a Nueva Delhi, al día siguiente. Mientras desayunaba, Mohan, el primo de Devi Vanamali, vino a despedirse.

- Tengo un mensaje de Sri Sunil Das, dijo Mohan con entusiasmo.

- ¿Sri Sunil quién? - Pregunté.

- Sri Sunil Das. El sanador de quien te habló Vanamali ayer.

- ¡Oh! - Dije. No me sentí impresionada, seguí masticando mi tostada y mirando el hermoso Ganges, abajo, por la ventana del comedor.

- El me dio un mensaje para usted, dijo Mohan.

- ¡Ajá! - Dije, mientras le untaba mantequilla a mi sexto trozo de tostada.

- Me pidió que le dijera que tiene grandes bendiciones de tres maestros del Himalaya-. Por fin atrapó mi atención.

- Maharishi, Yogananda y Babaji, exclamó Mohan.

Cuando escuché esos tres nombres, inmediatamente dejé caer la tostada.

- ¿Quienes? - Pregunté, incrédula.

- Maharishi, Yogananda y Babaji, repitió Mohan, sonriendo.

Mi corazón sintió que había dejado de latir. Maharishi Mahesh Yogi era el maestro que yo había estudiado durante más de treinta y seis años; Paramahansa Yogananda fue el primer maestro que conocí en la vida y Babaji había morado en mi corazón desde que leí sobre él en *Autobiografía de un yogi* de Yogananda.

- ¿Podemos llamar a Sunil Das? - Pregunté.

- ¡Por supuesto! - Pijo Mohan cogió mi teléfono celular, marcó el número y me lo entregó.

- ¿Hola?-.

- *Codi, codi, pranam* - dijo una voz-. ¿Usted venir?

Cuando escuché esa voz, supe que sencillamente no tenía alternativa, así que dije: "Sí, iré". Unos días después, llegué a la casa de Sunilji cerca de Coimbatore en Kerala y fui recibida con los brazos abiertos.

Este hombre, con poco más de cuarenta años, me impresionó con su personalidad práctica, juguetona y de apariencia "normal". Sin embargo, su humildad, inocencia y el profundo efecto que tenía sobre todos aquellos que lo conocían, eran innegables.

Veía como llegaban a diario miles de lugareños de toda esa zona para recibir alimento de la cocina de Sunilji. Filmaba los rostros y los cuerpos deformes de los leprosos que habían padecido esta terrible enfermedad en algunos casos por más de cuarenta años y que ahora sonreían y reían.

Día tras día me sentaba mientras llegaba gente de toda la India a visitar a Sunilji con una dolencia u otra para recibir sus oraciones, bendiciones y sanación, que él insiste viene de Dios.

Escuché incontables historias que afirmaban que lo milagroso parecía seguir a Sunilji dondequiera que fueran. Fui testigo de muchos, muchos casos en los que hacía aparecer ceniza sagrada y se la daba a los enfermos que lo buscaban para que los tratara. Sunilji constantemente materializaba regalos de la nada, como estatuillas, perlas, pendientes y campanas.

Después de presenciar tantas veces estas acciones extraordinarias, me es imposible imaginar que fueran maquinadas; sin embargo, no son estos hechos los que hacen que Sunilji sea un ser especial. Esto se debe a su profunda devoción a Dios. Sunilji dedica cada instante del día a servir en nombre de Dios. Atribuye a Dios el mérito de cada una de las sanaciones que sus visitantes experimentan.

No toma dinero para él. Todas las donaciones se destinan a una fundación de caridad establecida para apoyar su trabajo y administrada por un expresidente de la India.

Sunilji me mostró lo que es realmente una vida de servicio; presenciarlo es algo asombroso.

Después de quedarme un tiempo en su casa, me enteré de que mi amigo Jack Canfield viajaría a Bombay. De inmediato, pensé: "¿Qué puedo hacer para que la visita de Jack a la India sea especial?".

Hice algunos arreglos y luego volé a Bombay para encontrarme con Jack cuando llegara. Nos encontramos en su hotel y me enteré de que su equipaje no había llegado de los Estados Unidos. Así que dedicamos las primeras horas juntos a una de mis actividades preferidas: ¡ir de compras!

Resultó que Pujya Swamiji y Sadhvi Bhagwati Saraswati de Rishikesh se encontraban en Bombay en ese momento, al igual que mis amigos Catherine Oxenberg (reconocida actriz y princesa de Yugoslavia) y su esposo, el actor Casper van Dien (*Las brigadas del espacio, El jinete sin cabeza, El código omega, Tarzán* y otras). Hice arreglos con Pakaj y Smita Naram para que todos cenáramos juntos, la noche anterior a la conferencia de Jack.

¡Fue una noche maravillosa! Imagínese, cenar con dos santos, uno de los autores más vendidos del mundo, dos médicos ayurvedas mundialmente famosos y dos renombrados actores de cine. Definitivamente, fue uno de esos momentos memorables.

Pasé los días siguientes en la suite de Catherine y Casper en uno de los mejores hoteles de Bombay. En ese tiempo, Sunilji también fue a Bombay a solicitud de un devoto famoso.

Cuando Sunilji se iba de Bombay, lo llevé al aeropuerto y recibí una llamada de una amiga india muy querida para mí y muy respetada en esta ciudad porque pertenece a la junta directiva de más de veinticinco instituciones educativas. El día anterior se la había presentado a Sri Sunil Das. Una de sus amigas más viejas y entrañables estaba en el hospital, al parecer se estaba muriendo. Ella estaba destrozada y preguntó si Sunilji podría visitarla.

"Oh, Maya, lo siento tanto. Sunil Das acaba de recibir una llamada de la familia real de Kerala y ellos necesitan que vaya de inmediato. Lo siento tanto", le dije.

Al colgar el teléfono, Sunil Das, dijo: "¡Janet, vaya!".

- ¿Uh? - Balbuceé.

- ¡Vaya usted!

- Sunilji, ¿qué puedo hacer yo? ¡No soy sanadora! -Dije.

Al escuchar estas palabras, Sunil Das de inmediato hizo aparecer de la nada la ceniza gris conocida como *vibhuti* o ceniza sanadora.

Me entregó la ceniza y me dijo: "Debe ir de inmediato, no se detenga, vaya de inmediato". Luego me dio instrucciones de poner la ceniza sagrada en la boca de la moribunda.

Con eso, me fui. Aunque estuve muy tentada de parar en el camino en algunas de las magníficas tiendas que había planeado visitar ese día, Sunilji me había dicho claramente que fuera de inmediato; así que, obedecí.

Cuando entré en la habitación, me sorprendió encontrar una chica joven sentada en la cama, con la cabeza recostada sobre el abdomen de la mujer que agonizaba. La chica levantó la vista de inmediato y me dijo:

- Oh, Janet, me alegra tanto que estés aquí. Mi madre está muriendo.

Estas palabras fueron pronunciadas por Premala, otra de mis queridas amigas de la India. Resultó que la mujer que agonizaba era su madre (sólo en ese momento me enteré de este hecho).

Tomé la mano de Premala, puse la ceniza en la boca de su madre como me había dicho Sunil, luego comencé a cantar el mantra *Mrityunjaya*, un cántico especial que había aprendido para aquellos que están enfermos, agonizando o que necesitan protección. A los pocos minutos de mi llegada, la madre de Premala hizo tres inspiraciones profundas y murió.

Consciente de la hermosa luz que inundaba la habitación, dije a mi amiga que sollozaba de modo incontrolable: "Premala, ¿puedes sentir lo feliz que está tu madre?". Al escuchar estas palabras, Premala dejó de llorar. "¿Puedes ver lo iluminada que esta la habitación?". - Pregunté.

"Sí", dijo de nuevo y comenzó a sonreír y reír al mismo tiempo.

Después, Premala me contó que mi visita al hospital en verdad le había salvado la vida. Después de mi llegada y de llevar la ceniza sagrada de Sunilji, ella sintió que su madre había sido bendecida de veras. El gran dolor que sentía se disipó y sintió un gran alivio.

Esta es una de las tantas experiencias que hizo que mi respeto hacia Sunilji alcanzara un nivel muy profundo. De algún modo, él había sabido que era urgente que yo fuera de inmediato al hospital y esto tuvo un efecto importante.

Cuando las pasiones vienen hacia nosotros

Hace meses que regresé de la India. Después de pasar meses viajando por la India y Nepal, conociendo a los individuos más extraordinarios que me haya topado, mi pasión de pasar tiempo con los iluminados sigue cumpliéndose, una y otra vez.

Desde que regresé a casa, mis amigos santos han estado viniendo a mí. Pocas semanas después de mi regreso, Hariprasad Swamiji, un maestro a cuyo cumpleaños asistí con otras ochenta mil personas, vino a visitarme a mi casa. Poco después, llegaron cinco de las monjas renunciantes de Harisprasad Swamiji, llamadas Benus, y se quedaron varios días en mi casa, llenándola de risas y amor. Más adelante, mi querido Bapuji vino por un par de días y el trascendental Swami Krishnamurthy, que me recibió en su casa con tanta amabilidad, se está hospedando aquí por dos meses.

Mi vida se ha transformado en una serie de milagros. En mi próximo libro, *The Saints Speak Out (Los santos hablan)*, contaré todos los detalles de este viaje excepcional, pero espero que ya tengas una idea de por qué considero que esta fue la mejor experiencia de mi vida.

La ardua jornada hasta la fuente del Ganges; descubrir que el fuego puede ser una bendición; ser testigo de las sanaciones al parecer milagrosas de Sunilji; escuchar los profundos discursos de Swami Krishnamurthy fueron experiencias asombrosas. Luego, experimentar el amor divino en presencia de Ammachi, Bapuji, Hans Baba, Hariprasad Swamiji, Nani Ma, Devi Vanamali y todos los otros santos que tuve la fortuna de conocer, me dejaron maravillada por completo. Súmale a esto todos los otros acontecimientos extraordinarios de este increíble viaje. Esto hizo que mi viaje a la India fuera la experiencia que más me ha transformado en la vida. Y esas experiencias no lo fueron todo.

También fue la mejor y más asombrosa experiencia porque aprendí lo que en realidad es posible lograr cuando nos entregamos plenamente a conquistar lo que amamos. Aprendí que el dinero aparecerá y en la medida necesaria. Aprendí lo importante que es dejar a un lado los conceptos que tenemos sobre cómo se realizarán las pasiones y a permanecer abiertos a las diferentes maneras como la vida se presenta. Aprendí que los obstáculos y retos a lo largo del camino simplemente no importan cuando sentimos por dentro el fuego de la pasión; con ese fuego nada te puede detener.

Lo más importante quizá es que aprendí una vez más que Dios es el bien y que Dios es todo. Cuando estoy dispuesta a abandonar mi voluntad y abrirme a la voluntad de Dios, es decir, a la forma como la vida se está desenvolviendo, entonces la vida se vuelve una increíble aventura permanentemente gratificante.

El poder de la pasión

- ¿Qué tal estuvo tu viaje? - Preguntó Chris.

- Fue sin lugar a dudas la mejor experiencia de toda mi vida y la más fascinante, respondió Janet.

¿Cómo sería la mejor y más asombrosa experiencia de tu vida? A estas alturas esperamos que comprendas que tú tienes el poder de forjar esa experiencia.

Estás creando tu vida y tu mundo a cada instante. ¿Quieres ver lo poderoso que eres? Mira tu vida.

Tu vida hoy en día es el resultado de los pensamientos predominantes que has mantenido hasta ahora. Si quieres que tu vida cambie, cambia tu mente. Esto no tiene que tomar mucho tiempo.

¿En qué fijarás tu atención ahora? ¿Qué aprendiste en la historia de Janet?

Estas son algunas de las cosas que esperamos hayas asimilado:

- Tu vida no será de la manera que crees.

- Aclara el "qué", y el "cómo" empezará aparecer.

- El reto es permanecer abierto; libérate de tus ideas sobre cómo debe ser tu vida y acéptala tal como es.

- Sabrás que estás alineado con tus pasiones cuando te ocurran cosas que a otros les puedan parecer molestas, desagradables o indeseables y a ti ni siquiera te perturban porque el fuego interior te está guiando.

- Prepárate para recibir bendiciones a partir de situaciones y circunstancias que al principio pueden parecer lo opuesto (por ejemplo, la muerte de la madrastra de Janet o el mal de montaña en los Himalayas). Aprende a buscar la bendición.

- Se necesita valor para seguir la propia senda. Rodéate de personas que te apoyen en la búsqueda de tus sueños. Evita pasar tiempo con gente que intente destruirte.

- La pasión es un viaje, no un destino. Cada día elige a favor de tus pasiones principales y pronto estarás viviendo una vida apasionada.

- Cuando amas el proceso, los resultados vendrán por sí solos.

- La vida está aquí para ser disfrutada. El propósito de la vida es la expansión de la felicidad. Cuando parece ser lo contrario, es porque te desviaste de la senda del destino. Mira tu vida y pregúntate: ¿Qué necesito cambiar para elegir a favor de mis pasiones?

La pasión tiene el poder de transformar tu vida. Cuando descubres tus pasiones más profundas, te conectas con la esencia de lo que eres. Al vivir una vida alineada con tus pasiones, tu destino personal se manifiesta de un modo natural y sin esfuerzo.

Cuando esto ocurre, la vida se convierte en un campo de alegría, felicidad y satisfacción en expansión, junto a las mismas molestias, retos, obstáculos e incomodidades que todo el mundo experimenta. La diferencia es que, en la senda de la pasión, estas cosas sencillamente no tienen mucha relevancia.

MAPA DE LA INDIA

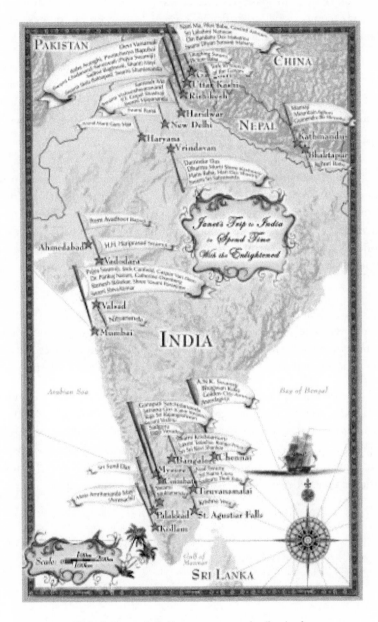

Viaje de Janet a la India para conocer a los iluminados

En páginas anteriores, te dimos herramientas para comprender con gran claridad tus pasiones y las cosas que son más significativas para ti. ¿Te hemos repetido suficientes veces lo importante que es tener claridad para poder crear la vida de tus sueños?

Ahora que ya tienes las herramientas, vamos a compartir experiencias, sabidurías y sabios consejos de expertos en transformación de Oriente y de Occidente. Benjamín Franklin dijo esto sobre cómo adquirir sabiduría:

"Hay dos formas de adquirir el saber; lo puedes comprar o lo puedes tomar prestado. Al comprarlo, tienes que invertir todo el tiempo y dinero que se requiere para aprender las lecciones que necesitas aprender. Al tomarlo prestado, vas con esos hombres y mujeres que ya pagaron el precio para aprender las lecciones y su experiencia".

Cuando tomas el saber de aquellos que ya pagaron el precio, puedes acortar el camino que te llevará a realizar tu propio destino. En la segunda mitad de este libro, te presentaremos las herramientas esenciales que te permitirán tomar la autopista cósmica para realizar tu destino.

También compartiremos las entrevistas que realizamos a algunas de las personas más extraordinarias del mundo, para que puedas tomar de ellas su saber y experiencias para una vida apasionada. Todo buen platillo requiere el condimento adecuado, así que sazonaremos la segunda parte con relatos de gente común y corriente que ha convertido el *Test* de la Pasión en parte de su vida - y los resultados que han obtenido.

SEGUNDA PARTE

===============

Viajando a la Velocidad Cósmica -
Creando la Vida que Eliges Vivir.

"Solo eres tan fuerte como tus mentores."

-Mark Victor Hansen y Robert G. Allen

NOS CONVERTIMOS EN LO QUE PENSAMOS

"Es la combinación del pensamiento y el amor lo que conforma la fuerza irresistible de la ley de atracción."

-Charles Haanel

¿Recuerdas la fórmula de nuestro amigo Bill Levacy para crear la vida que elegimos vivir?

Intención - Atención - Sin tensión

Bien. Cubriste la parte de la intención clarificando tus pasiones. Te comprometiste alinear tu vida con estas pasiones. Creaste una imagen clara que describe cómo se verá tu vida llena de pasión. Es más, en un ejercicio realizaste una retrospección - partiendo de la celebración de tu centenario-. Y es una vida maravillosa, ¿no lo crees? (¿Ves cuánta fe tenemos en lo que ya has trabajado?).

Toda la primera parte de este libro tenía como objetivo ayudarte aclarar tus intenciones. A definir "¿qué es lo que realmente eliges crear en tu vida?".

¿Qué sigue? La *atención.*

Últimamente, se ha escrito y se ha hablado mucho sobre "La Ley de Atracción", también conocida como "El Secreto". El Secreto tiene todo que ver con la atención. Atraes a tu vida todo aquello en lo que fijas tu atención. Cuando centras tu atención en aquello que te produce alegría, felicidad y satisfacción, obtienes más de eso. Cuando fijas tu atención en lo malo que hay en las cosas del mundo que te rodea y en todas la razones que tienes para estar insatisfecho, entonces obtienes más insatisfacción.

Preguntamos a algunos de los santos que Janet entrevistó en la India sobre este poderoso principio. Nos dieron respuestas sorprendentes que invitan a la reflexión. En un momento, compartiremos algunas de ellas, pero, primero, Chris contará como fue que oímos hablar por primera vez del *Secreto:*

El 27 de junio del 2005, Janet estaba viajando por la India, cuando Rhonda Byrne, una suscriptora de *Healthy, Wealthy 'n Wise (Saludables, Ricos y Sabios)*, se puso en contacto conmigo. Cuando escuché ese nombre, pensé que me era familiar y luego recordé que Rhonda se había inscrito en nuestro programa de *Alliance Secrets (Secretos de Alianza)*, en el que enseñamos a crear "Alianzas Iluminadas".

Hoy millones de personas en el mundo conocen a Rhonda Byrne como la creadora del fenómeno de la película y del libro titulados *El Secreto (The Secret)*. Sin embargo, cuando Rhonda se puso en contacto con nosotros, ella era como cualquier persona común. No era famosa. Hacía poco había pasado por una etapa muy dura. Tenía un sueño. Tenía destrezas y talentos. Sentía pasión por su sueño y comenzó a actuar.

Hablé con nuestros socios en *Healthy, Wealthy 'n Wise (Saludables, Ricos y Sabios)*, Ric y Liz Thompson. Resultó que Rhonda también se había puesto en contacto con ellos. Estuvimos todos de acuerdo en que valía la pena hablar con ella, así que la llamé.

-Oh, Chris. ¡Me complace tanto que hayas llamado! Me encanta el *Test* de la Pasión. De hecho, hice que todos los miembros de mi empresa lo tomaran. ¡Es fenomenal!-.

Era imposible no sentirse atraído por esa voz exuberante y amorosa al otro lado de la línea. Rhonda explicó con entusiasmo cómo estaba usando el *test* para crear *El Secreto*.

Relató que había creado una serie de muestras y las había enviado a los directivos de las grandes cadenas de televisión de Australia. Cuando los invitó a viajar, visitar su estudio y escuchar "El Secreto Revelado", todos lo hicieron, algo sin precedentes en esta industria. La *Nine Network*, la cadena televisiva más grande de Australia, ganó la licitación y estuvo de acuerdo en transmitir *El Secreto*. En ese momento sólo tenía que viajar a Estados Unidos e iniciar las filmaciones.

Después de hablar con ella, su mensaje me hizo un profundo eco. Nos pusimos de acuerdo para conversar nuevamente, tan pronto me pudiera comunicar con Janet, quien en ese momento estaba en la India.

Unos cuantos días después, tras hablar con ella, tanto Janet como yo estuvimos de acuerdo en hacer todo lo que pudiéramos para apoyar este proyecto. La visión de Rhonda era gigantesca y su habilidad para crear la sensación de misterio y emoción era sorprendente.

Su necesidad más apremiante era programar entrevistas con expertos que comprendieran los principios que su película presentaría. También le dijimos que nuestros socios, Liz y Ric, con gusto ayudarían con los aspectos técnicos del montaje de un sitio *web* y esto la entusiasmó mucho.

Janet y yo comenzamos a hacer llamadas (Janet hacía las llamadas desde la India, a doce horas y media de distancia) y comenzamos a programar entrevistas con expertos para la película de Rhonda; a muchos de ellos los habíamos entrevistado en las *Series de la pasión* de *Healthy, Wealthy 'n Wise (Saludables, Ricos y Sabios)*.

Dos meses más tarde, habíamos conseguido treinta y seis de las cincuenta y dos entrevistas que Rhonda y su equipo llevaron a cabo para *El Secreto*. Al momento de la publicación de este libro, se habían impreso más de 3.75 millones de copias del libro *El Secreto* y más de 2 millones de personas habían comprado el DVD o habían visto la versión en línea. Esto es un testimonio de la visión de Rhonda y de su profundo entendimiento de los principios que presenta.

Lo que hizo que *El Secreto* tuviera tanto éxito fue el poder de la atención de Rhonda. De manera consistente y constante, puso la atención en las cosas que elegía crear. Cuando inevitablemente aparecían retos, ella no se obsesionaba con ellos. Ponía la atención en las cosas que amaba de su vida y que le daban una sensación de alegría.

El Secreto se basa en el principio que hemos compartido a lo largo de este libro: aquello en lo que fijas tu atención cobra fuerza en tu vida. Cuando te planteen algo, presta atención a las ideas, a los principios y a los conceptos que resuenen contigo y que te servirán para mejorar tu vida. Ponlos en práctica. Aprende de tu propia experiencia.

Cuando escuches a la gente criticar, recriminar o encontrar defectos en algo o en alguien querido para ti, tienes varias opciones. Puedes enfocarte en lo equivocados que están. Puedes fijar la atención en las cosas negativas que están diciendo, o puedes preguntarte: ¿Cómo puedo usar esa información para ganar mayor claridad? ¿Dónde está el regalo en esto?"

Usar la atención para atraer lo que eliges tener en la vida puede crear cambios prácticos y valiosos en tus relaciones con todas las personas y en particular con aquellas que amas y te interesan. Janet relata esta historia:

"Algunos meses antes de la fecha en que se suponía que iba a casarse, una buena amiga fue a verme, preocupada por su prometido.

-Peter no tiene la menor idea de cómo manejar el dinero y temo que si junto mis ahorros, ganados con tanto esfuerzo, con los de él, dentro de poco tiempo desaparecerán; y eso me pone los pelos de punta-, me confió Jody.

Prosiguió: Es un comprador compulsivo, se gasta el dinero en cualquier cosa. Al final del mes, cuando se vencen las facturas, no tiene dinero suficiente para atender los compromisos. Lo amo tanto (dijo, con lágrimas en los ojos). Y en verdad no sé si podré soportar la forma como maneja el dinero-.

Era doloroso ver a Jody tan afligida; además, Peter también era un buen amigo mío. Lo último que deseaba era meterme en su vida personal. Decidí que como amiga de Jody, lo más indicado era ser una buena escucha mientras ella me contaba la historia.

Después de media hora, Jody me comentó que se sentía mejor sólo con haber hablado con alguien y que estaba muy contenta porque yo no le había dado ningún consejo.

"Janet, te agradezco mucho por haberme escuchado. Iré a casa y pensaré la respuesta - dijo -. Sé que si busco en mi interior, la respuesta llegará. Siempre lo hace".

Alrededor de tres meses después, Jody me llamó y me dijo muy agitada que tenía que compartir conmigo una noticia maravillosa. Cuando nos encontramos, la envolvía un brillo que nunca había visto en ella.

"Bien, ¿cuál es la buena noticia?". - Pregunté emocionada, al ver a Jody con una sonrisa de oreja a oreja.

"¡Peter cambió su relación con el dinero en un cien por ciento!". Dijo Jody, con igual emoción.

-"¡Vaya, Jody, eso es grandioso! ¿Cómo sucedió esto tan rápido?". - Le pregunté.

"Seguí pensando en cómo podía ayudar a Peter con este asunto del dinero, sin que sintiera que lo estaba juzgando. Por fin, un día, la respuesta simplemente me llegó. Decidí que en vez de seguir los pasos de la última esposa de Peter, quien lo fastidiaba a morir por la forma como administraba el dinero, yo iba hacer lo contrario. Buscaría oportunidades en las que pudiera decirle de manera honesta y sincera lo fabuloso que era para administrar nuestras finanzas.

"Así que cada vez que hacía algo responsable y bien planeado con el dinero, yo lo consentía y le decía lo maravilloso que era estar con un hombre que me podía cuidar de verdad. Al principio, no era que se lo creyera mucho, pero continué haciendo esto una y otra vez, hasta que llegó al punto en que cada vez que lo hacía, el rostro de Peter se iluminaba; y te juro, Janet, que en cada una de estas ocasiones, él crecía como persona".

"Eso es realmente asombroso, Jody. ¡Bien hecho! - Le dije. ¿Puedo hacerte una pregunta?".

"Por supuesto", dijo.

"¿Qué hacías cuando metía la pata con tu dinero? Es decir, me imagino que él no cambió de la noche a la mañana. ¿Cierto? ¿Cómo manejabas eso?". - Pregunté, ansiosa por escuchar la respuesta de Jody.

Me miró a los ojos y dijo:

"Sólo callaba. No decía una sola palabra, a pesar de lo difícil que me resultaba. Sólo callaba. Déjame decirte, Janet, quedarme callada fue una de las cosas más difíciles que jamás haya hecho. Había momentos en los que pensaba que iba a enloquecer si no le gritaba lo descuidado e irreflexivo que era. Sin embargo, cuando me contenía y no lo fastidiaba, cosa que de seguro habría hecho en el pasado, sin duda alguna siempre ganaba. ¡Peter cada vez estaba más feliz, yo estaba más feliz, todos estábamos más felices!"

"Así que nuestro mayor logro no fue únicamente que Peter diera un giro de 180 grados en la forma como administraba el dinero, sino que yo también cambié radicalmente cómo y a dónde enfocaba mi atención, lo que realmente elevó mi cociente de alegría de un modo inmensurable. Y la mayor conquista de todas...Desde entonces, Peter y yo hemos estado como dos tortolitos enamorados y nos vamos a casar como lo habíamos planeado. Vendrás, ¿cierto?".

"¡Jody, no me lo perdería por nada del mundo!".

Cuando te des cuenta de que toda vivencia te ofrece algún beneficio, descubrirás que ya no hay nada contra qué pelear o contra qué estar a la defensiva. Además, descubrirás que la gente, las situaciones y los recursos son atraídos hacia ti y aparecen en maneras que no habías previsto. Es entonces cuando la vida se vuelve mágica.

Llevémoslo a un nivel más profundo. ¿Recuerdas a Nani Ma, la hermosa santa que Janet encontró en la ribera del río Ganges, arriba en los montes Himalaya? Ella ha pasado treinta y cinco años escondida en las montañas, dedicando su vida a la experiencia de la verdad. He aquí lo que Nani Ma dijo sobre la ley de la atracción y sobre algunas otras ideas que hemos compartido.

Nani Ma

Supe (yo, Janet) por primera vez de la existencia de Nani Ma a través de mi maravilloso amigo Krishna. Krishna viaja a la India dos o tres veces al año con el único objetivo de pasar tiempo con los santos iluminados. Cuando le pregunté a quién sentía que debía conocer, Nani Ma estaba en los primeros lugares de la lista.

Esta era una recomendación muy confiable pues sabía que Krishna había conocido muchas almas iluminadas. Se cuidaba de no compartir estos datos con cualquiera, hasta no cerciorarse de que la persona fuera auténtica y en realidad tuviera una conciencia despierta.

Mi primera reacción ante Nani Ma fue de sorpresa. Ella nació en Inglaterra, no en la India, como había supuesto.

A los pocos minutos de haber entrado en contacto con esta mujer, comprendí porque Krishna me había enviado a conocerla. Nani Ma tiene ese brillo asombroso y singular que he llegado a percibir en los maestros iluminados que he visitado.

Vivir una vida entregada por completo al servicio, absorta en el estudio de la meditación profunda y en la austeridad, han convertido a Nani Ma en la encarnación del conocimiento y el amor puro. Cuando comencé a trabajar en esta nueva edición de **El Test de la Pasión***, le pedí que hablara acerca de la Ley de la Atracción y de la forma como podemos crear una vida maravillosa. Sus respuestas fueron profundas:*

"La forma de crear lo que queremos en la vida es dárselo a otras personas. Algunas personas piensan que quieren más dinero, un marido o hijos, pero lo único que la gente en realidad quiere es felicidad. La búsqueda de todas estas otras cosas es sólo para alcanzar la felicidad.

"La vía para alcanzar la felicidad es dar lo que deseamos tener. En el plano relativo, la vida es como un espejo. Cualquier cosa que hagamos, eso es lo que recibiremos.

"Así que si quieres recibir felicidad, entonces debes dar felicidad. Si quieres recibir amor, debes dar amor. Si quieres recibir respeto, debes dar respeto.

"Para recibir amor, para ser felices y exitosos en la vida, debemos estar abiertos. Debemos abrir nuestros corazones, abrirnos nosotros mismos. Si tan sólo abrimos nuestro ser todo fluirá hacia nosotros.

"Y para atraer lo que queremos en la vida, para usar la Ley de Atracción, uno debe estar comprometido por completo. Debemos estar comprometidos con lo que queremos y lo que queremos es amor y felicidad. Así que debes comprometerte a dar estas cosas, a vivir en armonía con la creación de Dios.

"Si alguien no está comprometido, entonces se confunde. Se dispersa. Sabemos que si algo, cualquier cosa que sea, está concentrado, allí llegará el poder. Si estamos dispersos, entonces no habrá poder y todo se lo llevará el viento. Si queremos que algo sea fuerte, si queremos que algo sea seguro, que funcione, tiene que comprometerse".

Mientras hablaba con Nani Ma, quería saber por qué tantas personas, cuando se van alineando con sus pasiones, sienten un impulso tan fuerte de servir. En mi propio caso, me he sentido atraída a trabajar con las mujeres sin hogar y apoyar proyectos para delincuentes juveniles. En los negocios, el éxito sólo llega cuando realmente servimos a los clientes. Pregunté a Nani Ma por qué cuando estamos viviendo nuestras pasiones el brindar servicio se vuelve tan importante. Esto fue lo que respondió:

"Cuando servimos a otras personas, nos olvidamos de nosotros mismos, salimos de nosotros mismos. Y la infelicidad en la vida se da cuando estamos perdidos en nosotros mismos, es decir, en nuestro ego. Cuando servimos a los demás, tendemos a olvidar por un momento nuestras pequeñas personalidades. Son nuestras pequeñas personalidades las que nos traen desdicha. Cuando servimos a los demás, salimos de nosotros mismos. Y entonces brillamos por dentro, Dios brilla, nuestra verdadera naturaleza brilla y eso es la felicidad.

"Algunas personas iluminadas ya tienen el corazón abierto. Ya no tienen ego. Están en un estado de gracia. Las personas que están felices consigo mismas se entregan al servicio, porque no les resta nada más por hacer.

"Sienten compasión. Ya están cerca de Dios. No les resta nada más por obtener en la vida, pero tienen un cuerpo, así que lo usan para ayudar a los demás, para ayudar a otras personas que no han comprendido que Dios está en todas partes. Para ayudar a personas que no tienen alegría en sus vidas y sufren. Es natural que los iluminados quieran ayudar a salir de sus aflicciones. Para los iluminados resulta perfectamente natural, porque ellos ya lo tienen todo en la vida".

Mi tiempo con Nani Ma se estaba terminando y quería saber la relación entre la Ley de Atracción y la noción de que la vida está unificada en su esencia.

"Cuando olvidamos nuestro pequeño yo y comenzamos a amar a los demás, entonces recibimos amor, que es lo que queremos. Cuando recibimos y damos amor, comprendemos la hermandad. Y cuando profundizamos en la hermandad, ésta se convierte en unidad.

"Todos necesitamos las mismas cosas y queremos las mismas cosas. Así que la ley de la atracción está basada en el amor. No estoy hablando de atraer cosas mundanas, sino de atraer lo que los seres humanos realmente desean, lo que los seres humanos realmente necesitan: estar en armonía y ser uno con el otro.

"Otras cosas son muy superficiales. Son como palitos flotando en un río muy hondo. El río es el amor, y la armonía que sentimos entre nosotros tiene una relación directa con nuestra unidad. Mientras más hondo nos metamos en él, más nos acercamos a la unidad. Sólo cuando nos quedamos muy en la superficie, es que deseamos esas pequeñas cosas insignificantes y no logramos comprender qué es lo que realmente queremos.

"Cuando pensamos que queremos esto o aquello, debemos ahondar más y buscar qué es lo que realmente deseamos. Entonces descubriremos que lo que en realidad deseamos es sólo felicidad y amor. Para encontrarlo, debemos darlo; y al darlo, rompemos las barreras que separan a las personas. Cuando hacemos esto, encontramos que sólo hay unidad y que no existe nada más".

RENUNCIA A SER EL GERENTE GENERAL DEL UNIVERSO

*"Después de haber hecho todo lo que podíamos hacer,
ocurren cosas maravillosas cuando renunciamos."*

Debbie Ford

Mientras éramos socios de Bob Allen y de Mark Víctor Hansen, conocimos a Karen Nelson Bell y a su esposo Duncan. En esa época, ellos llevaban más de un año en el programa de mentores de Bob. Eran brillantes, activos y optimistas. Era muy divertido estar en su compañía.

En una de las presentaciones de Bob, él pidió a Karen y a Duncan que contaran su historia. Resulta que habían dejado su trabajo de ingresos millonarios como productores de espectáculos televisivos y musicales en vivo, cuando hubo un bajón en esa industria.

Pocos meses después, se inscribieron en el programa de Bob. Mientras que todos los estudiantes intentaban absorber el conocimiento que estaban adquiriendo, Karen y Duncan salían cada semana a empezar a poner en práctica lo que les estaban enseñando.

"No teníamos idea de lo que estábamos haciendo, pero estábamos resueltos a empezar - contó Karen -. Durante cuatro meses, estuvimos dando tumbos, pero de algún modo logramos acumular más de un millón de dólares en propiedades. Ahora, un año después, me alegra referir que nuestro patrimonio neto, sólo en bienes raíces es superior al millón de dólares y el flujo que obtenemos de esas propiedades es suficiente para cubrir nuestro holgado estilo de vida".

Duncan murió en 2005. Karen, a pesar de haber perdido al amor de su vida, es un modelo de los principios que hemos estado enseñando. Está involucrada de manera activa en la vida; sacó a la venta un éxito editorial titulado *Nothing Down for Women (Sin cuota inicial para mujeres)* y vive como lo ha hecho desde que la conocemos, con pasión.

Karen ha rendido el mayor tributo posible al hombre que amó, no sólo al honrar su memoria, sino al centrar la atención en todas las cosas buenas de su vida.

La atención es tomar acción. Karen y Duncan fueron únicos porque actuaron inclusive antes de saber exactamente lo que estaban haciendo. Cuando Duncan falleció, Karen siguió en movimiento, prestando atención a las cosas que le enriquecen su vida.

"Intención-Atención-Sin tensión" no significa sentarse a soñar despierto con sus intenciones. Viajar por la autopista cósmica exige movimiento. Comienzas emprendiendo las acciones que ves posible realizar en este momento, tal como lo hicieron Karen y Duncan.

Para ti tal vez lo primero sería elaborar una lista de lo que puedes hacer para empezar a vivir tus pasiones. Si estás bloqueado en qué acción debes emprender, haz esto.

De la pasión a la acción

Haz una lista de todas las posibles cosas que puedes hacer que te permitan comenzar a alinear tus pasiones y tus marcadores. Si puedes hacer esto en compañía de amigos cercanos, hazlo. Verás que es mucho más divertido crear una lluvia de ideas en grupo.

Cuando hayas anotado todo lo que se te ocurra, utiliza un proceso similar al del *Test* de la Pasión, para ordenarlos. Compara cada elemento en la lista con todos los demás elementos.

A diferencia del *Test* de la Pasión, en el que te preguntabas: "¿Cuál se siente mejor, éste o éste?". En este proceso, formularás una pregunta diferente. Lo importante en este momento es que logres tener claro lo que debes hacer primero. Así que te preguntarás: "¿Qué haría primero, esto o aquello?".

Tal como lo hiciste con el *Test* de la Pasión, cualquiera que sea el elemento que selecciones, continúa revisando la lista, comparando ese elemento con todos los demás, hasta encontrar otro que considerarías hacer primero. Si lo encuentras, este pasará a ser el que vas a comparar contra los demás de la lista.

Por ejemplo, si tu pasión es: "Tener una relación profunda, gratificante y de respeto mutuo con mis hijos". Y tu lista de acciones es:

1. Enfocarme en los intereses de mis hijos y en sus necesidades.

2. Llevar a toda la familia a una increíble aventura.

3. Crear un fondo para pagar la universidad de cada uno de mis hijos.

4. Estar disponible para mis hijos cuando necesiten apoyo.

5. Pasar tiempo cada semana con cada uno de mis hijos.

La primera pregunta es: "¿Qué haría primero: enfocarme en los intereses de mis hijos y en sus necesidades o llevar a toda la familia a una increíble aventura?". Quizás responderías: "Enfocarme en los intereses de mis hijos".

Ahora, pregúntate: "¿Qué haría yo primero: enfocarme en los intereses de mis hijos o crear un fondo para pagar la universidad de cada uno de mis hijos?". Quizá elijas la número 1 de nuevo. Luego, te preguntas: "¿Qué haría primero: enfocarme en los intereses de mis hijos o estar disponible para mis hijos cuando necesiten apoyo?". Tal vez ahora eliges la número 4: "Estar disponible para mis hijos cuando necesiten apoyo".

Entonces, la número 4 pasará a ser la que compararás con el siguiente elemento de la lista. Así que la siguiente pregunta es: "¿Qué haría yo primero: estar disponible para mis hijos cuando necesiten apoyo o pasar tiempo cada semana con cada uno de mis hijos?". Tal vez aún digas: "Estar disponible para mis hijos cuando necesiten apoyo". (Por cierto, no hay respuestas correctas o incorrectas. Las respuestas deben ser lo que sientas que está bien para ti). Por lo tanto, "estar disponible para mis hijos cuando necesiten apoyo" es la primera medida de acción en esta lista.

¿Te diste cuenta en este ejemplo que una vez que seleccionas el 4 ya no es necesario compararlo con el 2 o con el 3? Igual que en el *Test* de la Pasión, cuando seleccionas un nuevo elemento no tienes que devolverte y compararlo con todos los anteriores.

Para completar este ejercicio, revisa la lista cuatro veces más hasta que identifiques las cinco medidas de acción inmediata. Luego, escribe un plan para llevar a la práctica cada medida. Esta podría ser una lista de pasos que debes seguir o podría ser una página escrita sobre lo que necesitas hacer para comenzar a implementar esa acción.

El Sistema Guía de la Naturaleza

Al actuar, estás dirigiendo tu atención al cumplimiento de tus pasiones. La acción mantiene la atención ocupada. Este es un punto clave, así que lo diremos de nuevo:

La acción mantiene la atención ocupada

No es la acción la que crea el resultado deseado (aunque podría parecer que así fuera). Es tu intención, dirigida a través del proceso de atención, la que crea el resultado. Puedes ver que esto es cierto porque en la mayoría de los casos, cómo se llega a un resultado es distinto al plan de acción que se trazó para alcanzar ese resultado.

Si el plan de acción fuera el que genera el resultado, entonces todo ocurriría exactamente como lo planeamos. El plan de acción mantiene tu atención inmersa en el cumplimiento de tu intención, y lo que hace que la vida sea divertida es ver cómo se llevará a cabo el cumplimiento.

Por esto es tan importante permanecer abierto. Prácticamente, podemos garantizar que las cosas no se desarrollan como pensamos que lo harán. Una de las razones por las que contamos el relato de la aventura de Janet en la primera parte del libro era para darles un ejemplo tangible de esto. He aquí unas buenas, pero muy buenas, noticias:

Cuando escuchas su mensaje, la Naturaleza te guiará en cada paso del camino.

Aunque no lo creas, la vida está diseñada para mantenerte en la autopista cósmica rumbo a una mayor alegría y plenitud. Por desgracia, hoy en día, casi todas las personas son como carritos de juguete que se descarrilan, se dan contra la pared y se quedan girando sobre sus ruedas, tratando de atravesar la pared en vez de sacarle la vuelta para encaminarse de nuevo.

La Naturaleza nos guía mediante nuestra propia experiencia interior de expansión y contracción. Para ayudarte a visualizar de qué estamos hablando, toma una hoja de papel en blanco. Como título escribe: "Sistema Guía de la Naturaleza". Dibuja una línea vertical (de arriba hacia abajo) que divida la hoja en dos. En la parte superior de esta línea, escribe las palabras "alegría y realización". En la parte inferior, escribe "desdicha y sufrimiento". Al lado derecho de la línea, dibuja una flecha que apunte hacia arriba y a un lado de esta escribe la palabra "expansión". Al lado izquierdo de la línea, dibuja otra flecha que apunte hacia abajo y a un lado de ésta escribe la palabra "contracción".

Sabes cómo se siente cuando estás contraído... ¿Cierto? Alterado, enojado, ansioso, tenso, irritable, cerrado, desconectado, infeliz, deprimido. En general, la contracción es una sensación desagradable.

Y también sabes cómo se siente cuando estás en expansión... ¿No es cierto? Feliz, activo, entusiasmado, dispuesto a todo; abierto, conectado, amoroso, generoso, amable, compasivo. Todas estas cosas maravillosas que se sienten tan bien.

Ahora en la hoja de papel dibuja una luz verde junto a la palabra "expansión" y una luz roja junto a la palabra "contracción". Si no tienes lapiceros de colores, reemplaza la luz verde por un círculo con rayos alrededor y la luz roja por un círculo relleno.

Sentirte en expansión es la manera en que la Naturaleza te está diciendo que sigas adelante, que actúes, que vas por el camino correcto. Cuando te sientes contraído, el sistema de guía cósmico está diciendo detente, haz una pausa, vuelve a mirar, reflexiona.

Como la contracción a veces es bastante intensa, en *From Sad to Glad (De la tristeza a la alegría)* describimos el proceso de expansión para afrontar la contracción emocional en una forma constructiva. Pero por ahora bastará saber que cuando te sientas contraído, esa es la forma como la Naturaleza comunica: "Tómalo con calma, sé amable contigo mismo, da un paso atrás y vuelve a mirar".

Recuerda: *¿Intención-Atención-Sin tensión?* Esto tiene que ver con *sin tensión.* Cuando te sientes contraído y aún así sigues adelante; cuando te sientes exhausto, constreñido, tenso y de todas maneras sigues, estás insistiendo en hacer tu propia voluntad y no estás escuchando la voluntad de Dios.

Cuando haces eso, eres como el carrito de juguete. Te estrellaste contra una pared y sigues girando tus ruedas, intentando atravesar la pared, en lugar de darte la vuelta, regresar al camino y acelerar hacia delante.

¿Cuántas veces has pensado: "Bueno, tengo que terminar esto, es esencial para alcanzar mi objetivo"; así que sigues andando, a pesar de la contracción? O tal vez te chocaste contra la pared - y simplemente te das por vencido y dices: "Nunca cumpliré mi objetivo". ¿Adivina qué? Mientras te sigas diciendo eso, estarás en lo correcto. Has apagado el sistema de guía cósmico.

Si sigues haciendo estas cosas irás descendiendo más y más por la línea que trazaste en la hoja hacia más *desdicha y sufrimiento.*

Cuando te sientas contraído, detente. Haz una pausa y mantente abierto a lo que en este momento está apareciendo en tu vida. Te estarás

dando la oportunidad de que surjan nuevas ideas, nuevas soluciones y nuevas oportunidades.

¿Cuántas historias hemos escuchado de presidentes de compañías, inventores, artistas o músicos que se sintieron bloqueados? Tenían un problema o un reto y por un momento se separaron del problema. Quizás se pusieron a jugar tennis, se fueron a dormir o a tomar un paseo. De repente, cuando ni siquiera estaban pensando en el problema, se les prendió un foco y les llegó la solución o la inspiración.

Este es el principio de *sin tensión*. Cuando la contracción llegue, tómate un descanso. No trates de enfrentar el reto en ese momento. Una parte de tu mente seguirá considerando el problema, incluso si no estás pensando en él de manera consciente. Y luego, cuando menos te lo esperes, te llegará un pensamiento o una idea que nuevamente te hará sentir la expansión.

Llega ese momento eureka de inspiración y de repente te sientes activo y entusiasta de nuevo. La expansión es la luz verde. Es la señal de seguir adelante y actuar.

Es en realidad muy sencillo. El sistema cósmico de orientación siempre te guiará mientras estés dispuesto a dejarte guiar. Sólo hay dos estados: parar y seguir. Cuando te sientas contraído, para y observa. Cuando te sientas expandido, sigue con entusiasmo.

Viajar por la autopista cósmica para cumplir tu destino tiene mucho que ver con "el aprender a confiar en que el universo está creado para darnos apoyo, para que experimentemos cada vez más alegría y plenitud". Esto significa, como dice Debbie Ford, que debes "renunciar a ser el gerente general del universo". Significa que debes renunciar a la idea de que tienes que controlar todo lo que pasa en tu mundo.

La siguiente entrevista de la Serie de la Pasión, con Debbie, ofrece algunos puntos trascendentales sobre cómo vivir con apertura y conciencia.

Debbie Ford

Debbie Ford es la autora del éxito editorial **Los buscadores de luz** *que ha sido número uno en las listas de* The New York Times *y una experta de fama internacional en el campo de transformación personal y alto potencial humano. Es la fundadora del* Ford Institute for Integrative Coaching *en la Universidad John F. Kennedy, una organización de desarrollo personal que ofrece entrenamiento profesional para individuos comprometidos en llevar vidas extraordinarias. Sus enseñanzas y sus revolucionarios procesos interiores la han convertido en una* coach, *una conferencista transformacional y una directora de seminarios muy renombrada.*

"Mi pasión es enseñar a la gente a amarse a sí misma en su totalidad. No sólo esa parte de ellos que es adorable, es decir, la parte encantadora, dulce y lista, sino amar todo su ser, incluyendo su lado oscuro.

"Escribí mi primer libro, motivada por la pasión de compartir la idea de que Dios nos creó como individuos asombrosos, y de que todos tenemos dentro de nosotros algo similar a este modelo original. Todos somos todo: lo bueno y lo malo, la luz y la oscuridad, lo dulce y lo amargo, lo temeroso y lo valiente.

"No podemos con simples deseos desaparecer esas partes malas, pero podemos aprender a integrarlas e incluso amarlas."

"Siempre trato de enseñar que el esfuerzo que podemos brindarle al mundo tiene un límite. Recuerdo que cuando salió por primera vez *Los buscadores de luz*, estaba segura de que llegaría a encabezar las listas; que yo saldría en el programa de Oprah y que todo sería grandioso y fácil."

"Salí al mundo llena de pasión y hablé con tres, siete o quince personas, cualquiera que estuviera dispuesto a escucharme; pero la verdad es que tardé años en hacer que todas las piezas encajaran. Le entregué el libro a gente importante para que se lo dieran a Oprah, pero aun así nadie llamó."

"Ahora miro hacia atrás y me digo que muchas cosas sencillamente tienen que ser así. Ocurren cuando tienen que ocurrir. Lo que podemos lograr a través de esfuerzo tiene un límite."

"Hubo un momento en que me estaba dando por vencida y me dije: 'Bien: ¿qué tengo que hacer para lanzar mi obra al mundo? Haré cualquier cosa'. Trabajaba día y noche para hacer lo que tuviera que hacer. Entonces, por supuesto, algunas cosas pasaron. Conocí a Cheryl Richardson, que en esa época salía en *Oprah* todo el tiempo y ella me dijo: "¡Vaya! Tu trabajo es tan importante. ¿Qué puedo hacer para ayudarte? ¿Por qué no te has presentado en *Oprah*?"

"Eso fue interesante porque ella me hizo ver por qué no había salido mi trabajo al mundo, como yo lo deseaba. Me di cuenta de que estaba asustada ante la idea de llegar a sentirme agobiada, porque de hecho ya me sentía agobiada con lo que hacía."

"El momento revelador fue darme cuenta de que era yo la que había puesto los obstáculos. Era yo la que estaba muy asustada y diciendo: 'No puedo con más carga de la que tengo'. Me recordó que en realidad yo no tenía que hacer nada. Si sólo me entregaba, Dios o mi espíritu se encargarían de mí."

"Cuando ya hemos hecho todo lo que podemos hacer y abdicamos, ocurren cosas maravillosas. Hice esto y exactamente tres días después, me llamaron para el show de Oprah. Hice tres programas y luego volvieron a pasar los tres de nuevo. En un par de meses, mis libros - y mi trabajo - salieron al mundo."

"Nuestra tendencia natural es hacer que las cosas ocurran y creer que nosotros lo podemos hacer todo, que somos el conductor. Cuando renuncias a ser el conductor, hay un conductor mucho más grande que hará una labor mucho mejor que la tuya. Recuerda preguntarte a ti mismo: '¿Qué puedo hacer hoy para renunciar a ser el gerente general del universo y así permitir que se manifieste lo que debe ser?'."

"Me enamoré de una oración cuando me estaba recuperando de la drogadicción hace veinticinco años. Estaba escrita en el *Gran Libro* de Alcohólicos Anónimos, decía: 'Me ofrezco a ti para que construyas conmigo y hagas conmigo tu voluntad. Libérame de la esclavitud del yo para que pueda hacer mejor tu voluntad.'"

"Todos los días, durante cinco años, solía ponerme de rodillas, oraba para que simplemente me usara, me liberara de lo que yo pensaba debería estar haciendo y para dar oportunidad al universo que me utilizara para una causa más grande. Hoy en día siento que estoy siendo utilizada para esa causa más grande y me encanta."

"Mi nuevo libro, *Este Puede Ser tu Mejor Año*, en realidad habla sobre cómo convertirse en la persona que quieres ser al final de cada año. No es que tengas que cumplir un conjunto de metas externas, porque de hecho, he tenido muchos años en los que obtuve todo lo que deseaba en el mundo material, pero me sentía vacía por dentro. La meta es encontrar el equilibrio entre el interior y el exterior; al final del año, si hice buenas elecciones, si me permití a mí misma evolucionar, si he renunciado y amo lo que soy, entonces en realidad lo demás no importa. Esto es lo que he observado al enseñar, al ser entrenadora y al entrenar *coaches*. Cuando amas tu vida, la magia se da."

"*Este Puede Ser tu Mejor Año* tiene como subtítulo, *Suéñalo, Planifícalo y Vívelo* y la verdad es que ofrece herramientas para hacer que ocurran las cosas en el mundo exterior. Pero en última instancia, el punto del libro es: ¿Qué tengo que hacer en mi mundo interior para crear sin esfuerzo, con facilidad y alegría las cosas que me sostendrán en el mundo exterior?

"Las personas en general mantienen muchos rencores y resentimientos, no sólo hacia otras personas, sino hacia sí mismas. La naturaleza implacable de la mayoría de los seres humanos es el reflejo de un mundo interior en el que nosotros mismos nos flagelamos. La forma como vemos el mundo exterior es siempre un espejo de nuestro mundo interior."

"Las personas se flagelan internamente y luego, de repente, se preguntan por qué están haciendo cosas en el mundo exterior para maltratarse a sí mismas. Es tan sólo una forma de afirmar esos mensajes interiores que la mayoría de nosotros guarda de no ser suficientemente buenos; de que nunca obtendremos lo que deseamos o cualquier otra cosa de acuerdo a nuestra forma de programarnos."

"Para dejar de sabotearnos, tenemos que comenzar por perdonarnos nosotros mismos, por ser parte de la raza humana, con fallas e imperfecciones, con mala conducta y a veces eligiendo equivocadamente. Tenemos que perdonarnos a nosotros mismos por tener defectos, por ser imperfectos, por no hacer las cosas bien, por no comportarnos bien siempre, por elegir cosas que no están a favor de nuestros más altos y mejores intereses."

"La base de todos mis entrenamientos de larga duración es perdonarse uno mismo porque sé que si puedes perdonarte a ti mismo internamente y tener compasión y el corazón abierto hacia el niño dulce y vulnerable que vive en su interior, entonces serás capaz de generar ese tipo de momentos mágicos en el mundo exterior. El mundo exterior reflejará ese amor propio y tú no querrás sabotearte a ti mismo. Tendrás cuidado con qué personas te relacionas y harás lo que dices, porque te conviertes en algo preciado para ti mismo."

"Me encanta la analogía que dice que somos como grandes obras maestras. Si un escultor mira un pedazo de piedra, puede ver la grandeza en ella. Sabe lo que es crear, todo lo que tiene que hacer es cincelar lo que sobra y allí está. Aparece una obra maestra."

"Eso es todo lo que tenemos que hacer. No tenemos que convertirnos en nada, ya somos todo lo que siempre hemos querido ser, sólo tenemos que cincelar lo que nos está distrayendo o impidiendo ver ese ser. Luego, de repente, nos encontramos en nuestro poder de modo natural".

¿Cuáles fueron las lecciones claves en esta entrevista respecto a vivir tu pasión?

1. Todos tenemos aspectos oscuros, partes de nosotros mismos que nos hacen sentir vergüenza, temor o incomodidad. No podemos ignorarlas, pero podemos aprender a integrarlas e incluso amarlas.

2. Algunas cosas están destinadas a ser y ocurren cuando tienen que ocurrir. Lo que podemos realizar a través de nuestro esfuerzo tiene un límite.

3. Cuando hemos hecho todo lo que podíamos hacer y abdicamos, ocurren cosas asombrosas. Cuando renuncias a ser el conductor, hay un conductor más grande que tú que hará la labor mucho mejor que tú.

4. Lo que somos en nuestro mundo interior determina qué tan fácil y natural podemos crear en nuestro mundo exterior.

5. Mantenerte parado en tu poder es estar alineado con los aspectos más elevados de tu ser y reconocer tanto tu naturaleza humana como tu naturaleza divina.

6. Sabrás que estás parado en tu poder cuando te sientas fortalecido; nada te hace falta.

ZARPA CUANDO
LOS VIENTOS SEAN
FAVORABLES

*"El tapiz de la vida está amarrado con un conocimiento
unificador, que se manifiesta desde la alegría."*

Bill Levacy

"Trabajé veinticinco años en empresas estadounidenses, los
últimos dieciocho en tecnologías de la información, ocupando
puestos administrativos de alto nivel gerencial y ejecutivo. Tuve
magníficas oportunidades, gané muchísimo dinero y en general
me divertí".

*Esta es la forma como Lynn Carnes describe su vida antes de tomar el Test de
la Pasión hace cerca de un año. Ella cuenta la historia de lo que le ha ocurrido desde
que ganó claridad sobre sus pasiones:*

"Durante la mayor parte de los últimos diez años, una voz en mi interior se hacía más y más fuerte. 'Quiero irme – decía. - Quiero hacer algo diferente. De veras quiero marcar la diferencia, tener un estilo de vida completamente distinto y seguir mis pasiones'."

"Me mantenía quitando esta voz del medio. Cambié dos veces de compañía, pero la voz se hacía cada vez más y más fuerte."

"Finalmente la escuché. Me di cuenta de que no tenía vida (estaba disponible día y noche), siempre estaba en una, dos o tres reuniones a la vez, mientras que el teléfono no paraba de sonar; y al mismo tiempo escribía correos electrónicos, informes, ejecutaba proyectos y atendía a personas sin cita. No me estaba divirtiendo en absoluto; para utilizar las palabras de Chris y de Janet, estaba gravemente contraída."

"Así que renuncié, tenía dinero ahorrado y un marido maravilloso que me apoyaba. No tenía ni idea de qué iba a hacer. Sólo sabía que quería marcar la diferencia."

"Hice el *Test* de la Pasión. A través de esa experiencia comprendí realmente cuáles eran mis pasiones y lo que quería hacer y comencé a estructurar un plan para llegar allí. En ese momento, todo parecía estar muy lejano; sin embargo, eso fue hace apenas un año. Hoy mi vida se ha transformado por completo en todo. Estoy realmente asombrada e incluso sorprendida, por toda la abundancia que ha llegado a mi vida, en todos los aspectos."

"Quizás lo que más me sorprendió fue que a los seis meses de haber emprendido esta nueva aventura, mi marido me dijo que él se sentía mucho más feliz ahora que me veía más contenta y menos estresada. No tenía ninguna idea de cuanto le afectaba mi estrés. Me dijo que sentía que había recuperado a la mujer con la que se había casado. ¡Vaya!"

"Luego comencé a escuchar que mis amigos y mi familia me decían que parecía diez años más joven y que había vuelto a ser la persona que ellos recordaban: me reía, disfrutaba y era divertido estar conmigo."

"Mi primer proyecto fue organizar una serie de teleseminarios sobre el mercadeo por Internet. Me quedé gratamente sorprendida al descubrir que yo era capaz de atraer a algunas de las personas más exitosas del mundo cibernético. Pronto conocí otras personas maravillosas que ahora son mis socios y amigos. Juntos hemos lanzado un nuevo sitio *web (www. thepassiontest.com/badboss)[3]* para ayudar a la gente a llevar a cabo la transición que me llevó diez años hacer."

"Los socios para mis tres proyectos comerciales aparecieron justo en el momento en que los necesitaba; y algunas veces inclusive antes de saber que los necesitaba. Actualmente, mi vida está rodeada de gente maravillosa, talentosa y generosa. No sé cómo agradecerles. Y esto sigue ocurriendo."

"Todos los días me despierto llena de entusiasmo. Las horas que invierto en mi negocio son un goce. Mi equipo de trabajo es un regalo. Estamos enfocados en ayudar al mayor número posible de personas. Recomendamos a nuestros suscriptores el *Test* de la Pasión, porque de verdad creemos en él y sabemos que puede ser parte esencial de su viaje hacia la vida abundante y plena que aman."

"Solía sentirme atrapada y asfixiada en mi antigua vida, aunque comparada con la mayoría de la gente, tenía un puesto magnífico, ganaba mucho dinero y tenía acceso a todo el lujo que esto conlleva. Ahora tengo riquezas incomparables: la vida que estoy viviendo sumada al regalo de ser capaz de ayudar a tantos otros a lograr lo mismo".

La historia de Lynn puede ser la tuya. Es sólo una cuestión de "Intención- Atención - Sin tensión".

Repasemos en dónde nos encontramos:

- Has aclarado tus intenciones realizando el *Test* de la Pasión y completando los ejercicios de la primera parte del libro.

- Comprendes la Ley de la Atracción y ahora la estás poniendo en práctica, buscando el regalo que viene envuelto en cada una de las experiencias que vives.

- Has aprendido cómo opera la contracción y de la expansión en tu vida. Sabes cómo utilizar estas señales que te brinda el Sistema de Guía de la Naturaleza para seguir hacia adelante, fácil y cómodamente.

- Sabes que actuar es decisivo para viajar por la autopista cósmica hacia la vida que elijas vivir.

- Estás consciente de que no eres el gerente general de universo. Tu trabajo es mantenerte abierto a nuevas posibilidades y renunciar a tus creencias preconcebidas de cómo deben funcionar las cosas.

Actuar desde el estado sin tensión

Ponerte en acción es crítico. Estar abierto es esencial. ¿Pero habrá algo que tú puedas hacer para aumentar la probabilidad de que tus acciones te conduzcan al éxito?

El secreto más profundo de la vida lo ofrece uno de los antiguos textos védicos de la India: **"Actúa desde un estado de plenitud, calma y paz interior"**.

Esto es lo que realmente significa el tercer paso de la fórmula que te hemos dado para crear lo que eliges tener en la vida: *Intención - Atención - Sin tensión*. Actuar desde un estado sin tensión es clave para ejecutar una acción que produzca resultados poderosos. Este estado sin tensión es un estado interior de plenitud, de calma. Cuando la mente está serena, la inspiración viene de forma natural.

Piénsalo. Cuando estás contraído, ¿no ocurre a menudo que tu mente también está agitada? Los pensamientos se arremolinan. Y mientras más piensas, más alterado te pones, ¿no es así?

Esta es una de las razones por las cuales cuando te sientas contraído, lo mejor que puedes hacer es dejar de intentarlo. Sentirse molesto es una señal de que debes dejarlo ir, tomarte tiempo para descansar, relajarte, mantenerte tranquilo. ¿Recuerdas el diagrama del Sistema de Guía de la Naturaleza? La contracción es la luz roja que te dice detente, tómate un descanso.

Vivir con plena conciencia significa estar sensible para percibir cuando estás expandido, cuando te sientes contraído y responder de manera apropiada.

El principio *sin tensión* es como un arquero que quiere pegar a un blanco. Una vez que tienes la flecha en el arco...¿Qué es lo primero que haces? Halas la flecha hacia atrás, exactamente en dirección contraria al blanco.

¿No es interesante que para dar al blanco debas primero halar hacia atrás, lejos del blanco, hasta que la flecha esté en reposo, en un estado de pleno potencial para salir disparada hacia el frente? Para realizar una acción exitosa, primero debes halar hacia atrás, crear el estado de alerta en reposo, mantener la calma interior y después tu acción producirá frutos.

¿Cómo puedes hacer esto? La meditación, la oración y una buena noche de sueño pueden ayudarte a crear ese estado de calma interior. Por eso, la meditación dos veces al día y la oración diaria son parte de nuestra rutina normal. El estado de calma interior se convierte en un hábito.

Actuar desde un estado de calma interior es la clave indispensable para todo lo que hemos compartido. ¿Pero, habrá algo más que pudieras hacer para aumentar la probabilidad de que tus acciones produzcan frutos?

Ver el reporte de tráfico en la autopista cósmica

Cuando terminamos la primera edición de *El Test de la Pasión*, Janet dio una copia a Bob Cranson, el hombre que le enseñó a meditar hace más de treinta y cinco años.

- Janet, es un gran libro - dijo Bob. - Y dejaste fuera una parte muy importante.

- ¿Cuál? - Preguntó ella.

- Una persona puede tener bien claras sus pasiones, puede hacer todas las cosas correctas y, aun así, a veces, todo parece salir mal. Simplemente se estrella contra una pared una y otra vez. ¿No crees que deberías decir a tus lectores cómo pueden evitar tener que enfrentarse a toda esta frustración? - Dijo Bob.

Está bien. No íbamos a compartir esto. Después de todo, lo que hemos cubierto en este libro es bastante material para ser asimilado. Pero hay un cuerpo de conocimiento que se llama *jyotish*, que te puede ayudar a evitar mucho dolor y frustración. *Jyotish* es un secreto conocido por tan solo unas cuantas personas en el mundo occidental, que puede ayudarte a disfrutar el camino para vivir tu destino.

Te contaremos este secreto y tú decides qué valor tiene para ti. Después de todo, cuando se trata de vivir nuestras pasiones, nosotros utilizamos todas las herramientas que puedan ser de ayuda. No esperaríamos nada menos de ti.

Primero, Janet les contará su experiencia con respecto al poder del *jyotish* y el efecto que éste tuvo en un momento muy importante de su vida.

- Cuando Chris y yo estábamos casados, solíamos visitar a un *jyotishi* (un experto en esta área), quien nos hacía una lectura *jyotish* anual para ver qué tendencias o predicciones nos podría mostrar.

Siempre nos habían enseñado que el *jyotish* tiene el propósito de "evitar el peligro antes de que éste ocurra". Cuando se conocen las tendencias futuras, puedes ajustar tus acciones para obtener mejores resultados. Queríamos tener una idea clara de cualquier reto u oportunidad que se pudiera presentar en nuestras vidas, para que pudiéramos responder anticipadamente.

Después de que Chris terminó su lectura con un *jyotishi* hindú? y su traductor, aún quedaban diez minutos. Como soy de las que aprovechan el momento, pregunté al *jyotishi* si podía usar los diez minutos que le restaban a Chris para mis preguntas. Me dijo que sí.

- ¿Puede decirme algo acerca de mi madre? - Pregunté. El *jyotishi* comenzó a hacer cálculos y después de un rato se dio vuelta hacia mí y dijo en un tono muy sombrío: "Debes ir a ver a tu madre de inmediato. No podemos decirte si morirá, pero debes ir a verla de inmediato".

Sentí un escalofrío en la espalda. Mi madre se encontraba en un hospital en Los Ángeles, California, y era imposible que el *jyotishi* pudiera saberlo.

- ¿Está usted cien por ciento seguro? - Pregunté.

- Sí, respondió.

- Y cuando vaya a verla -dijo- llévele regalos y flores y dígale todas las cosas que ama de ella. Dígale todas las cosas por las que quiere pedirle perdón, enmiende sus faltas.

A pesar de que esto nos dejaría casi sin dinero, Chris y yo decidimos que teníamos que hacer lo que el *jyotishi* decía. Su consejo en el pasado había sido bastante acertado y si había alguna posibilidad de que mi madre muriera pronto, no quería correr el riesgo de no sanar mi relación con ella.

Hasta que cumplí siete años de edad, mi madre fue mi mejor amiga; luego se convirtió en una alcohólica. Cuando esto ocurrió, mi mundo cambió por completo. Mis padres se separaron por su alcoholismo y ella fue a parar en hogares para alcohólicos o en moteles deprimentes. Desde hace seis años, por fin había dejado de beber y se había convertido en una adventista del séptimo día.

Yo tenía muchísimas emociones reprimidas referentes a mi relación con ella y de los momentos en que bebía. Nunca había discutido mis emociones con ella y era el momento de liberarlas. Me sentía mal sobre todo por la rabia que le había manifestado y por la forma como la había tratado en algunas de las épocas más difíciles para ella. Sabía que si había una posibilidad de que ella muriera, tenía un deseo profundo de saldar algunas cosas con ella antes de que sucediera.

Al día siguiente, fui a Iowa City y le compré a mi madre muchos regalos hermosos. Tres días más tarde, Chris y yo nos pusimos en camino hacia Los Ángeles.

Cuando entramos, "Momper Stompers" (el apodo que le había dado cuando era pequeña) estaba sentada en la cama con una sonrisa de oreja a oreja; parecía la verdadera imagen de buena salud.

Estaba feliz de verla tan bien, pero me sentí muy molesta por haber escuchado al jyotishi y sus predicciones. Las mejillas rozagantes de mi madre eran la evidencia de que se había equivocado.

Di a "Mompers" los regalos que le había comprado y decidí aprovechar este tiempo lo mejor posible, independientemente de lo que deparara el futuro. Pasé horas y horas diciéndole todas las cosas que siempre había querido decirle y que nunca le había dicho.

"Mompers' - comencé a decir, con la voz quebrada de emoción - siento tanto no haber estado allí para apoyarte cuando más me necesitabas. Estaba tan enfadada contigo y me sentí tan abandonada cuando comenzaste a beber...".

En la medida en que compartía esto con ella, las lágrimas corrían por ambos rostros.

Seguí diciendo: "Mompers, tú eres la razón por la que amo tanto a la gente. ¿Alguna vez te lo dije? Es verdad. Mis amigos hasta se enojan conmigo porque dicen que no está bien que diga a todo el mundo que le amo. Dicen que es imposible amar a todo el mundo. Pero, 'Mompers', en verdad es así y es por todo el amor que me prodigaste cuando era pequeña. Nunca olvidé ese amor. Y era tu amor. Hiciste eso por mí. Me diste el mejor regalo de todos.

"Oh, Jani - dijo 'Mompers' con los ojos llenos de lágrimas. - ¿No fui un fracaso para ti? - Dijo y estalló en sollozos, desconsolada.

"Oh, no, 'Mompers'. ¡Tú eres mi corazón! Tú me enseñaste lo que significa amar de verdad.

"Siempre fuiste mi pequeño ángel", dijo ella.

Mientras ella decía estas palabras, estábamos las dos allí sentadas en el hospital, abrazadas, quitándonos de encima años de dolor al llorar una en brazos de la otra.

Después de pasar tres días con mi madre, muy ricos desde el punto de vista emocional, Chris y yo volamos de regreso a Iowa. Dos días después de nuestro regreso, llamó mi madre.

"¿Adivina qué?". - Dijo con alegría.

"¿Qué, 'Mompers'?". – Pregunté.

"Los médicos dijeron que estoy evolucionando tan bien que me dejarán ir a casa".

"¡Caramba, qué buena noticia!".

Me sentía feliz al escuchar el visto bueno sobre la salud de mi madre y a la vez me sentía furiosa con el jyotishi por su predicción obviamente errónea. El viaje a California nos había costado mucho dinero y yo habría preferido haberlo hecho cuando las cosas fueran un poco más fáciles.

Justo después de colgar con mi madre, le mandé por fax una nota mordaz al jyotishi, diciéndole que estaba muy conmocionada al ver que se había equivocado en algo tan serio.

Unas horas después, me llegó un fax del jyotishi con una respuesta breve:

"Siempre es bueno visitar a la madre de uno".

Ahora sí que estaba echando chispas. ¿Pensaba que esto era cosa de broma? Estaba más que enfadada.

Unos días más tarde, llamó mi hermana Mickey y me dijo: "Janet, súbete a un avión. Mamá está muriendo". Al parecer, tuvo una recaída inesperada y severa y se negó a que la conectaran a un respirador artificial.

Me subí en el siguiente vuelo que había disponible; durante el vuelo, supe el momento preciso en que mamá murió. Estaba meditando y, de repente, supe que ella se había ido.

Cuando llegué a Los Ángeles, alquilé un auto y conduje hasta el hospital, orando para que la premonición que había tenido en el avión no fuera cierta. Deseaba tanto pasar esos últimos momentos con mamá.

Caminé hasta la recepción con las rodillas temblorosas y pregunté a la enfermera que si podía ver a Dena Miller; contuve la respiración todo el tiempo, anticipando con dolor las palabras que ella pronunciaría.

"Oh, querida, lo siento. Dena Miller murió esta mañana", dijo sin ninguna emoción.

Cuando se dio cuenta de la expresión de aflicción en mi rostro, barboteó:

"Oh, Dios. ¿Era familiar? Pensé que toda la familia había estado aquí esta mañana. Oh, querida, lo siento mucho. Déjeme llevarla a un cuartito donde podrá estar a solas. Puede quedarse allí el tiempo que necesite. ¿Quiere agua? ¿Hay algo que pueda ofrecerle?".

"No, estoy bien. Sólo necesito estar sola".

Cuando estuve en el cuartito, comencé a llorar. No había llorado más de tres minutos cuando, de repente, mi estado de ánimo cambió por completo y una sonrisa apareció en mi rostro. Tuve tal sensación de paz y de conexión con mi madre que lo único que podía sentir era amor y alegría.

"¡No, no puedes hacer eso! - Me dije a mí misma. - - ¡Tu madre acaba de morir!".

Y allí estaba de nuevo, una gran sonrisa, seguida por oleadas de alegría.

"¿Puedes dejar de hacer eso y llorar? - Me dije a mi misma. - Se trata de tu mamá, acaba de morir. ¿Qué pasa contigo? No está bien que te sientas feliz. ¿Cómo puedes ser tan indolente?".

Y todavía, a pesar de lo mucho que intentara, esa tonta sonrisa continuaba apareciendo seguida por oleadas y oleadas de profunda alegría interior.

Por fin, cuando me di cuenta de que no podía controlar mis sentimientos, me abandoné a la sensación de increíble dicha que me embargaba (en el momento menos oportuno) y salí caminando del hospital con una sonrisa tan grande como el universo, estampada en el rostro.

"Mamá está aquí y está feliz - fue mi siguiente pensamiento. - Oh, Dios... Mamá está aquí... ¡Y está realmente feliz!".

Cantando a todo pulmón y sintiéndome plena por dentro, conduje mi auto alquilado a toda velocidad hasta el apartamento de mi madre, con la esperanza de que todavía encontraría allí a mi hermana Mickey. Tenía muchos deseos de compartir con ella la buena noticia de saber que mamá estaba realmente feliz ahora, después de haberse pasado la vida entera sufriendo y luchando.

Sentía una presencia conmigo en el auto.

"Tú estás completa - dijo la voz, mientras yo conducía -. Enmendaste tus diferencias".

De inmediato, vi la palabra enmienda en mi cabeza y comprendí lo que significa "enmendar".

"Tú estás completa - dijo la voz de nuevo en mi interior -. Enmendaste todo. Los jyotishis te dijeron lo que tenías que hacer y lo hiciste. Enmendaste tus diferencias, así que no tienes nada que lamentar".

"Otra definición de enmendar (amends en inglés) - continuó la voz -es amén".

Esta experiencia cambió mi vida profundamente. Me enseñó lo poderoso que es hacer las cosas en el momento adecuado y el valor del jyotish. El jyotish no es siempre cien por ciento exacto, pero sí es una herramienta valiosa para ayudarnos a crear la vida que elegimos.

Compartimos esta historia para aportarte una idea de los asombrosos resultados que son posibles cuando se saben las tendencias de cosas que van a ocurrir. No sería útil basar toda la vida en las predicciones del jyotish. Sin embargo, éstas pueden ser una aportación valiosa para las decisiones que tendrás que tomar.

Con respecto a vivir tus pasiones, éste es el principio básico: puedes aumentar la probabilidad de éxito si estás alerta del momento oportuno en que debes actuar.

Nos parece estar escuchándote decir; "¿Cuál es el gran secreto? Todo el mundo sabe que actuar en el momento oportuno puede marcar la diferencia. De hecho, todos hemos escuchado la expresión, 'saber escoger el momento oportuno lo es todo".

Lo que la mayoría de la gente no sabe, o sólo ha escuchado a través de rumores sin fundamento, es que existe un método para predecir las tendencias o las probabilidades de que se den resultados a futuro, basado en el momento en el que se inició alguna acción significativa. Puedes utilizar ese método para planear la ejecución de tus proyectos con el fin de tener una mayor probabilidad de tener éxito en tus resultados. También puedes utilizarla para tomar acciones que eviten consecuencias indeseadas, tal como lo hizo Janet.

Míralo de este modo: si te vas a subir a la autopista cósmica con un proyecto nuevo, puedes hacerlo cuando haya un embotellamiento y tardarte una eternidad para llegar a tu destino o puedes programar tu viaje y salir cuando la carretera está despejada y así avanzar a máxima velocidad.

Todos estamos acostumbrados a revisar los informes de tráfico antes de salir a la carretera. Y nos hemos acostumbrado a escuchar el informe del tiempo antes de emprender un viaje largo. Aunque es posible que el hombre del noticiero no siempre acierte, la mayoría de nosotros considera valioso escuchar las predicciones de los meteorólogos.

De la misma manera, el jyotish es una antigua disciplina para determinar cuando las condiciones son favorables para emprender cualquier actividad nueva e importante en la vida. El jyotish se define tradicionalmente como "la ciencia de la determinación del tiempo".

Para aquellos de ustedes que son escépticos, esta es una oportunidad para que practiquen el permanecer abiertos. ¿Quién sabe? A lo mejor podrían sorprenderse.

¿Ya te diste cuenta que todo en nuestro mundo está interconectado con todo lo demás? Aunque analizar las diferencias puede ser valioso si deseas entender como encajan las partes, encontrarás más gratificante tu vida y tu trabajo, si prestas más atención a la conexión que existe entre las personas y las cosas en tu mundo, que a las diferencias. Esto incluye a la conexión que hay entre el mundo físico y las actividades que intentas emprender.

¿Has notado que la Naturaleza se mueve en ciclos? La noche y el día. Invierno, primavera, verano y otoño. Marea alta y marea baja. Estos ciclos son una función del movimiento de nuestro planeta y de su movimiento relativo a la Luna y el Sol. Estos ciclos ejercen una gran influencia en nuestra experiencia de vida.

El jyotish es el estudio de estos ciclos. Se basa en los movimientos de la Tierra sobre su eje y alrededor del Sol y en la rotación del sistema solar alrededor del centro de nuestra galaxia. Se remonta a épocas antiguas, antes de que hubiera cualquier registro de historia. Es una combinación de los ciclos de la Naturaleza y las correlaciones que tienen estos ciclos con la actividad humana, observada durante un período muy largo.

El jyotish no te dice lo que pasará en tu vida. Hace predicciones de futuras tendencias o probabilidades. Nada está escrito en piedra. Pero, con este conocimiento, puedes programar el inicio de nuevos proyectos o el mejor momento para comenzar nuevas iniciativas a fin de tener la mayor probabilidad de éxito.

Cuando llegas a entender que vivimos en un universo interconectado en el que cada parte afecta a las demás, comprendes que hay un mundo de posibilidades aún por explorar que la mayoría de la gente ni se imagina. Te invitamos a explorarlo.

Usar el jyotish es sencillo; basta con encontrar un jyotishi calificado y solicitar una lectura. Es probable que tengas que pagar algo por la lectura. Una persona calificada puede cobrarte unos doscientos dólares la hora para realizar un estudio sobre las tendencias de tu vida. Si prefieres no pagar estas cantidades, Bill Levacy ha escrito libros muy buenos sobre jyotish; que te pueden iniciar en el tema.

La primera sesión con un jyotishi consiste en una revisión de tu vida entera. Te dirá muchas cosas que probablemente ya sabes y te hablará de las tendencias de tu porvenir. En esta sesión, puedes también recibir información valiosa sobre el tipo de actividades en las que es más factible que triunfes.

Después de la primera sesión, si deseas, puedes hacer una revisión anual o "progresión", para ver las tendencias para el año siguiente y tener una idea de qué esperar y de cuándo es el mejor momento para comenzar diversas actividades. Uno de los servicios que más utilizamos es el de la determinación de un muhurta o "tiempo favorable".

Para eventos significativos en tu vida, tales como contraer matrimonio, mudarte de casa, firmar un contrato o empezar una nueva empresa, iniciar en una fecha y en un tiempo que son favorables puede marcar la diferencia entre vivir una experiencia sencilla y agradable o sufrir un proceso lleno de lucha y dificultades. Esto es equivalente a "zarpar cuando los vientos son favorables".

Además de Bill Levacy, nuestra amiga Christina Collins Hill es una experta jyotishi de talla mundial que conocemos desde hace muchos años. La consultamos con frecuencia y te la recomendamos con plena confianza. Dirígete a la sección de recursos en la parte de atrás del libro si deseas más información.

Cuando permaneces abierto, es posible descubrir que aparece todo tipo de posibilidades interesantes en tu vida. Nuestra sugerencia es estar abierto, escuchar, analizar nuevas posibilidades y luego usar las herramientas y el conocimiento específico que resuenen con tu propia experiencia de vida. Comenzarás a descubrir que aun cuando permanecer abierto es un poco incómodo al principio, puede ser bastante divertido cuando aprendes a manejarlo.

El momento oportuno lo es todo y mucha gente ha acertado sin el jyotish. Richard Paul Evans escribió un cuento para sus dos hijos que terminó convirtiéndose en un éxito editorial que logró vender millones de copias. Consideramos que su historia fue una increíble fuente de inspiración para nosotros y pensamos que también lo será para ti. Mientras avanzas en la lectura de la siguiente entrevista, observa cómo, cuando estás conectado de manera auténtica con tus pasiones, fracasar no es una opción.

Richard Paul Evans

Cuando Richard Paul Evans escribió La caja de Navidad, *el éxito editorial que ocupó el primer lugar en las listas del New York Times, nunca tuvo la intención de convertirse en un autor de fama internacional. Oficialmente era un ejecutivo de una agencia de publicidad, ganador de premios en la animación con plastilinas para el mercado japonés y estadounidense, candidato a la legislatura estatal y, sobre todo, esposo y padre de familia.*

Su apacible relato sobre el amor de los padres y el verdadero significado de la Navidad, hizo historia cuando el libro, publicado por él mismo, se convirtió simultáneamente en el número uno nacional en ventas tanto en edición de tapa dura como en su versión de pasta suave. Desde su lanzamiento, se han vendido más de ocho millones de copias. Su obra más reciente se titula The Five Lessons a Millionaire Taught Me *(Las cinco lecciones que un millonario me enseñó).*

"Cuando escribí *La caja de Navidad* sentía un inmenso amor por mis hijos y en cierta forma eso era algo totalmente nuevo para mí. No pensaba tener hijos y cuando tomé la decisión de tenerlos no sabía cómo esto iba afectar mi vida. Me abrió tantas puertas y cambió mi vida de tantas maneras, que cuando escribí *La caja de Navidad* quería captar eso de alguna manera." Quería compartir con la gente la enorme alegría que viene cuando uno se entrega de lleno al cuidado de sus hijos.

"La caja de Navidad no era un libro que se fuera a publicar o difundir en el mundo. Deseaba capturar ese sentimiento para que algún día, cuando mis hijos tuvieran a sus hijos entre los brazos, pudieran sentir y comprender lo que sentía por ellos como padre."

"Al principio, la idea era imprimir dos copias del libro, una para cada uno de ellos. Cuando terminé el libro, estaba tan conmovido por la experiencia que quise compartirla con otras personas, así que di una copia a mi esposa, Keri, y ella también se conmovió."

"Comencé a compartirlo con mi familia y mis amigos y decidí que en vez de imprimir dos copias iba a imprimir veinte. Iban a ser regalos de Navidad. Imprimí veinte copias y las repartí como regalos de Navidad, fue así como todo empezó."

"Todos los días recibía llamadas telefónicas de personas que estaban leyendo el libro. Seis semanas después de haber entregado estos libros como regalos navideños, recibí una llamada de una librería local."

"La vendedora me dijo: 'Hola, Sr. Evans. ¿Usted escribió una historia de Navidad?'. Al contestarle que sí, dijo: 'Qué bien, ¿en dónde podemos comprarlo?'."

"No lo pueden comprar. El libro no ha sido publicado, le contesté. 'Pues, esta semana me colocaron un pedido por diez libros', me dijo."

"La primera cosa que hay que recordar en esta historia es qué fue el libro. Cobró vida por sí mismo. El libro era especial. Aunque ahora soy un experto en mercadeo, no he sido capaz de replicar el éxito que tuvo La caja de Navidad desde entonces."

"Cuando comencé, me di cuenta que al sentir pasión por el libro, era ventajoso que yo publicara mi propio libro. Cuando trabajas con una casa editorial más grande, se convierte en negocio. Ellos son buenos en su oficio, pero sacan al mercado más de cien diferentes libros a la vez. Así que sacan el libro y, si no da resultados de inmediato, es muy probable que lo abandonen."

"Al haberlo publicado yo, me importaba mucho el libro. Y yo estaba dispuesto hacer mucho por él. Creía en el destino del libro. Pensaba que si la gente lo leía, cambiaría. Y así fue."

"Recuerdo cuando conocí a Jack Canfield y a Mark Víctor Hansen. Era mi primera feria del libro. Sopa de Pollo Para el Alma apenas estaba despegando. Pensaba: 'Voy a ir allá y voy a regalar cinco mil copias de mi libro. Porque creo que si cinco mil personas lo leen lo difundirán y se convertirá en un éxito editorial'."

"Comencé a poner en práctica lo que denomino el mercadeo de guerrilla. Sé que ahora existe un libro sobre esto, pero yo lo llamaba así antes de que el libro apareciera. Es algo así como: 'Bueno, si no puedo ganar la gran guerra contra las grandes editoriales, ¿cómo puedo ganar? Si no puedo ser un pez grande, por lo menos puedo ser uno mediano en un lago pequeño. Puedo ganar en los mercados pequeños'."

"Iría a las ciudades pequeñas que nadie toma en cuenta y hablaría en la radio. Ellos siempre están buscando algún tema de qué hablar. Les podría hablar sobre mi libro. Comencé a aprender con qué se identificaba la gente en mi libro. Aprendí porqué les gustaba el libro, qué los afectaba y porqué lo querían compartir. Mientras aprendía estas cosas, llegué al punto en el que iba a las entrevistas en radio y mi distribuidor literalmente me perseguía alrededor del país porque cada vez que daba una entrevista ellos recibían cuatro o cinco llamadas de librerías en esa ciudad, que querían el libro."

"No sé si ustedes han estudiado la vida de Ronald Reagan, pero cuando él era joven firmó un contrato con una compañía, creo que fue la General Motors. No le gustaba hablar en público y tampoco lo hacía bien. Sin embargo, tenía que hablar mucho, un día decidió: 'Voy a volverme bueno para esto'. Comenzó a trabajar muy duro para mejorar y a través de la historia llegó a ser conocido como 'el gran comunicador'."

"Mis primeras entrevistas sobre La caja de Navidad no fueron muy buenas. No fueron entrevistas en la radio, hablaba con la gente en las sesiones para autografiar libros. La gente se acercaba y me preguntaba: '¿Qué es esto?'. Al principio, si les contestaba, se marchaban. No estaban tan interesados. Pero un día me topé con algo que los hizo decir: 'Ah, eso suena interesante, voy a comprar el libro'. Estaba aprendiendo y se me ocurriría algo más."

Lo que aprendí casi al final es que más de la mitad de las veces que alguien hablaba conmigo, compraba el libro. Así que aprendí qué era lo que vendía el libro. Aprendí a hablar sobre ello y pude hablar con pasión. Si el libro no me importara, esto nunca habría ocurrido, pero las personas veían la pasión que emanaba de mí y querían compartirla; por ello compraban el libro. Luego lo leían y regresaban a comprar más, porque querían compartir el mensaje.

"Creo que siempre que sigas tus pasiones, te van a poner a prueba. Hay cosas que nos retan a demostrar qué realmente es importante para nosotros."

"Estuve en la feria del libro Mountains and Plains en Colorado. No tenía mucho dinero. Había tomado todo el dinero que tenía y lo había invertido en mercadeo. Estaba allí sentado en esta feria del libro, entregando copias de mi libro y conociendo a dueños de librerías."

"Pero nadie iba al área central donde estaban los puestos de venta. Estaba frustrado, así que finalmente me levanté y pregunté a alguien que pasaba: '¿Dónde está todo el mundo? Hay miles de personas aquí. Como es posible que no haya nadie en el pasillo?'. Me respondió: 'Pues, porque todos están con los autores'."

"Salí y, claro, las editoriales habían traído algunos de los autores más famosos de los Estados Unidos y estaban regalando libros: todos los dueños de librerías se paraban en fila y conseguían una cantidad de libros gratis y autografiados. Luego se iban, hacían otra fila y esperaban a que pasara el siguiente grupo de escritores."

"Estaba sentado allí afuera, observando todo esto y viendo como mis sueños se esfumaban porque era un don nadie. A nadie le importaba que yo estuviera en la feria. Nadie sabía quién era yo; allí había escritores famosos. Así que me quedé sentado, observando."

"De repente, me vino una idea. Levanté la mirada a la mesa de los escritores y vi que había un puesto vacío. Pensé: '¿Fuera de los agentes de seguridad y la gente de la feria, qué me impide subirme allá y sentarme entre los autores?'. Miré las mesas. Y siendo tímido, pensé: −No hay forma. Así que di la media vuelta y comencé alejarme."

"Justo en ese instante se me ocurrió. '¿Cuánto te importa este libro?'. Fue uno de esos momentos viscerales, honestos, en los que te dices a ti mismo: 'Me importa mucho. Entonces, si tú no lo haces, ¿Quién lo va hacer?'."

"Me mordí la lengua, di la media vuelta y caminé por detrás del estrado. Salí por entre la cortina y me senté entre dos escritores de éxitos editoriales. Estaba absolutamente aterrorizado. Entonces pasó lo peor que podía pasar... Uno de los organizadores me detectó. La señora caminó hacia mí; al acercarse, yo la miré y le dije: "Lo siento, llegué tarde". Ella se quedó pasmada. Me miró por un momento, parpadeó y dijo: ⟨¿Le puedo traer agua? - Por supuesto, gracias⟩, repuse."

"Me quedé sentado allí, firmando mis libros al lado de autores de éxitos editoriales, hasta que pasó toda la fila. Al año siguiente, volví a la feria como uno de los autores más vendidos en el país. Fui el autor más destacado de toda la feria. La gente hizo fila para verme."

"La misma organizadora estaba en la feria ese año. Me le acerqué y le dije: ‹Por casualidad, ¿me recuerda?›. Sonrió y dijo: ‹Sí, lo recuerdo. Me alegro por usted›. Le dije: ‹Gracias por no echarme›. Me dijo: ‹Honestamente, iba hacerlo. Ese es mi trabajo. Me acerqué a usted para decirle que se fuera. Cuando usted me miró, vi el fervor en sus ojos y pensé que el hecho de dejarlo no afectaba a nadie. He aquí alguien que persigue su sueño, por loco que esté. No le hace daño a nadie, si lo dejo sentarse aquí para regalar su libro. Así que, en vez de echarlo fuera, le traje agua y mire que bien resultó para ambos›."

"Eso para mí fue uno de esos momentos de auto confrontación en que me pregunté: ¿Realmente tengo la pasión que se necesita? Cuando la gente me dice: ‹Eres afortunado›, pienso que no tiene ni la más remota idea. Yo estaba dispuesto a luchar por este libro. Estaba dispuesto a hacer cosas incómodas. Estaba dispuesto a arriesgar todo por él. Sencillamente, no consideraba el fracaso como una opción."

"Cuando tienes ese nivel de pasión, la suerte te favorece. De repente las cosas se empiezan a dar. Vas a luchar y vas a pelear. Pero tarde o temprano vencerás."

"Si únicamente te quedas con una idea de esta conversación, recuerda esto: no triunfamos a pesar de los obstáculos y desafíos. Triunfamos precisamente gracias a ellos. Quiero repetirlo: *No triunfamos a pesar de los obstáculos y desafíos. Triunfamos precisamente gracias a ellos.*"

"El miedo es lo opuesto a la fe. El miedo es algo que reconoces por lo que es. En tu mente, no puedes tener al mismo tiempo miedo y fe. Porque la fe es sólo un estado mental. El miedo puede ayudarnos a reconocer la realidad y eso es útil, algo bueno. Pero cuando estás listo para moverte, no aceptas consejos del miedo, lo dejas ir. Es como: 'Qué bueno, voy a superar eso. Creo que lo puedo hacer'."

"Sea lo que sea que quieras lograr, sentir que tienes un destino es el punto de partida. Sentía que *La Caja de Navidad* era mi destino. Si tienes ese sentido del destino, éste te guiará a donde necesites ir. Ese es el tono implícito en toda esta conversación. Sin éste, si no crees que hay un destino o una divinidad en nuestras vidas, entonces todo es un juego 'arriesgado'".

¿Cuáles fueron las lecciones claves en esta entrevista, respecto a vivir tu pasión?

1. Cuando estás alineado con lo que se supone debes estar haciendo, comienza a aparecer un apoyo inesperado, se abren puertas en forma que nunca habrías previsto.

2. Cuando sientes pasión por algo, algunas veces resulta ventajoso hacerlo uno mismo. Por ejemplo, el libro publicado por el propio Richard probablemente fue más exitoso que si una gran editorial se hubiera hecho cargo de él.

3. Cuando sientes pasión, puede que al principio no seas bueno en lo que estás haciendo; pero si te ves obligado a hacerlo para poder seguir tus pasiones, la experiencia hará que adquieras la destreza.

4. La pasión puede ser contagiosa. Cuando la gente escucha tu pasión, quiere ser parte de ella.

5. Siempre que estés siguiendo tus pasiones, vas a ser sometido a pruebas. Aparecerán cosas que pondrán a prueba qué tanto te importa algo.

6. Cuando estás apasionado, estarás dispuesto a pelear por tus pasiones, hacer cosas desagradables, a correr riesgos e incluso arriesgarlo todo.

7. No triunfamos a pesar de los obstáculos y desafíos. Triunfamos precisamente gracias a ellos.

8. El éxito se alcanza cometiendo errores y aprendiendo de ellos.

9. El miedo es lo opuesto a la fe. No puedes tener miedo y fe al mismo tiempo. Cuando estás listo para moverte, haces a un lado el miedo.

10. Cuando estás apasionado, el fracaso no está entre las opciones.

11. Cuando tienes un sentido del destino, éste te guiará a donde tengas que ir.

SE TRATA DE
TODOS LOS DEMÁS

*"La llave de la vida está en la palabra valor.
El valor no es lo que uno obtiene, es lo que uno da."*

-Jay Abraham

"Me llamo Lorena Espinosa. Tengo treinta y tres años de edad. Nací en México. Tengo dos hijas y estoy casada con un hombre que conocí en Internet. Vino a conocerme y cinco meses después me casé con él. Sí, lo sé... ¡Muy rápido! No sabía lo difícil que iba a ser para mí acostumbrarme a vivir en un país nuevo, con un idioma diferente, extrañar a mi familia y comenzar una vida nueva como esposa."

"Mi marido es diecinueve años mayor que yo y a veces tiene un temperamento fuerte. Yo no sabía cómo manejar su temperamento. Me sentía mal y totalmente sola. Sufrí mucha depresión...Un día inclusive traté de suicidarme. Tomaba Prozac y muchas cosas en mi vida no estaban marchando bien. Luego, descubrí *El Test de la Pasión*. ¡Su libro me ayudó muchísimo!"

"He estado intentando cambiar mi vida. Elaboré mi lista de pasiones principales. Cuando mi vida es la ideal:

1. Mi trabajo es productivo, tengo éxito ayudando a los demás a tener una vida mejor. Estoy tocando sus vidas.

2. Tengo el control de mi propia vida, soy independiente económicamente, me encargo de mis dos hijas y de mi familia en México.

3. Vivo de acuerdo con mis valores, en un ambiente feliz.

"Ahora, nueve meses después, las cosas han mejorado mucho. *El Test de la Pasión* me ayudó a redescubrir lo que en verdad amo y quiero en la vida."

"Todavía hay algunos asuntos que no he podido resolver como quisiera...Pero las cosas han mejorado muchísimo. Por ejemplo, hace mucho tiempo que no tengo episodios graves de depresión."

"Cuando hice el *Test* de la Pasión por primera vez estaba trabajando en un almacén de suministros para oficinas por 7.50 dólares la hora. Me di cuenta de que el salario era muy bajo, así que conseguí otro trabajo para la temporada de vacaciones en una tienda de departamentos que pagaba 8.50 la hora. Pero aún no estaba desempeñando mi trabajo ideal."

"En realidad me gusta mucho la gente y me gusta ayudarla a crecer. He sido representante de Avon durante siete años, pero no había logrado mucho con eso."

"Cuando me quedé sin trabajo y comencé a pensar en mis pasiones, me di cuenta de que mi negocio de Avon me permitiría hacer las cosas que más me gustan. Así que hace tres meses y medio comencé a trabajar en este negocio como nunca antes lo había hecho."

"He comenzado a dirigir reuniones en las que doy un entrenamiento motivacional y hago lo que me encanta hacer: estar frente a un grupo de personas y ayudarles a transformar sus vidas. Combino el mostrarles las ventajas de negocio de Avon con la importancia del crecimiento personal."

"Tuve una reunión hace un mes y había tanta gente que la próxima reunión será en un hotel. En este breve lapso mi negocio ha crecido de veinticinco personas a ochenta y una y sigue subiendo. Casi toda mi gente es hispana. Ya me moví hacia el siguiente nivel de liderazgo, así que ahora tengo buenos ingresos... Haciendo lo que me gusta y pudiendo estar con mis hijas en casa."

"*El Test de la Pasión* me abrió los ojos y la puerta para ir tras lo que en realidad me gusta hacer. Todo comenzó a salirme bien como por 'arte de magia'. Hasta mi esposo ha empezado a controlar su temperamento. Todavía necesitamos trabajar mucho en nuestra relación, pero ahora es mucho más fácil porque veo que soy capaz de hacer lo que me gusta."

"El libro de Janet y Chris siempre está en mi escritorio... Para recordarme que necesito hacer lo que amo para ser feliz."

*U*nos meses después, justo antes de entregar el libro a nuestro editor, recibimos otra nota de Lorena. Estas son las noticias más recientes que nos trae:

"¡Déjenme decirles que la vida es maravillosa y que no puedo creer lo bien que me siento!"

"Cada día me levanto y repito en mi mente que mi vida será perfecta y está sucediendo.

"Hace una semana, mi esposo me dio mil dólares y me ayudó a escoger un auto para mí. Nunca antes había hecho algo así. Yo pagaré el resto del auto, pero el auto es mío. Puedo ir a donde me plazca. ¡Esto es un milagro! Solía depender de él para que me llevara en el auto a todas partes, no podía ir a ningún lado, a menos de que él estuviera disponible para llevarme. Ahora yo misma puedo controlar a donde voy."

"Mi equipo de Avon está creciendo rapidísimo. Ahora tengo más de 150 personas en mi organización y todos los días pongo más personas en mi línea descendente. Ahora soy líder de unidad ejecutiva y tengo planeado crecer más y más."

"Cuando trabajaba en almacenes, el pago era por hora. Ahora mis ingresos se basan en mi desempeño y gano mucho más de lo que llegué a ganar trabajando como empleada. No soy rica... ¡Aún! Pero estoy haciendo lo que amo. Me encanta tener gente alrededor y ayudarles."

"El libro fue el principio para que yo empezara a vivir con alegría, haciendo lo que me gusta hacer".

La historia de Lorena ilustra dos principios muy importantes en relación a vivir sus pasiones. Primero, cuando comienzas a elegir a favor de tus pasiones, tu vida comienza a transformarse de manera impredecible. Segundo, alinear la vida con tus pasiones es un proceso. Aún quedan retos por enfrentar. Sin embargo, es más fácil enfrentarlos cuando estás viviendo tus pasiones y fijando la atención en lo bueno que hay en tu vida.

Lo importante es quitarse a uno mismo de su propio camino. Sólo hay tres cosas (que en realidad son una) que pueden impedir una vida apasionada. Aquí están:

- Falsas ideas.
- Falsos conceptos.
- Falsas creencias.

Ideas, conceptos y creencias falsas son aquellas cosas que hemos llegado a creer que son verdad y que simplemente no corresponden con la realidad, aunque lleguemos a pensar que sí lo hacen. Pensar: "No valgo nada", "no puedo hacerlo" o "no soy lo suficientemente bueno" son el tipo de creencias falsas que pueden impedir que ingresemos a la autopista cósmica y realizar nuestro propósito en la vida.

Para conducir en la autopista cósmica

Anteriormente dijimos: "Lo que amas y la voluntad de Dios son la misma cosa". Algunas personas pueden pensar: ¿Cómo puede ser cierto que el amor de un alcohólico por el alcohol, el amor de un adicto por las drogas o el amor de un libertino por el sexo, sean la voluntad de Dios hacia ellos?

Aunque es posible que algunas personas digan que un alcohólico "ama" el alcohol, ese amor tiene un sentido diferente a cuando hablamos de amar. Tus pasiones son las cosas más profundamente importantes en tu vida.

Janet lo sabe por experiencia propia.

Cuando era pequeña, mi madre y yo éramos inseparables. Ella me llamaba su "pequeño ángel" y nos unían lazos muy intensos. Ella me llevaba a todas partes; cuando llegó el momento de entrar al kínder, ambas lloramos amargamente con solo pensar que ya no pasaríamos todo el día juntas.

De hecho, de vez en cuando, esto era demasiado para ella. Se inventaba alguna excusa y me sacaba del colegio solamente para poder estar conmigo. Me encantaban esos días. Fue la época mas feliz de mi vida.

Cuando cumplí siete años, todo cambió. Mamá comenzó a trabajar como estilista y llegaba a casa ebria. Mi padre y ella tenían fuertes discusiones. Ninguna pared podía guardar las palabras que intercambiaban y mi corazoncito estaba hecho pedazos.

La voz dulce y hermosa que solía contarme cuentos en las noches para que durmiera, se había ido. Los días preciosos en compañía de mi mamá eran historia. En su lugar había una mujer ebria e infeliz, a quien había que desvestir y meter a la cama en las noches.

Después de semanas y meses de pedirle, rogarle y exigirle que dejara de beber, mi padre finalmente nos metió a mi hermana, a mi hermano y a mí en el auto y nos fuimos; mi madre corría detrás de nosotros pidiendo otra oportunidad. No tengo palabras para describir el dolor que sentí.

Los años fueron pasando y mi madre se hundió en el infierno que se había infligido a sí misma. Recuerdo haberla buscado en moteles pulguientos en *Main Street* en Los Ángeles, sólo para encontrarla medio inconsciente en un sopor etílico. Con el tiempo, se convirtió en una adventista del séptimo día y llevó una vida tranquila y modesta.

Ahora, como adulta, cuando miro hacia atrás, veo que el alcoholismo de mi mamá era su forma de mitigar el dolor de sentir que no valía nada, que era indigna. Su padre había abusado sexualmente de ella cuando era niña y luego la secuestró tras dejar a su esposa. Mi mamá tenía profundos temores de abandono por las experiencias de su infancia. Desde su perspectiva de niña...¿Por qué la habían abandonado? Porque no era digna de ser amada. La bebida era un intento desesperado por detener ese dolor.

Los alcohólicos, los drogadictos y los libertinos, más que amar, desean. Desean lo que ellos creen que los hará sentir mejor. (¿Ve lo que queremos decir cuando hablamos de "creencias falsas?"). La pasión y el deseo son dos cosas muy diferentes.

El deseo desmedido surge de un sentimiento de carencia. Es producido por una necesidad muy fuerte de llenar algo que está faltando en su interior o de aliviar un dolor demasiado grande y profundo. Cuando deseamos en forma desmedida, estamos tratando de llenar un vacío. Mi madre se sentía despreciable e inepta. Esos sentimientos eran demasiado dolorosos, así que trató de detener ese dolor, bebiendo.

Estos sentimientos de dolor son el sistema de guía de la Naturaleza, tratando de decirnos: "Detente, cambia, cuídate, protégete". Pero cuando ignoras la señal y, por el contrario, intentas aliviar el dolor a través del alcohol, las drogas, el sexo, la comida o lo que sea, continúas descendiendo por la línea rumbo a un sufrimiento y una desdicha mayor.

Las pasiones, por otro lado, son los amores más significativos en tu vida. Surgen de lo más profundo del corazón. La pasión te llevará por la senda de tu destino sin que puedas oponer resistencia. Te conecta con la parte más profunda de tu propia naturaleza. Cuando estás alineado con tus pasiones, te sientes expandido, abierto, activo. La pasión nos hace subir por la línea hacia una alegría y un sentido de realización cada vez más grande.

Por eso, el sistema de guía que nos brinda la Naturaleza es tan importante. La búsqueda del deseo puede llevar a una felicidad temporal, ésta se convierte muy rápidamente en una terrible contracción. Ignorar esa contracción, obviarla y sentir dolor, te llevará a moverte más y más rápido hacia abajo, hacia la miseria y el sufrimiento.

La decisión de ingresar a un centro de rehabilitación, de orientación o buscar alguna otra manera de cambiar el comportamiento en una dirección que esté más a favor de la vida, trae una ola de esperanza y expansión. Esa es la señal para seguir adelante y actuar.

Cuando has identificado con claridad tus cinco pasiones principales y entiendes la naturaleza de la contracción y de la expansión, la búsqueda de tu destino o de tu propósito en la vida realmente no requiere esfuerzo. Sólo necesitas recordar que:

Cada vez que te enfrentes a una elección, decisión u oportunidad, elige a favor de tus pasiones.

Esto significa preguntarse uno mismo: ¿Tomar esta decisión me ayudará a estar más alineado con mis pasiones o me alejará más de ellas? Si te ayuda a estar más alineado, tómala. Si te aleja de vivir tus pasiones, aprende a decir: "No, gracias por preguntar".

Una vez que tomes la decisión, quédate atento al sistema cósmico de orientación. Percibe cuando está contraído y haz una pausa. Descansa, recupérate y tómalo con calma. Cuando te sientas expandido, sigue adelante, actúa y disfruta la manifestación que llega.

Hay algunas personas en el mundo que han tenido mucho éxito al conducir por la autopista cósmica. Han logrado un nivel de manifestación que hace que otros las busquen como modelos ejemplares.

Pujya Swamiji Chidanand Sarawasti es uno de estos individuos. Es venerado por millones de personas en toda la India. Es la inspiración espiritual de Parmarth Niketan, un *ashram* a orillas del Ganges en Rishikesh, India. Descubrirás en sus palabras algunas verdades universales aplicables a todos nosotros, sea cual sea nuestra religión u orientación espiritual:

No existe una varita mágica que podamos agitar para crear una vida perfecta para nosotros. La vida en sí es mágica. Dedícate a vivir lo que quieres manifestar en el futuro. Si quieres recibir amor, muy sencillo, da amor. Y si quieres tener amigos, conviértete en un buen amigo. Si quieres tener una conexión con Dios, acércate a Él. Él nos está esperando.

Debemos darnos cuenta de que: "Soy parte de la creación de Dios. Como Él es perfecto, yo soy perfecto. Como Él es divino, también yo soy divino. Como Él dispone, su voluntad se desenvolverá de la manera correcta".

Todos somos parte integral de lo divino. Él es divino. Nosotros somos divinos. Él es perfecto. Nosotros somos perfectos. Por supuesto, todos somos diferentes. Todos tenemos fortalezas y debilidades diferentes, pero cada uno de nosotros es perfecto a su manera. Cada uno de nosotros tiene un rol propio que cumplir en esta Tierra.

Servir a la humanidad es la mayor y más auténtica alegría en el mundo. He visto esto, no solamente en mi vida, sino en las vidas de miles de personas.

Cuando alguien nos da algo, esto nos hace felices por un momento. Nos alegramos, pero esa felicidad no es permanente.

Cuando damos algo, nos volvemos eternamente felices. Puedes observar esto, inclusive en los niños. Cuando les dan un juguete nuevo, se sienten muy felices por un rato. Pero cuando llevas a un niño a ver niños pobres o enfermos, percibirás la profunda alegría y satisfacción que el niño siente al compartir.

Esto se explica porque es parte del plan divino. Fuimos puestos aquí en la Tierra para servir.

Ayudar a los demás es ayudarse uno mismo

Es una paradoja fascinante que la forma de tener todo en la vida sea ayudar a los demás a tener todo lo que quieren en la vida. Aquellos que son espirituales, como Pujya Swamiji, interpretan este principio en términos espirituales, pero no tenemos que ser espirituales para descubrir la verdad que esto encierra.

El mismo principio aplica para los negocios. El éxito de un negocio se basa en el valor que brindamos a nuestros clientes. Dar valor es, por definición, ayudar a los demás a tener lo que consideran valioso.

Nuestro amigo y colega Jay Abraham te dirá que él no es propiamente un hombre espiritual. Sin embargo, ha vivido toda su carrera según este principio. Como resultado, ha ganado millones de dólares, posee varias casas hermosas, vuela en primera clase por todo el mundo y ha alcanzado un nivel de éxito y de reconocimiento que la mayoría de las personas encontrarían envidiable.

Esta es la forma como Jay habla acerca de su pasión y de la importancia de ayudar a los demás para ayudarse uno mismo.

Jay Abraham

Jay Abraham ha trabajado con más de diez mil pequeñas y medianas empresas y les ha ayudado a sumar miles de millones de dólares a sus ingresos. No es de sorprender que la revista Forbes *lo haya puesto en la lista de los cinco mejores* coaches *ejecutivos del mundo, añadiendo que la especialidad de Jay es* **"transformar ejecutivos de bajo desempeño, en ases del mercadeo y de las ventas".**

Jay ha sido reconocido como una autoridad extraordinaria y singular en el campo del mejoramiento del desempeño comercial y en la maximización y multiplicación de activos financieros. Ha engendrado una generación completa de consultores y expertos en mercadeo que lo reconocen como su mentor principal. Tan solo en Internet hay cerca de dos mil sitios que hacen alusión a su exitoso trabajo.

Es el autor de Getting Everything You Can of All You've Got *(Obtener todo lo que puedes de todo lo que tienes). A continuación compartimos lo que Jay Abraham dice sobre sus propias pasiones y sobre lo que se necesita para crear la vida que elegimos.*

"Quiero compartir una verdad maravillosa con todos ustedes, no importando tu edad, si aún no han alcanzado sus metas. Y esto es que las metas materiales, cuando las alcanzamos, por sí solas no transforman tu vida."

"No hay duda de que es bueno contar con una seguridad económica para poder vivir donde quieras, comer lo que quieras y tener algunos de los lujos que quieres. Pero una vez que adquieres las 'cosas' que quieres, te das cuenta de que la vida es mucho más que cosas, estatus y prestigio."

"He hecho mucho. He tenido mucho. He vivido mucho. Pero también he pospuesto muchos aspectos de mi vida. Y en la medida en que he avanzado en edad, en que mi salud se ha vuelto una mayor preocupación para mí, en que he visto a mis hijos crecer, a mis seres queridos morir y que ya no tengo tan cerca como habría querido a las personas más importantes para mí, he reducido el paso y he vuelto a identificar lo que es realmente importante."

"Hoy en día, una de mis principales pasiones es guardar el equilibrio en mi vida. Solía ser un adicto al trabajo y a comprometerme con él de un modo gigantesco. Trabajaba dieciocho horas al día, siete días a la semana y tenía reuniones a las dos de la mañana. Ahora, si mi esposa me llama y me dice: 'Vamos a almorzar', a no ser que tenga una reunión demasiado importante, interrumpo el trabajo y almuerzo con ella, porque en la esfera de lo que perdura, esto es más importante. Quiero equilibrar lo económico, lo intelectual, lo espiritual, lo físico y lo sexual; tener toda clase de estímulos equilibrados en un nivel saludable."

"Si no puedes sentirte apasionado por algo o alguien, no deberías tenerlo en tu vida porque estás privando al otro y a ti mismo de esa experiencia. ¿Por qué meterse a medias en algo? ¿Por qué hacer algo y aceptar la mitad del efecto, la mitad del resultado, la mitad del rendimiento? Ser apasionado tiene grandes recompensas. Ser apasionado es tal vez la cosa más egoísta que puedes ser, porque recibes mucho a cambio."

"Ser apasionado produce enormes beneficios e ignorar tus pasiones tiene alto costo. Siendo positivo, me apasiona hacer ver al propietario de un negocio que puede ser muchísimo más de lo que es; me apasiona saber cuánto más puede producir el día, una inversión, una oportunidad, un comercial, un ambiente competitivo; me apasiona tener una meta para alguien incluso más grande que la que tiene para sí mismo, porque yo sé lo que realmente es capaz de hacer; me apasiona tenerle mucha fe a un cliente o a un negocio porque sé que puede aportar mucho más a su comunidad, al mercado y a su cliente potencial –estas pasiones hicieron que se generaran millones y millones de dólares, porque yo creía en mis clientes y al final ellos creyeron más profundamente en sí mismos."

"En mi vida personal no me he enfocado tanto en mis pasiones. Invierto demasiado tiempo en mi negocio y por ello he perdido relaciones personales. Puedo decir que funciona en ambos sentidos. La falta de pasión tiene un costo muy alto y a veces no te das cuenta de lo que vas perdiendo, porque se va acumulando poco a poco. A veces uno no se da cuenta hasta que el tiempo cobra la factura. Y cuando te das cuenta de lo que has perdido, resulta muy doloroso."

"Las pasiones necesitan estar equilibradas y necesitan estar presentes en todas las áreas de tu vida. Si en realidad crees que no te puedes apasionar, que no te puedes enamorar de lo que estás haciendo y para quien lo haces o con quien lo haces, te debe dar vergüenza. Entrégate de lleno y haz las cosas con pasión."

"Si yo fuera tú, me refiero a cada uno de los que están leyendo esto, haría inmediatamente el *Test* de la Pasión de Chris y Janet. Mañana temprano, comienza a observar a las personas que están en tu vida. Si tienes esposo, esposa o pareja, hijos o familiares con quienes te sientes frustrado, cansado o de quienes solo piensas que no te dan 'nada' de lo que esperas, que te hacen sentir asfixiado o claustrofóbico, comienza a ver lo grandioso que hay en ellos."

"Piensa en un rasgo de ellos que de verdad sea maravilloso. Busca ese algo en ellos que realmente es bueno, interesante, impresionante, asombroso, sensacional, memorable; y sigue haciéndolo todos los días. Piensa en ese algo que hay en ellos que amas por encima de todo lo demás. Piensa en lo que más te impresiona de ellos. Piensa en el atributo más grande que tienen, lo admires o no, ya sea su ética laboral, su disciplina, su alegría de vivir o lo que sea; y comienza a apreciarlos y a entenderlos."

"Tu labor en la vida es observar, analizar, apreciar, comprender y respetar las diversas formas como los demás ven las cosas por las que tú estás pasando. Tal vez no estés cien por ciento de acuerdo, pero con el solo hecho de que la aprecies, la respetes, la analices y la observes con objetividad y sin prejuicios, hará que la vida tenga muchas más dimensiones y que sea mucho más fascinante, divertida, educativa e informativa."

"La llave de la vida está en la palabra valor. El valor no es lo que uno obtiene, es lo que uno da. Es entender lo que es importante para otras personas, no solamente para uno. Me tuve que preguntar a mí mismo: ¿Qué tengo que hacer para tener una relación extraordinaria y fluida con mi esposa y con mis hijos?"

"¿Creen que funcionaría si yo les gritara: "¡Eh!, chicos, quiero conectarme con ustedes?". ¿Creen que eso bastaría? ¿O tendría una mayor probabilidad de éxito si antes descubro lo que es importante para ellos, lo que les gusta, lo que disfrutan, lo que los satisface, lo que los molesta, lo que les produce alegría; e intento conectarme con ellos en ese nivel?"

"La verdad, el concepto es muy simple y a la vez muy elegante en su pureza. Piensa en lo que es importante para ellos, quien quiera que sean "ellos", ya sea que se trate de algún negocio o de tu jefe. Si trabajas para alguien descubre qué problemas está enfrentando, descubre qué le hará sentirse más seguro y qué lo hará ser más exitoso."

"Cuando se trata de tu jefe, piensa qué hará que a esa persona le aumenten el sueldo, que la asciendan, que la reconozcan y eso hará que tú obtengas lo que quieres."

"Nos enfocamos tanto en nosotros mismos, sin embargo, el camino más rápido para conseguir todo lo que quieres, cualquier cosa y aún más, es poner a los demás por encima de lo que uno quiere y enfocarse en satisfacer sus necesidades, carencias y deseos."

"No es manipulación, es fuente de gran alegría. Ayudar a los demás a crecer, desarrollarse, a que alcancen su máximo potencial, la plenitud y riquezas, es tremendamente satisfactorio."

"Te darás cuenta de que, para triunfar, primero tienes que querer hacer triunfar a otras personas. Para ser amado, primero tienes que amar; para ser interesante, primero tienes que interesarte. Tienes que dar eso que deseas y después obtendrás el resultado o la consecuencia deseada."

"La mayoría de las personas se hacen la pregunta equivocada. La pregunta correcta no es: "¿Me merezco esa meta?" Sino: "¿Esa meta me merece a mí?". Cuando te des cuenta de cuanto más puedes aportar, cuanto más puedes lograr, cuanto más puedes enriquecer a la gente en todos los niveles - tangible, intangible, espiritual, emocional, físico - con tus obras, con existir, con interactuar, vas a hacer que suba la barra y derribarás todos los obstáculos. Mi meta es hacer eso para mucha gente."

"La razón principal por la que las personas no logran alcanzar el nivel económico y emocional que desean es que se enfocan demasiado en sí mismas. No se trata de uno mismo, se trata de los demás y cuando logras que mejore la vida de los demás, tu vida se abre automáticamente y se expande de manera increíble."

"Se trata de enamorarse de las personas y de lo que haces por ellas y que tengas claro de que se trata tu vida."

"Es absurdo y no tiene sentido autoflagelarse por lo que no has logrado si primero no te sometes a un proceso de clarificación, expedito y absolutamente inmutable e infalible, que dará con mayor rapidez y facilidad eso que deseas. Si vuelcas tu atención a lo que puedes dar a otros no sólo lo lograrás, sino que excederás por completo y sin dificultades la meta que te hayas fijado".

¿Con respecto a vivir tu pasión, cuáles fueron las principales lecciones que obtuviste de esta entrevista?

1. Las metas materiales, por sí mismas, no transformarán tu vida.

2. ¿Por qué meterte a medias en algo? Vivir apasionadamente produce grandes beneficios.

3. La falta de pasión puede costar caro; a veces, uno no se da cuenta del precio que paga porque es una factura que se acumula poco a poco y que con el tiempo puede resultar muy dolorosa.

4. Busca algo en las personas con quienes te relacionas que de verdad sea bueno, interesante, impresionante, sorprendente; y utilízalo para apreciarlas y comprenderlas más.

5. La clave de la vida está en la palabra valor. El valor no es lo que uno obtiene, es lo que uno da. Es descubrir lo que es importante para otras personas, no sólo para uno.

6. El camino más rápido para conseguir todo lo que quieres, cualquier cosa, y aún más, es poner a los demás por encima de lo que uno quiere y enfocarse en satisfacer sus necesidades, carencias y deseos.

7. Para triunfar, primero tienes que querer hacer que otros triunfen. Para ser amado, primero tienes que amar. Para ser interesante, primero tienes que interesarte.

8. Para encontrar tus pasiones y crear un balance, empuja tus límites, hazte muchas preguntas y examina realidades diferentes.

9. La pregunta correcta no es: "¿Me merezco esa meta?". Sino: "¿Esa meta me merece a mí?".

La razón principal por la que las personas no logran alcanzar el nivel económico y emocional que desean es que se enfocan demasiado en sí mismas. No se trata de uno mismo, se trata de los demás y cuando logras que mejore la vida de los demás, tu vida se abre automáticamente y se expande de manera increíble.

VIAJANDO A LA VELOCIDAD DE LA CONFIANZA

"La confianza es una gran forma de motivar, de liberar el talento, la energía y la pasión; de liberar tu propia energía y pasión recibiendo la confianza de otros y también brindando esa confianza a otras personas."

Stephen M. R. Covey

"Mi nombre es Otto. Tengo setenta y cinco años de edad. Tengo diabetes tipo II y enfermedad coronaria. En el pasado, enseñé inglés en una escuela de medicina en la China durante un año y medio y me encantó. Tuve una gran influencia en las vidas de mis estudiantes; tenía el sueño de volver a China a enseñar de nuevo.

Antes de descubrir *El Test de la Pasión*, me había pasado un año y medio enviando solicitudes para enseñar inglés oral en la

China. No tuve éxito. Los chinos respetan y honran a sus mayores, pero creen que éstos no deben trabajar. Me di cuenta de que estaba apoyando esta creencia; además, casi todos mis amigos me decían que estaba demasiado viejo para pensar en viajar al exterior a enseñar de nuevo.

Había recibido más de veinte negativas de escuelas en China cuando hice el *Test* de la Pasión e incluí como una de mis cinco pasiones principales: "Cuando mi vida sea la ideal, tengo un trabajo en China en un lugar atractivo."

"Una semana después, recibí un correo electrónico de una escuela en Guilin, China, en el que me decían que si aún estaba interesado en el trabajo llamara a un teléfono y hablara con Kimberley. Llamé y Kimberley me entrevistó por teléfono. Al terminar la llamada, me dijo que volvería a ponerse en contacto. Después, me llegó un segundo correo electrónico que decía: "Creo que le pediré a mi jefe que lo contrate". Me llegaron más correos electrónicos y desde hace un mes me encuentro en este paraíso terrenal llamado Guilin."

"En China, existe un proverbio: 'Mejor que ser inmortal es ser un ser humano que viva en Guilin'. Aquí están las montañas Karst, tema de muchas de las pinturas chinas durante los últimos mil años. Los poetas han escrito muchas líneas inspiradas en sus viajes a este lugar."

"El aire es puro y limpio. En un día cálido, el aroma de los acebos que crecen aquí deleita los sentidos. Las montañas a menudo están parcialmente ocultas por la nieve, lo que les da esa apariencia misteriosa que tienen en las pinturas chinas. A veces, cuando camino por el campus, en el que hay varios de estos picos puntiagudos, es como si me hallara en medio de una de esas pinturas."

"Cuando repaso lo que me sucedió, me doy cuenta de que yo estaba aferrado a la creencia de que estaba demasiado viejo y enfermo para ser capaz de seguir mis pasiones. *El Test de la*

Pasión de alguna manera me brindó la claridad y la energía que necesitaba para dejar atrás esas creencias para poder crear esta pasión en mi vida. Ahora, en vez de pasarme la vida anhelando lo que pudo haber sido, estoy inmerso viviendo la vida de mis sueños".

Recientemente recibimos noticias de Otto. Al mes de estar en Guilin, le avisaron que a un pariente cercano le habían diagnosticado un tumor óseo. Al igual que Janet, sus pasiones principales cambiaron de inmediato. Regresar a casa y estar con su familia se hizo más importante para el que permanecer en Guilin, así que regresó. Pasó un tiempo maravilloso en Guilin y ahora está con sus seres más queridos.

Como hemos dicho antes, no puedes saber a dónde te llevarán tus pasiones. Únicamente puedes estar seguro de que al permanecer abierto y alineado con tus pasiones, siempre estarás conectado con las cosas que tienen mayor importancia para ti.

Cuando estábamos terminando de editar este libro, tuvimos que viajar de Iowa a Chicago para impartir uno de nuestros cursos de certificación del *Test* de la Pasión. A Janet se le ocurrió que si tomábamos un tren Amtrak en vez de conducir el auto, tendríamos más tiempo para escribir.

En lugar de esto, en el tren, conocimos a un viejo y hosco marinero apodado Krunch. Tenía la piel quemada y desgastada por el sol. Al principio, se mostró gruñón y poco comunicativo. De no haber sido por la naturaleza inquisitiva y la perseverancia digna de mención de Janet Attwood, nos habríamos perdido de la magnífica historia que le sacó a este hombre sobre lo que puede ocurrir cuando permaneces abierto. A veces las pasiones vienen caminando derecho hacia uno. Es cuestión simplemente de decir ¡sí!

El nombre verdadero de Krunch es Robert (Bobby) Duckstein. Este es el relato de cómo su pasión lo encontró:

"Un día, en 1974, abrí una revista de la *National Geographic* y había una fotografía de tres mujeres polinesias. Todavía conservo una copia de esa revista."

"No recuerdo el encabezado, pero decía algo así: 'Estas mujeres de Tahití, de ascendencia polinesia y europea, pueden competir en belleza con cualquier paisaje'. Como yo era joven, un poco tonto y tenía muchos cojones, quería ir allá. Pero sabía que había que ir en barco - y yo ni siquiera sabía cómo deletrear la palabra barco - o había que volar; y yo no tenía dinero. Así que hice a un lado la idea y me olvidé de ella, pero no podía dejar de pensar en esas mujeres porque eran hermosas, demasiado hermosas."

"Terminé en Nuevo México viviendo en un *tipi* con un montón de gente. Esa es la versión corta del cuento."

"Un día, cuatro de nosotros (un amigo, dos mujeres y yo) decidimos que iríamos en auto desde Santa Fe a Juárez, México, a comprar tequila. Nos montamos en una camioneta y condujimos 350 millas hasta Juárez y nos emborrachamos como locos. Mi siguiente recuerdo es que me caí de la camioneta que iba a 45 millas por hora y que me desperté en un campo de maíz. No me lastimé, así que volví a subirme a la camioneta."

"Después recuerdo que me desperté en Mazatlán, que está a 1,200 millas de Juárez. Todos estábamos sentados en un restaurante, cuando entró un tipo sueco, nos miró y dijo: "¡Eh! Ustedes, necesito ayuda para navegar mi barco hasta Tahití."

"Yo todavía estaba con resaca, estábamos bebiendo todos los días. Mi amigo me mira y me dice: 'Bobby, si no haces esto ahora, nunca más vas a tener una oportunidad como esta'."

"Así que me di vuelta y dije al sueco: 'Nunca he estado en un barco. Tengo miedo, excepto de ahogarme. No tengo dinero, no me gustan los tiburones, no sé nadar, no sé nada de barcos, pero iré con usted'."

Viaje a la velocidad de la confianza

"Me dijo: 'Eres justo el tipo que necesito'."

"¿Por qué?. Pregunté y él me contesto-: 'Porque no puedes decirme lo que debo hacer'."

"Cuando salí del restaurante, volteé hacia atrás y miré el nombre del lugar. Se llamaba Café Aloha. ¡Qué apropiado! Hoy en día, este restaurante todavía existe en Mazatlán."

"Quince minutos más tarde estaba a bordo del barco *Eagle*. La mayoría de los niños quieren ser médicos, abogados, jueces o pilotos, pero yo no tenía idea de lo que quería hacer. Pero desde el momento en que comenzamos a navegar, con las estrellas y el océano, me dije a mí mismo que ahí era donde pertenecía."

"Fuimos de Mazatlán a las Islas Cocos, a las Galápagos, a las Marquesas, a Tahití, a las Islas Cook, a Hawái y de vuelta a Vancouver, Canadá. Había salido de casa inicialmente por un fin de semana. Volví a mi casa once meses después. Me pasé la mayor parte de los próximos tres años con este tipo, metiéndome en problemas por todo el Pacífico."

"En la actualidad, trabajo en grandes barcos de entrenamiento, navegando buques, goletas y cosas por el estilo. Casi toda la gente los asocia con los barcos piratas, porque fue en esa época que se hicieron famosos. Llevamos a estudiantes universitarios por períodos de un mes. Llevamos estudiantes de secundaria y de escuela intermedia por períodos de una semana o dos o tres días seguidos; a veces sólo por tres horas. Cada barco en el que trabajo tiene un programa diferente."

"En el barco que acabo de dejar, hacemos un programa sobre la guerra de 1812. En otra embarcación, el *Lady Washington*, dimos clases de historia sobre los comerciantes de la costa Oeste y las misiones españolas. Hablamos sobre la evolución del comercio y de porqué estos barcos eran tan importantes."

"Amo lo que hago. Algunas personas dicen que quieren vivir su sueño. Yo digo: 'Yo soy el sueño'."

Nos encantó la historia de Krunch porque muestra lo que puede ocurrir cuando permaneces abierto. Cuando eres capaz de abandonar tus ideas sobre lo que puedes hacer, suceden las cosas más inesperadas y maravillosas.

Límites de velocidad en autopista cósmica

Como gerente general, Stephen M.R. Covey ayudó a transformar el *Covey Leadership Center* en la consultoría más grande de su especie y organizó la fusión multimillonaria con *Franklin Quest*, para crear la compañía pública *Franklin Covey*. En breve, leerá nuestra entrevista con Stephen, que nos contará sobre el tema de su último libro, *La velocidad de la confianza*, y cómo ésta afecta todas las relaciones en la vida. Pero primero hablemos de nuestro viaje por la autopista cósmica.

La velocidad a que viajas por la carretera de la vida la determinan las creencias y los conceptos que tengas.

El tiempo que tardes en realizar tus sueños está directamente relacionado con tus creencias. Hubo un tiempo en el que Donald Trump casi cae en bancarrota; sin embargo, poco tiempo después era multibillonario de nuevo. ¿Cómo es posible?

¿Si haces un millón de dólares el próximo año, lo considerarías un buen año? ¿Qué crees pensaría Donald Trump si sólo hiciera un millón de dólares el año entrante? Pensaría que el año fue un desastre. ¿Cierto? La diferencia esencial entre tú y Donald son tus creencias.

En el último capítulo, dijimos que hay tres cosas (que realmente son una) que pueden impedirnos vivir una vida apasionada:

- Ideas falsas

- Conceptos falsos

- Creencias falsas.

¿Qué creencias tienes respecto a tu habilidad para vivir tus pasiones? *Estas son algunas de las que escuchamos:*

- No puedo vivir mi pasión porque tengo que mantener a mi

familia.

- No puedo ganar dinero con las cosas que me apasionan.

- No tengo las habilidades para ser realmente exitoso.

- Soy demasiado viejo. Es demasiado tarde para mí.

- Soy demasiado joven. No tengo suficiente experiencia.

- Soy demasiado ------------ (llene el espacio en blanco: débil, temeroso, alto, bajo, gordo, flaco...).

- No sé lo suficiente.

- No soy lo suficientemente extrovertido.

- No soy lo suficientemente-------------------- (llene el espacio en blanco; esto en realidad significa: "No soy suficiente".)

No importa quién eres, no importa cuál es tu situación, no importan tus limitaciones, pensar que estas cosas impiden vivir tus pasiones son sólo ideas falsas, conceptos falsos y creencias falsas. Estos son pensamientos que sencillamente no son verdad. Están desfasados de la realidad.

Cuando sientes verdadera pasión por algo, siempre tendrás la habilidad para crearlo.

Piensa en ello. ¿En realidad crees que no puedes ganar dinero viviendo tus pasiones? ¿Creerías que alguien podría ganar dinero a partir de una pasión que consiste en sentarse y conversar con la gente? A Oprah Winfrey parece que le ha ido bastante bien con esa.

¿Qué tal la pasión de hacer galletas? La señora Fields parece haberla manejado bien. ¿Qué tal la pasión de ver películas? Roger Ebert encontró como utilizarla.

¿No tienes las habilidades? ¿Conoces a algún músico famoso que canta mal (no queremos insultar a nadie, pero con seguridad se te pueden ocurrir tantos como a nosotros)? ¿Alguna vez te ha tocado escuchar la historia de un gerente que comenzó como empleado de oficina repartiendo y entregando correo? ¿Sabías que Albert Einstein reprobó casi todos sus cursos en el colegio? ¿Y qué tal Abraham Lincoln? Perdió a su madre, perdió una elección tras otra, perdió su dinero, fracasó en los negocios y si únicamente tomaras en cuenta todas las cosas que no le salieron bien, pensarías que fue un fracaso durante la mayor parte de su vida hasta que fue elegido presidente de los Estados Unidos.

¿Estás demasiado viejo? ¿Sabías que casi todos los millonarios se forman después de los cincuenta y cinco años? Aunque el coronel Sanders cocinó pollo muchos años, no fue hasta los sesenta y dos años que comenzó *Kentucky Fried Chicken*. Y ya leíste la historia de Otto al principio de este capítulo.

No importa cuál sea la creencia limitante que tengas, en el mundo hay ejemplos que demuestran lo contrario. Aunque nadie hubiera logrado hacer aquello que a ti te apasiona, hay gran cantidad de evidencia de personas que han sido exitosas haciendo lo que otros consideraban imposible.

Eres poderoso más allá de lo que te imaginas. Como dijimos en la primera parte, tú has creado tu propia vida. Lo bueno es que si no te gusta la puedes cambiar. ¿Recuerdas este mantra?

Crea tu vida primero en la mente y luego en el mundo.

Mientras creas que no puedes, no podrás. Mientras creas que es imposible, será imposible para ti. Mientras creas que es demasiado difícil, será demasiado difícil para ti.

Entonces, ¿esto significa que lo contrario también es cierto, que mientras creas que puedes, podrás? Sí. Sin embargo, no es tan simple porque nuestras creencias están muy arraigadas. Podrías decir: "Puedo hacerlo" y aun así muy adentro de ti, creer que no puedes. Por eso, a menudo las afirmaciones no producen los resultados que nos gustaría que produjeran.

¿Pero te acuerdas cuando hablamos sobre el poder de formular preguntas? Cuando haces una pregunta a tu mente, ésta buscará respuestas. Si no has creído que puedes vivir tus pasiones, entonces pregúntate: ¿Qué evidencias puedo encontrar de que tal vez yo *sí pueda* vivir mis pasiones?

Sigue buscando evidencias hasta que logres sentir: "Claro que puedo hacerlo. Mira todas las personas que lo han hecho, observa todas las evidencias que hay de que eso es posible". Esta es la primera y más importante tarea para vivir tus pasiones: descubrir la evidencia que necesitas para creer que puedes hacerlo.

Esta es una de las razones por las que presentamos las *Series de la pasión* en *Healthy Wealthy 'n Wise* (*Saludables, ricos y sabios*). Cuando uno escucha cómo empezó John Assaraf como integrante de una pandilla, cómo vivió Neale Donald Walsch en la calle por un tiempo, cómo descubrió David Lynch su pasión al ver al amigo de su padre ganarse la vida como artista o cómo sobrevivió Mark Víctor Hansen la bancarrota, esto le ayuda a uno a creer que si ellos pudieron hacerlo, uno también puede.

Viaje a la velocidad del pensamiento

En 1999, una amiga convenció a Janet de asistir a una conferencia que ofrecía la herramienta más poderosa que hemos usado para transformar ideas falsas:

No sabía qué esperar, pero Radhika dijo que sería increíble, así que fui. Una mujer hermosa, de cabello plateado, se sentó al frente del salón. "Pasé diez años en una depresión profunda - dijo -. Llegué a tal punto que casi no podía salir de mi habitación. Mis hijos caminaban en puntillas al pasar por mi puerta, con la esperanza de que yo no les gritara. Pesaba más de doscientas libras. A veces pasaban dos semanas antes de que yo fuera capaz de lavarme los dientes o bañarme. Día tras día permanecía tendida en la cama, en un estado de gran desesperación, odiándome a mí misma, sintiéndome impotente y con pensamientos suicidas.

"Finalmente, se volvió tan grave que me interné en una casa de reinserción social para mujeres con trastornos alimentarios. Era el único lugar que el seguro de gastos médicos me cubría. Las demás residentes me tenían tanto miedo, que me pusieron arriba en el ático. Me sentía tan poca cosa que ni siquiera creía que merecía dormir en una cama, así que dormía en el suelo."

"Como una semana después de que me interné, por la mañana, una cucaracha se me subió por el pie; y finalmente abrí los ojos. Toda mi rabia, todos los pensamientos que me habían estado perturbando, todo mi mundo desapareció y fue reemplazado por una alegría indescriptible. Sentía que si describía mi alegría, haría volar el techo del hogar de reinserción. Aún me siento así."

"Me di cuenta en ese momento que cuando creía a mis pensamientos, sufría; y que cuando no les creía no sufría, y esto es cierto para todas las personas. La libertad es tan simple como eso. Descubrí que el sufrimiento es opcional. Encontré dentro de mí una alegría que nunca ha desaparecido ni por un solo instante. Esa alegría está en todos, siempre".

Byron Katie hizo una pausa antes de continuar: "Nosotros no sufrimos por lo que ocurre, sufrimos por lo que pensamos acerca de lo que ocurre. La realidad no es ni buena ni mala. Nuestros pensamientos la hacen buena o mala. Cuando cuestionamos aquellos pensamientos que nos estresan, nos damos cuenta de que no están basados en la realidad. Con el tiempo, te darás cuenta de que todo es un reflejo de tus propios pensamientos. Tú eres el que narra tus historias, el que proyectas las historias, y el mundo es simplemente una pantalla que refleja la imagen de tus pensamientos.

Desde el principio de los tiempos, la gente ha intentado cambiar el mundo para poder ser feliz. Esto nunca ha funcionado porque aborda el problema al revés. Lo que traigo a la gente es una forma de cambiar el proyector - la mente - en lugar de lo proyectado. Es como cuando hay una pelusa en la lente de un proyector. Pensamos que se trata de un defecto en la pantalla y la intentamos limpiar. Así también intentamos cambiar a cualquier persona que aparente tener el defecto. Pero es inútil tratar de cambiar las imágenes proyectadas. Una vez que nos damos cuenta donde está la pelusa, podemos limpiar el lente mismo. Este es el fin del sufrimiento y el principio de un poco de alegría en el paraíso.

Después de la conferencia, Radhika me invitó a almorzar con Katie y con algunas de las personas que la acompañaban. Llegué un poco tarde y la única silla disponible estaba al lado de Katie.

Cuando me presentaron, Katie volteó hacia mí y con una sonrisa radiante dijo: "Hola, cielo, ¿qué haces?". Contesté que era la encargada del área de comercialización de una enorme compañía de la ciudad. Me sorprendió un poco la siguiente pregunta de Katie: "¿Eres buena en lo que haces?".

Sin titubear, dije: "¡Soy la mejor!". Después de todo, había sido la mejor ejecutiva de cuentas durante cinco años, manejaba en la actualidad la división de mercadeo de *Books are Fun* y estábamos teniendo un año récord.

Como apenas hacía dos minutos que me había conocido, el siguiente comentario de Katie fue aún más sorprendente: "Me gustaría que te hicieras cargo de mi *marketing*. Puedes vivir en mi casa en Manhattan Beach. ¿Lo harías?".

Me sentí tan cautivada por esta mujer que parte de mí de inmediato quería decir sí. Otra parte de mí estaba pensando en mi casa, en mis tres perros, mis dos gatos y en cómo podría hacer un cambio tan radical en mi vida.

Cuando llegué a casa, no podía dejar de pensar en esta asombrosa mujer. Finalmente, llamé a Chris, que estaba viviendo en Carolina del Norte, y le conté la historia de mi extraordinario encuentro. "¿Me acompañarías a verla en Washington DC y en Boston? No puedo tomar esta decisión yo sola".

Después de engatusarlo un poco, Chris aceptó viajar conmigo. Pasamos un fin de semana mágico con Katie en Washington DC y luego volamos a Boston, para su presentación en Cambridge.

Uso la palabra *presentación* de manera amplia, porque Katie en realidad no hace presentaciones. Se sienta con un voluntario que tenga un asunto que quiera analizar y lo va llevando a lo largo de un proceso de cuestionamiento interior que ella denomina simplemente "el trabajo", que se resume en el pequeño *jingle* de Katie: "Juzga a tu vecino, anótalo, hazte cuatro preguntas y dale la vuelta".

Nunca olvidaré una interacción particular que sucedió dentro del evento de Cambridge. Katie invitó a la audiencia a pensar en algún asunto social que considerara terrible. Una mujer levantó la mano y se paró al frente.

Katie la saludó con calidez: "Hola, cariño. ¿Qué es lo que te molesta?"

"No debería haber niños que mueran de hambre en el mundo", contestó la mujer.

"No debería haber niños que mueran de hambre en el mundo, ¿es eso cierto? - Preguntó Katie -. ¿Cuál es la realidad? ¿Los hay?".

"Por supuesto que los hay", replicó la mujer.

"¿Entonces puedes saber con absoluta certeza que no debería haber niños que mueran de hambre en el mundo?".

"Sí", dijo la mujer.

"Cuando discutes con la realidad, pierdes - pero únicamente el cien por ciento de las veces", dijo Katie, dirigiéndose a la audiencia. Luego, se dirigió de nuevo a la mujer: "¿Cómo reaccionas cuando crees que no debería haber niños que mueran de hambre en el mundo y los hay?".

"Odio a los estadounidenses por no alimentar a los niños. No puedo entender cómo, con toda su riqueza y abundancia, permiten que esto siga sucediendo. Me enfurece tanto. Algunas veces quiero matarlos", contestó la mujer.

"¿De qué otra forma reaccionas cuando crees en ese pensamiento?". - Preguntó Katie.

"Me siento impotente por completo. Pienso que debería hacer algo, pero no sé qué hacer. A veces no puedo soportarlo", dijo la mujer, dominada por la emoción.

Katie le preguntó: "¿Puedes pensar en algún motivo que te dé paz y tranquilidad para mantener el pensamiento doloroso y airado de que no debería haber niños muriéndose de hambre en el mundo?". - Luego, dirigiéndose al público, dijo: "No estamos hablando de aceptar ni de condonar el hambre que existe en el mundo. Estamos hablando de acabar con el sufrimiento en este planeta y lo logramos una persona a la vez, comenzando contigo.

Cuando cuestionas tu forma de pensar y encuentras lo que en realidad es verdadero para ti, tienes la claridad que te permite hacer algo para resolver el problema; si así lo decides, en vez de sentirte miserable pensando en él".

Katie dirigió la pregunta de nuevo a la mujer: "Entonces, querida, ¿puedes pensar en una razón que te dé paz y tranquilidad para aferrarte a este pensamiento doloroso y airado de que no debería haber niños muriéndose de hambre en el mundo?".

La mujer respondió: "No. No, no, ese pensamiento sólo me vuelve loca".

"¿Quién serías sin ese pensamiento?". - Preguntó Katie.

"Bueno, sería mucho más feliz. No estaría preocupada a toda hora. Me sentiría mucho mejor".

"Bien - dijo Katie -. Así que con el pensamiento, hay estrés. Y sin el pensamiento, serías mucho más feliz. Entonces no son los niños que mueren de hambre los que causan tu sufrimiento, es tu pensamiento acerca de ellos. ¿Puedes comprender esto, cariño?".

"Creo que sí", dijo la mujer.

"Y sin el pensamiento suenas como alguien que realmente está en condiciones de ayudar a resolver el problema. Ahora da la vuelta a ese pensamiento. ¿Cuál es el opuesto exacto de este pensamiento de que no debería haber niños que mueran de hambre en el mundo?".

"¿Debería haber niños que mueran de hambre en el mundo?". - Preguntó la mujer, dudosa.

"¿Puedes encontrar un ejemplo de cómo eso podría ser cierto?". - Preguntó Katie.

La mujer pensó durante un rato y dijo: "No".

Katie dijo: "Debería haber niños que mueran de hambre en el mundo; porque nos guste o no, los hay. Nuestros "debe" y "no debe" no tienen ningún efecto sobre la situación. Lo que es, es. He llegado a comprender que Dios es todo y Dios es bondad. Cuando somos capaces de amar lo que es, podemos dejar de torturarnos a nosotros mismos y actuar con libertad. El amor es acción. Es claro, es bondadoso, se da sin esfuerzo y es irresistible".

Katie se dirigió hacia la mujer y le pregunto: "¿Cuál podría ser otro giro, querida? Comenzar con: "Yo no debería..."

La mujer hizo una cara de extrañeza y luego dijo: "¿Yo no debería estar muriéndome de hambre?". Apenas formuló esta pregunta comenzó a sollozar.

Katie tomó a la mujer en sus brazos y la abrazó hasta que dejó de sollozar; luego le preguntó: "¿Qué pasa, cielo?".

La mujer contestó, entre lágrimas: "Soy anoréxica y acabo de darme cuenta de que esto es lo que he estado haciendo. Me he estado matando de hambre".

Katie le dijo en un tono amable: "Sí, cariño, es hora de que te alimentes a ti misma". Y dijo a la audiencia: - Esto es lo que hacemos. Tomamos los pensamientos que nos estresan y los proyectamos en el mundo. Cuando examines tus pensamientos, descubrirás que no se trata de nadie más. Se trata de uno mismo. Si tienes juicios sobre otra persona, escríbelos, cuestiónalos, y dales la vuelta. Sé tu propio maestro. Haz eso que quieres que ellos hagan. Si quieres que el mundo reciba alimento, comienza por alimentarte a ti misma".

Katie dio un abrazo a la mujer y dijo: "Gracias por tu valentía, cielo. Se necesita ser valiente para hacer este trabajo, para cuestionar lo que con tanta firmeza creemos que es cierto. Eres asombrosa. ¿Sabes lo que debes hacer ahora?".

"Si, Katie. Sé exactamente lo que debo hacer. Te agradezco mucho".

Como puedes imaginar, tanto Chris como yo nos sentimos profundamente conmovidos. Fuimos con Katie a la casa donde se estaba alojando y hablamos con ella sobre la oferta que me había hecho de ir a trabajar con ella. La experiencia de estar con

Katie había tocado a Chris de un modo tan profundo, que ambos terminamos trabajando para ella. Aunque le ayudé a Katie con la parte de *marketing*, lo gracioso es que nunca me mudé de California. Pero unos pocos meses después, Chris se mudó para trabajar con Katie en su casa de Manhattan Beach.

The Work - El Trabajo de Byron Katie es una de las herramientas más efectivas que hemos descubierto para destruir las creencias limitantes que tenemos. Katie ofrece *El Trabajo* sin costo alguno. De hecho, puedes ir al *sitio* en Internet de Katie, leer una explicación completa sobre el trabajo; escuchar grabaciones de audio en las que ella conduce personas a través de éste y después descargar una hoja de trabajo que te ayudará a realizar el procedimiento por ti mismo.

Al analizar los pensamientos que te hacen sentir miedo, que te hacen sentir despreciable, que te hacen sentir poco amable, descubrirás que algo nuevo crece dentro de ti: la confianza.

La velocidad a la que viajas por la autopista cósmica se relaciona de manera directa con tu habilidad para confiar en la benevolencia del universo. ¿Qué significa esto?

La vida está diseñada para brindarte alegría; para permitirte experimentar una realización siempre mayor. Y si estás diciendo: "Bueno, ese no es mi caso...". Entonces puede interesarte saber que este fue el tema en común de todos los santos que Janet entrevistó en su largo viaje alrededor de la India y Nepal. Y era muy evidente que hablaban por experiencia propia.

Entonces, ¿qué se necesita para que esto se convierta en tu propia experiencia?

Cambiar la mentalidad de lo que eliges experimentar en la vida.

¿Qué se siente mejor: creer que estás solo en la vida, que debes luchar y hacer un gran esfuerzo para avanzar, o creer que estás rodeado por un universo benévolo que constantemente hace regalos? ¿Qué se siente mejor: creer que la vida es dura, difícil y decepcionante, o creer que la vida es una aventura, una oportunidad para explorar nuestra verdadera naturaleza?

Construimos lo que creemos. A veces puede ser difícil cambiar creencias viejas. Por eso, hemos compartido contigo *El Trabajo* de Byron Katie.

Cuando comiences a buscar evidencias de que la vida es buena y noble, comenzarás a encontrarlas. Cuando comiences a buscar razones para creer que cada experiencia es una bendición, comenzarás a encontrarlas.

Conforme comiences a abrazar la idea de que la vida está aquí para tu alegría, de que cada momento es un regalo que te está señalando el camino hacia tu autorrealización, descubrirás la magia que surge en tu vida, tal como le sucedió a Julia Ghavami.

"En octubre de 2006, asistí a un seminario en el que Janet Attwood nos guió por el *Test* de la Pasión. En ese tiempo, estaba luchando porque mi matrimonio parecía estar desmoronándose. Al mismo tiempo, estaba buscando una fuente de ingresos, para mantenerme yo misma sin tener que dejar de educar a mis hijos en casa. Mi salud había estado sometida a mucho estrés durante varios años y me ponía a prueba a diario. Yo sabía lo que quería, pero no tenía idea de cómo alcanzarlo.

"Mientras estaba en el seminario haciendo el *Test* de la Pasión con Janet, escribiendo lo que realmente quería ver en mi vida, me di cuenta de que no estaba viviendo mis pasiones."

"Mis cinco pasiones principales eran:

1. Disfruto de una relación maravillosa con mi marido.
2. Educo a mis hijos en casa de manera eficaz.
3. Vivo llena de salud.
4. Tengo múltiples fuentes de ingresos.
5. Soy una conferencista y motivo a otras personas.

"Mi amiga me preguntó por qué no daba conferencias en público. Le dije que yo no había escrito ningún libro, así que a nadie le iba interesar escucharme. En ese momento, Janet dijo que podíamos volvernos facilitadores del *Test* de la Pasión y mi amiga me dijo: 'Ahí está tu libro'.

"Salí del evento enfocada de verdad en lo que amaba y supe por primera vez en mi vida que mis pasiones se revelarían ante mí. Todo, incluyendo la parte física, mental, espiritual y emocional se estaba conectando. Una transformación asombrosa se había llevado a cabo en mí. Me percaté de que no estaba viviendo la vida que quería, porque mi vida cotidiana me había hecho desviar mi foco de atención. Había estado sometida a enormes exigencias en muchísimas áreas de mi vida. Algunas cosas estaban alineadas con mis pasiones y otras no lo estaban. Necesitaba elegir a favor de mis pasiones y sabía que Dios se aseguraría de que todo diera frutos. En otras palabras: ¡Lo logré!

Soy facilitadora remunerada del Test de la Pasión

"Soy conferencista para otra compañía con la que he ganado más de cincuenta mil dólares en los últimos cuatro meses. También me están pagando por ayudar a otras personas con *BEST - Morter Health System´s Bionergetic Synchonization Technique -* que ha transformado mi salud en formas sorprendentes. Tengo múltiples fuentes de ingresos y soy conferencista y entrenadora motivacional."

"Mis hijos están recibiendo una educación fabulosa y más enfocada. Les contraté un tutor para esas áreas en las que yo les estaba ayudando. Más que saber que les está yendo mejor en sus tareas escolares, el centro de mi atención es el corazón de los dos hombres que estoy criando."

"Mis chicos también han hecho el *Test* de la Pasión. Les estoy ayudando a enfocarse en lo que quieren en sus vidas y les estoy enseñando a soñar posibilidades para su futuro y sus vidas cotidianas. Están motivados porque tienen algo por lo cual trabajar a futuro, incluso si esto cambia a diario. Con nueve y once años de edad, tienen una meta y una motivación para crear."

"Por último, no tenía idea de cómo salvar mi matrimonio. Había luchado durante años, me concentré en tratar de arreglarlo para que mis hijos pudieran crecer en un hogar con sus padres. Antes que mejorar, empeoró mucho. Un día, de repente, mi esposo se me acercó con palabras dulces y un corazón transformado, que cambió toda nuestra relación. Ahora nuestro matrimonio es maravilloso y amoroso, más fuerte que nunca. Espero pasar el resto de mi vida con él."

"He visto mi vida cambiar frente a mí. El *Test* de la Pasión me dio las herramientas para enfocarme en lo que en verdad quería en mi vida y para permanecer abierta a lo que Dios me presentara. Él me dio lo que en mi corazón realmente deseaba y lo que siempre tuvo designado para mí."

"Vives en un universo que está diseñado para brindarte felicidad total y una gran oportunidad de crecer - tan pronto como estés listo y abierto para recibirlo."

"Nunca sabrás de antemano cómo se te presentarán los regalos en la vida. Algunas de las adversidades más significantes pueden llegar a ser las mayores bendiciones. Pero hay algo con lo que puedes contar".

Cuando tu confianza de que las cosas marcharán bien crezca, la velocidad con la que lograrás concretar tus sueños aumentará considerablemente.

La confianza es fundamental. Es la clave para el éxito en los negocios, en las relaciones y en la vida. En la siguiente entrevista, Stephen M. R. Covey comparte algunos puntos muy prácticos acerca de cómo aumentar la confianza.

Stephen M. R. Covey

Stephen M. R. Covey fue el responsable de la estrategia que impulsó al libro de su padre, el Dr. Stephen Covey, Los siete hábitos de la gente altamente efectiva, *para convertirlo en uno de los dos libros de negocios más influyentes del siglo veinte, según la revista CEO.*

Como gerente general del Covey Leadership Center, convirtió a la compañía en la firma de desarrollo de liderazgo más grande del mundo. Mientras ocupó el cargo, las utilidades de Covey Leadership Center crecieron a 112 millones de dólares. Las ganancias se incrementaron doce veces durante ese mismo período. Cuando asumió el cargo, la compañía estaba evaluada en 2.4 millones de dólares. En tres años, había aumentado el valor para el accionista a 160 millones de dólares y había dirigido una fusión con Franklin Quest para crear Franklin Covey.

Ahora es el cofundador de su propia firma de consultoría, Covey Link, y es reconocido como una de las principales autoridades para crear organizaciones de alta confianza y alto desempeño. Su libro, La velocidad de la confianza, *representa una gran contribución en la comprensión de uno de los componentes claves de los individuos y organizaciones de alto desempeño.*

"Cuando estaba pensando en darle una nueva dirección a mi vida, mi padre me hizo un comentario breve, pero importante, que me puso a pensar. Me dijo: 'Stephen, es grandioso que quieras dedicarte a los bienes raíces. No hay nada de malo en ello. Es emocionante, divertido, lo haces bien. ¿Pero quieres pasarte el resto de la vida construyendo edificios o construyendo almas?'."

"Me parecía que no había nada de malo en construir edificios, es un trabajo emocionante, pero la oportunidad de poder influir sobre la gente, de ayudar realmente a los demás a crear y desarrollar su propio potencial y manifestarlo en sus vidas, era muy atrayente. Así que le dije: 'Quiero enfocarme en construir almas, en construir personas y en construir las organizaciones en las que éstas moran'."

"Tomé la decisión y corrí con ella muchos años y ayudé a convertir al *Covey Leadership Center* en la compañía de desarrollo de liderazgo más grande del mundo. Después de la fusión con *Franklin Quest* para formar *FranklinCovey*, permanecí en la nueva compañía y, luego, después de un tiempo, decidí que quería hacer algunas cosas nuevas."

"Así que emprendí diversos proyectos empresariales. De nuevo, todos estos eran muy emocionantes e interesantes, muy estimulantes intelectualmente, pero reconocí que después de haber experimentado el trabajo que había estado haciendo en el *Covey Leadership Center* durante tanto años, algo faltaba."

"Lo que me hacía falta era satisfacer todas mis necesidades. Quería que el trabajo que estaba haciendo tuviera importancia, que tuviera un gran efecto, que no se tratara sólo de hacer dinero, divertirme y desarrollar mis talentos. Todas estas cosas eran muy importantes para mí, pero también quería marcar la diferencia en la vida de la gente."

"Así que ha sido a través del aprendizaje a lo largo de mi vida que he logrado entender, seguir y llevar a cabo con entusiasmo lo que considero que son mis pasiones. Me pasé algún tiempo explorando alternativas, aun antes de *Covey*, pero luego me quedé ese largo período en *Covey* y fue magnífico. Estaba ansioso por intentar cosas nuevas. Sin embargo, mientras lo hacía, encontré que definitivamente necesitaba más variedad."

"Tenía que regresar a hacer algo que tuviera una dimensión espiritual: algún significado, algún propósito, alguna pasión. Mi pasión. Me di cuenta de que eso era vital. Al haber vivido la diferencia, tenía que regresar a lo que conocía, así que estoy de nuevo en el mundo de las ideas y de formas para ayudar a la gente."

"Durante los últimos diecisiete años, he estado involucrado a fondo con la idea de liberar el potencial humano, liberar el talento. No me he limitado sólo a hablar de ello. De hecho, he ayudado a construir algo y a hacer algo. Para mí se hizo muy claro, en ese tiempo, que la confianza es la forma más elevada de motivación humana. Proporciona un tipo de motivación que es diferente a todo lo demás.

"Comencé a reconocer esto al mirar en retrospectiva algunas de las batallas iniciales que tuvimos en el *Covey Leadership Center*. Nuestro problema no era si teníamos o no una buena idea en el mercado. La teníamos. También teníamos mucho encanto y atracción por parte del cliente hacia lo que estábamos haciendo, pero estábamos perdiendo mucho valor al no construir una organización que tuviera confianza en todas sus relaciones.

"Teníamos confianza con nuestros participantes claves, pero aún no habíamos construido una organización que tuviera el nivel de confianza que precisábamos. Me topé con una gran cita de Francis Fukuyama, que tuvo un gran impacto en mí. Generó en mí una pasión por este tema. La cita era: 'La desconfianza ampliamente difundida en una sociedad (...) impone una clase de impuestos en todas las formas de actividad económica, un impuesto que la alta sociedad no tiene que pagar'."

"Comencé a pensar: 'Bueno, no sólo ocurre en una sociedad, la desconfianza ampliamente difundida en una organización impone un impuesto en todo'. La desconfianza generalizada en una relación impone un impuesto en todas las actividades que las organizaciones de alta confianza y las relaciones de alta confianza no tienen que pagar. Aunque nuestro nivel de confianza no era tan bajo porque contábamos con personas maravillosas y estábamos haciendo cosas buenas; sin embargo, sentíamos que existía un área de oportunidad. Estábamos pagando un impuesto y cualquier impuesto era demasiado.

"Así que comencé a enfocarme en cómo eliminar este impuesto que impone la baja confianza y en su lugar generar lo opuesto, es decir, un dividendo. El concepto principal es que el nivel de confianza afecta todo lo que nos rodea en nuestras organizaciones y en nuestras relaciones. Comencé a prestarle más atención y energía y logré observar que la confianza es un concepto poco explorado y comprendido, tanto en los negocios como en la vida; y que puede tener un profundo impacto."

"Por ejemplo, miremos la tragedia que aconteció a Estados Unidos hace unos años, con los hechos del 9/11, cuando se llevaron a cabo actos terroristas horribles. Después del 9/11, el nivel de confianza en todo nuestro sistema de transporte aéreo, el sistema de aerolíneas en los Estados Unidos, disminuyó bastante, porque la gente comenzó a preocuparse por la seguridad al viajar."

"Eran las dos cosas: 'Hay gente allá afuera que nos va a atacar' (los terroristas tienen sus planes y... '¿Estará preparado nuestro sistema para atraparlos? ¿Es confiable? ¿Es capaz de detectar esto?'. Así que el nivel de confianza disminuyó."

"La confianza siempre afecta dos cosas. Ya sea que se trate de baja confianza o alta confianza, afecta dos cosas. Estas son: velocidad y costo. Cuando el nivel de confianza disminuye, se genera un impuesto. El impuesto se presenta como una menor velocidad de respuesta (las cosas tardan más) y en un costo más elevado (las cosas cuestan más)."

"Lo ilustraré de esta manera. Warren Buffet, el gerente general de Berkshire Hathaway, es bien conocido. Cada año redacta una carta de gestión que adjunta en su informe anual. Estas cartas son muy estudiadas en las escuelas de administración en el país y en el mundo."

"Hace algún tiempo, en su carta de gestión, habló sobre la gran adquisición de la compañía de distribución McLane, de Wal-Mart."

"Bien, Berkshire Hathaway es pública al igual que Wal-Mart; son dos empresas públicas que cotizan en bolsa. Cumplen todos los requisitos del mercado público, todo el escrutinio, etc. Pero esta negociación se llevó a cabo en una reunión de dos horas, y luego, veintinueve días más tarde, Berkshire Hathaway entregó el dinero a Wal-Mart; fue una transacción de 23 mil millones de dólares."

"Berkshire Hathaway no hizo ninguna averiguación previa y Warren Buffet dijo: 'En esencia, confié en Wal-Mart, confié en las personas con las que trabajaba. Supe que todo iba a estar en el orden, tal como dijeron que estaría y así fue.

"En la mayoría de las fusiones de esta magnitud, toma varios meses - seis, ocho, diez o doce meses - para cerrar la negociación. Participan ejércitos y equipos de contadores, contadores públicos certificados, abogados, etc., que hacen todo tipo de averiguaciones para verificar y validar todo. Cuesta mucho dinero y consume mucho tiempo."

"Pero la idea de ir a la velocidad de la confianza se refiere literalmente tanto a la velocidad en términos del tiempo real en el que se pueden hacer las cosas y también a la velocidad como metáfora, es decir, los abundantes beneficios, resultados y dividendos: los frutos de la alta confianza, la velocidad a la que uno se puede mover y los beneficios que se producen. En este caso, se pudo realizar la negociación de principio a fin en veintinueve días a partir de una reunión de dos horas, porque existía una alta confianza en la relación entre los altos directivos de estas empresas."

"Que habilidad tan asombrosa para moverse y, además, con rapidez. En las relaciones de baja confianza, la cantidad de tiempo y de energía que se desperdicia y que se gasta en otros intereses es extraordinaria. Esto es lo característico de la baja confianza, mientras que con la alta confianza ocurre lo opuesto. Las cosas son abiertas, están sobre la mesa, no hay agenda o intereses ocultos. Hay transparencia y uno se puede mover a una velocidad extraordinaria."

"La confianza tiene un profundo impacto sobre nuestras misiones y destinos porque vivimos en un mundo interdependiente e interconectado. No me refiero solo a estar conectados en línea ni al hecho de que es un mundo conectado en el que todos estamos conectados de esa manera. Me refiero a que todos estamos interconectados y que cualquier cosa que hacemos y que cualquier cosa que sucede nos afecta a todos y a todo."

"Es un ecosistema: es muy interdependiente y hay muy poco que está realmente aislado. Es una economía global y los cambios que acontecen en la India afectan a los Estados Unidos y viceversa y lo mismo en todo el mundo. En este mundo interdependiente, es de gran importancia trabajar con múltiples personas y partes interesadas. Al hablar de partes interesadas me refiero a aquellos que tienen un interés particular en tu éxito, lo que haces y lo que te mueve. Estos son clientes, inversionistas, proveedores, accionistas, empleados, personas influyentes, personas con las que trabaja y personas sobre quienes quieres influir."

"Las relaciones son el corazón de la interdependencia. La confianza es realmente la clave, el pegamento que hace que las relaciones funcionen. Aumenta la velocidad y disminuye el costo y el tiempo, una y otra vez. Las relaciones son el corazón de este mundo interdependiente en el que vivimos y la realidad es que todos vivimos en este mundo."

"En la mayoría de los casos de personas que están tratando de vivir y expresar su propia voz, no lo hacen como una expresión aislada. Tal vez desean impactar, afectar, colaborar o influir de alguna forma o en algún aspecto en la vida de otras personas y la clave para esta interdependencia está en las relaciones. La clave para cualquier relación es la confianza, construir relaciones a la velocidad de la confianza y mantenerlas así."

"Carl Rogers decía: 'Todo aquello que es más personal es más genérico'. Todos nosotros hemos tenido la experiencia de relaciones que sentimos están rodeadas de baja confianza y relaciones que están llenas de alta confianza. Todos las conocemos y sabemos que esto aplica indiscriminadamente a todos los diferentes aspectos de nuestra vida. Lo captamos. Una vez que hemos logrado formularlo de esta manera, podemos decir: 'Entiendo. Ahora ayúdenme a mejorarlo."

"El proceso para construir confianza es interesante, pero comienza con uno mismo, con lo que yo denomino autoconfianza y con tu propia credibilidad, tu propia integridad. Si lo piensas, es difícil desarrollar confianza con los demás, si uno no puede confiar en sí mismo. La integridad es en realidad la base sobre la cual se construyen las relaciones y la confianza."

"Denomino a esto autoconfianza, construir la credibilidad individual. Básicamente hay dos dimensiones que deben considerarse con respecto a la forma cómo funcionan la confianza y la credibilidad individual. Primero, está la del carácter; segundo, está la de la competencia. Ambas son vitales para construir la confianza con los demás. Ambas son vitales para construir la autoconfianza."

"El carácter, en relación con la confianza, es la dimensión que más entendemos. Cuando pensamos en la confianza, casi todos nosotros la ponemos en los términos más "suaves" del carácter. Eso incluye nuestra integridad y cosas similares. Esto es tremendamente importante, el componente del carácter es vital porque la integridad es necesaria para que otros confíen en nosotros y también para confiar en nosotros mismos."

"También necesitamos tener competencia, si lo piensas; no confiamos en alguien si no es competente para entregar resultados. Podemos confiar en la bondad y en el carácter de esa persona, pero no confiaríamos en ella para que ejecute una labor."

"Mi esposa confía en mí. La amo, soy honesto con ella y ella conmigo. Hace poco tuvo que someterse a una cirugía. ¿Y saben qué? Por más confianza que tengamos el uno en el otro, ella no me pidió que le practicara la cirugía. ¡Y el porqué es obvio! No soy médico. No tengo ninguna competencia en medicina, por eso no tiene confianza en mí en esa área; sin embargo, sí confía en mí para tener una familia."

"Así que tanto el carácter como la competencia son vitales; y lo que quieres lograr determina lo que necesitas hacer. El carácter es una constante y la competencia que se requiere está íntimamente ligada a la tarea, el empleo o en la situación. Sin embargo, ambas son vitales."

"Es en nuestros hogares y con nuestras familias en donde primero aprendemos a confiar. Comenzamos con una comprensión básica e implícita y luego, normalmente de niños, entregamos nuestra confianza con relativa facilidad."

"Tuve la gran fortuna de crecer en un hogar en el que tanto mi padre como mi madre eran grandes modelos de esto. No sólo nos enseñaron a ser íntegros, a marcar la diferencia y hacer una contribución en la vida, sino que la forma como interactuaron con nosotros en efecto nos ayudó a construir confianza."

"Una historia conocida, para aquellos de ustedes que hayan leído el libro de mi padre, *Los siete hábitos de la gente altamente efectiva*, es la de 'verde y limpio'. Es la historia de cuando de chico mi padre me enseñó a cuidar el césped y a comprobar que el jardín quedara verde y limpio (yo tenía más o menos siete años de edad)."

"Ese era mi trabajo. Podía hacerlo como yo quisiera. Mi padre me recomendó que podía abrir los aspersores porque eso me ayudaría, pero me dijo: 'Si quieres usar sólo cubos de agua para regar el césped, también puedes hacerlo'. Me enseñó que el fin era lograr los resultados."

"El resultado en este caso era un césped verde y limpio. Yo era responsable de decidir qué hacer para lograrlo, aunque él me dio algunas buenas ideas sobre cómo lo podía hacer. En ese tiempo, yo era muy joven. Mi padre utiliza esta historia como ejemplo de cómo estaba enseñando a delegar la administración y como estaba delegando los resultados y la responsabilidad. Y es verdad, esto era delegación de la administración."

"Mi padre también hablaba de esto destacando de que era un acuerdo de beneficio mutuo: me estaba enseñando que si hacía esto, yo tendría una ganancia, y él también la tendría; así era un acuerdo de beneficio mutuo, ganar-ganar."

"¿Saben qué? Lo que recuerdo, porque sólo tenía siete años, es que sentí que confiaban en mí. Sentía que mi padre me estaba brindando su confianza para que yo cuidara el césped. Era demasiado joven para pensar en el dinero. Eso no me motivaba."

"Lo que me motivaba era que no quería decepcionar a mi padre. Quería hacerlo bien. Quería demostrarle que era capaz y responsable para hacer lo que él pensaba que estaba haciendo. Lo que me estaba dando era la responsabilidad de cuidar algo. Sentía su confianza. Eso me motivó. El me dio su confianza. Esto me inspiró y forjó en mí un sentido de responsabilidad, de obligación y de integridad que ha permanecido conmigo a lo largo de mi vida. Ahora estoy tratando de transmitírselo a mis hijos."

"Sin lugar a duda, aprendemos esto en casa. Aprendemos las dimensiones y las características de la confianza, cómo brindar nuestra confianza, cómo hacer crecer esta confianza y cómo ser un buen modelo de confianza. Ser un buen modelo es muy importante."

"El ejemplo viene primero, luego la relación, luego la enseñanza, porque el ejemplo se ve, la relación se siente y la enseñanza se escucha. La gente tiende a no escuchar hasta no ver y sentir y eso fue lo que me ocurrió a mí. Vi y sentí en mi hogar. Y lo que estaba viendo y sintiendo, me permitió escuchar."

"Hay toda una mentalidad con la que abordamos los negocios y la vida y es: '¿Puedo confiar o no en otras personas?'. Y: '¿Quiero confiar o no en otras personas?'. La gente quiere que confíen en ella. Eso saca lo mejor de ellas. Y es una forma extraordinaria de motivación."

"Cuando una persona siente que no confían en ella, cuando siente que el jefe no confía en ella, se siente desmotivada y desanimada. Entonces está más propensa a marcharse y a hacer otras cosas. Esto no hace surgir lo mejor de ella en lo absoluto. No hace que surjan su pasión, ni sus talentos, ni su creatividad."

"Es muy importante tener el deseo y el propósito de construir confianza con otras personas. Simplemente no hay que adelantarse, ofreciendo una confianza excesiva, que quizá supere el carácter o la competencia del otro."

"Los negocios marchan mejor cuando uno libera a las personas, sus talentos y sus capacidades. Recuerdo a Robert Galvin Jr., que reemplazó a su padre como gerente general de Motorola. Desempeñó una gran labor y cuenta: 'La gente me pregunta cómo tuve el interés y el fervor para quedarme ahí y hacer lo que he hecho'. Yo les respondo: 'Porque mi padre me trató con una disciplina muy estricta. El confió en mí. Yo confío en otras personas y ellas hacen su trabajo'."

"Así es que, la idea central es que la confianza es una excelente manera de motivar, de liberar talento, energía, pasión y de liberar tu propia energía y pasión al recibir confianza y al brindársela a los demás."

"Sólo asegúrate de hacerlo con sabiduría y comprendiendo el carácter y la competencia. Tienes que hacer que encajen. ¿Qué competencia se necesita para desempeñar la tarea o actividad?"

"Necesitas primero comenzar contigo mismo y que la gente crea en ti; enfocarte en tu carácter y en tus competencias. Aprende a interactuar con la gente, en formas que aumenten el nivel de confianza dentro de tus relaciones, y aprende cómo evitar hacer cosas que la destruyan."

"Permíteme darte dos ejemplos muy simples que cualquiera puede aplicar hoy mismo, esta noche o mañana. Estas son dos cosas que puedes comenzar inmediatamente para aumentar el nivel de confianza dentro de una relación. La primera es para crear más transparencia en cualquier relación. Y al decir transparencia, me refiero a apertura. Significa decir la verdad, de modo que las otras personas la puedan validar y verificar."

"Lo opuesto a ser transparente es tener una agenda oculta, pues al tener un fin oculto, no estás siendo abierto. Tienes algo oculto y en la mayoría de los casos la gente puede percibirlo; lo sienten. No saben qué es, pero sí desconfían de lo que haces, porque se cuestionan cuál es tu verdadera intención o motivo."

"En lugar de eso, sé transparente. Sé abierto. 'Esto es lo que estoy intentando hacer. Este es el porqué'. Las compañías que hacen esto y los líderes que hacen esto, logran mejores resultados. Las personas que hacen esto en sus relaciones también obtienen mejores resultados porque esto pone las cosas al descubierto y ellos se dan cuenta: Esta es tu agenda. Todas las cartas están sobre la mesa'. Permanecen abiertos y son claros."

"Recientemente, ha surgido un gran reto para algunas instituciones de beneficencia en las que la gente se está preguntando: '¿Qué están haciendo con nuestro dinero?'. Si la gente va a donar dinero a instituciones de beneficencia, no puede perder esa confianza. La mejor manera de conservarla es siendo totalmente transparente: abrir los libros y mostrar lo que se está haciendo con el dinero. Si la gente se está cuestionando lo que estás haciendo, ábrete."

"Asegúrate que seas digno de su confianza, utilizando bien el dinero. Pero si hay poca confianza, acuérdate que las personas no confían en lo que no ven. Así que déjalos ver, ábrelo todo. Conozco a muchas empresas que han abierto sus libros financieros y han permitido que la gente vea sus estados financieros, porque el mismo hecho de hacerlo es una gran demostración de confianza."

"Necesitas aplicar esto a tu propia situación. Si estás tratando de construir confianza dentro de una relación particular, pregúntate: ¿Cómo puedo ser más abierto, más transparente para que los otros puedan ver lo que en realidad estoy tratando de hacer, para que comprendan mi intención y mi móvil? En el proceso de hacer esto, te retas a ti mismo, porque quizás no estés siendo abierto. Tal vez tienes una agenda escondida. Y si la tienes, no vas a poder construir confianza. La gente lo va a percibir. Mejor, sé abierto, sé claro, sé transparente, y te sorprenderá el impacto inmediato que esto puede tener."

"Permíteme darte un segundo ejemplo. Puedes encarar tus problemas directamente. Enfrentarte a la realidad. Enfrentar tus problemas cara a cara. Aún esas cosas que se consideran indiscutibles: Porque lo que a menudo ocurre es que eludimos asuntos importantes. Los evitamos, les huimos, especialmente cuando somos líderes dentro de una compañía o un equipo."

"Las cosas que todos dicen, pero que como equipo no deseamos discutir, son las cosas indiscutibles. Sin embargo, todos hablan de ellos tras bambalinas. Ignorarlo, solo disminuye el nivel de confianza porque significa una de dos cosas: o no estás siendo abierto y honesto con la gente, lo cual es NO ser transparente, o no tienes ni la más mínima idea y no comprendes lo que está sucediendo. Tampoco es bueno."

"Entonces, ¿cuál es? Ambas son malas. En lugar de ignorarlo y sacarle la vuelta, toma el toro por los cuernos y dale la cara. Di: 'Entiendo que tenemos estos problemas. Vamos a discutirlo'. Porque, de todos modos se está discutiendo, contigo o sin ti. Por qué no hacer que sea contigo."

"Se me presentó un problema, después de la fusión de Franklin y Covey. Teníamos un grupo en el que estábamos batallando mucho para construir confianza. Todas las fusiones son difíciles; en nuestro caso los involucrados sintieron desconfianza y nosotros también. Ahí estaba yo, el presidente de esta unidad, intentando construir una base de confianza. Tenía una reunión con un equipo de consultores internos en la que se suponía que hablaríamos de estrategias."

"¿Sabes qué? Podía ver y sentir que en realidad nadie quería hablar de estrategia. Querían hablar sobre una serie de problemas derivados de la fusión que estaban dividiendo la cultura corporativa y dividiéndonos en nuestro intento por unir a las dos compañías. Pensé, puedo hablar de estrategia, no correr riesgos y probablemente no llegaríamos a ninguna parte. O podía destapar todo el problema y preguntar: '¿En realidad, de qué quieren hablar? Sabía que querían hablar de estas cosas y yo podría hacer que se sintieran más seguros iniciando la conversación con algunos de estos problemas."

"Lo hice. Lo destapé y dije: 'En base a algunas conversaciones, percibo que algunos de ustedes en realidad quisieran hablar sobre el proceso de integración. ¿Quién está tomando las decisiones? ¿Qué filosofía está predominando? ¿De qué manera vamos a llevar a cabo esto? ¿Qué instalaciones vamos a conservar y cuáles no? ¿Estoy en lo cierto?'."

"Todos dijeron: '¡Sí! Realmente quisiéramos hablar de eso'. Entonces, se abrieron y comenzaron a formular preguntas bastante difíciles. En vez de evitarlas, las enfrenté. El resultado es que al final se me acercaron varias personas y me dijeron: '¿Sabes qué? Logramos construir más confianza en un solo día que en todo el año anterior. Te agradecemos el haber sido abierto y honesto y haber enfrentado estos asuntos'."

"Yo no tenía respuestas para todo y no me estoy poniendo como un ejemplo. Batallé también, pero he aprendido que crear transparencia y enfrentar la realidad son dos cosas rápidas y sencillas que cualquiera de nosotros puede hacer para aumentar la confianza en las relaciones con nuestros equipos y organizaciones."

"Me entusiasma el trabajo que estoy realizando sobre confianza; estoy construyendo lo que denomino una 'práctica de confianza'. La idea consiste en enfocarte a ayudar a las personas y a las organizaciones a construir confianza, crear confianza y hacer crecer la confianza en todas las personas involucradas, para mejorar los resultados en sus negocios y en su vida personal. Parte de esto incluye mi libro *La velocidad de la confianza*."

"Este asunto va mucho más allá que simplemente negocios. Son las relaciones y tantas cosas más. Es liderazgo a la velocidad de la confianza. Esto me ha emocionado. Estoy asumiendo un tema que ha sido muy malinterpretado y casi satanizado por algunos. Hay muchos mitos alrededor de la confianza."

"Es visto como algo blando, lento, y nebuloso. Esta semana vi algo que decía: '¿Se puede enseñar la confianza?'. Mi respuesta es un rotundo: ¡Claro que sí! La confianza se puede enseñar, se puede aprender, se puede implementar, se puede cultivar, se puede medir, se puede aplicar en una organización y puede y debe ser un objetivo declarado en toda relación y en toda organización."

"Está ahí, estés consciente de ello o no. Tienes confianza o no la tienes. Si la tienes, lo verás en la velocidad y en el costo. Si el nivel de confianza es bajo, pagarás un precio, pagarás un impuesto que se manifiesta en velocidad y costo; y está sucediendo, lo creas o no."

"Es inevitable que un bajo nivel de confianza define una baja velocidad y un alto costo."

"La última idea o reflexión que quisiera dejar con tus lectores, es simplemente esto: pronostico que la habilidad para crear, cultivar, extender y restaurar confianza con todas las partes involucradas, se convertirá en la competencia más importante de liderazgo del siglo veintiuno. Y lo digo en serio: será mucho más que estrategia, más que visión y más que todas las demás cosas."

"La razón por la que afirmo esto - decir que la habilidad para crear, cultivar, extender y restaurar confianza en todas las partes involucradas será la competencia más importante de liderazgo es una predicción bastante atrevida- es que estamos en una economía de gestores del conocimiento, en la que las relaciones son fundamentales. Poca confianza se encuentra en cada rincón de nuestra sociedad y de nuestras organizaciones. Nos rodea por completo."

"Esta baja confianza genera un alto costo, que se manifiesta tanto en la velocidad como en el costo; y el nivel de confianza afecta todo lo que hacemos. Afecta nuestra estrategia, nuestro desempeño, nuestro nivel de innovación y nuestra comunicación. Todos los aspectos de una empresa y de una relación se ven afectados por la ausencia o por la presencia de confianza."

"Por lo tanto, conforme incrementemos la confianza en nuestras organizaciones y nuestras relaciones, viviremos ese efecto multiplicador que aumenta lo que estamos haciendo en lugar de gravarlo, que incrementa la comunicación en lugar de reducirla, que incrementa nuestra habilidad para ejecutar en lugar de disminuirla; y que afecta cada dimensión y cada aspecto de esto."

"Comienza creando relaciones en las que exista más confianza. Ahora mismo, esta noche, mañana. Elige a una persona y sé más transparente con ella. Elige ser abierto en una situación en la que quizás no lo hayas sido antes. Hazlo con una persona con la que ya tengas una relación cercana, para que no te genere demasiado temor. Elige una situación para crear más transparencia."

"Después, escoge un asunto que por lo general no discutirías con alguien abiertamente. Quizás sea uno de esos problemas indiscutibles. Ponlo en discusión y observa cuales son los resultados."

"Estas son dos cosas que puedes hacer de inmediato en cualquier relación, utilizando tu juicio para decidir como mejor aplicarlas. He aquí una tercera: adquiere un compromiso y cúmplelo. Adquiere un compromiso con otra persona y cúmplelo y haz otro y cúmplelo. Así no sólo construirás confianza en ti mismo, sino que también construirás confianza con los demás. Entiende que cuando adquieres un compromiso, construyes esperanza. Cuando cumples un compromiso, construyes confianza. De manera que adquirir y cumplir compromisos es otra forma inmediata de comenzar a incrementar la confianza dentro de una relación".

¿Cuáles fueron las lecciones claves que aprendiste dentro de esta entrevista respecto a vivir tu pasión?

1. La confianza es la forma más elevada de motivación humana.

2. La desconfianza impone un impuesto. Las relaciones y organizaciones de alta confianza gozan de un dividendo.

3. La confianza siempre afecta dos medidas: la velocidad y el costo. Cuando la confianza baja, las cosas tardan más y cuestan más. Cuando la confianza sube, las cosas ocurren más rápido y a un menor costo.

4. Buscamos vivir nuestras pasiones y llevar a cabo nuestro destino, pero no lo hacemos en forma aislada. Las relaciones son esenciales para poder cumplir nuestro destino personal. La confianza es fundamental en cualquier relación.

5. El proceso de construir confianza comienza con uno mismo, con la credibilidad propia, la fiabilidad propia. Es difícil establecer la confianza con los demás si no puedes confiar en ti mismo.

6. Existen dos dimensiones para construir la confianza: el carácter y la competencia. Ambas son vitales para construir la confianza.

7. Cuando damos a otros nuestra confianza, les damos la oportunidad de probarse a sí mismos que son dignos de confianza.

8. Primero hay que imitar la confianza a partir del ejemplo que se nos dé; luego hay que construirla en las relaciones y después hay que enseñarla.

9. La construcción de la confianza se da en el transcurso del tiempo, con niveles más altos de confianza en cada estadio de una relación.

10. Las personas dan lo mejor de sí mismas cuando sienten que

confían en ellas.

11. Es importante buscar construir confianza con los demás. Simplemente no se adelante ofreciendo una confianza excesiva, que supere el carácter y la competencia del otro.

12. Hay dos formas de aumentar la confianza dentro de una relación: crear más transparencia y encarar los problemas.

13. La confianza debería ser un objetivo explícito en todas las relaciones y en todas las organizaciones.

Tarea:

- Escoge a una persona y decide ser más transparente con ella.

- Selecciona un asunto que por lo general no discutirías abiertamente y discútelo con alguien cercano.

- Adquiere un compromiso con otra persona y cúmplelo; luego adquiere otro y cúmplelo.

LA DICHA ABSOLUTA SIEMPRE ESTÁ AHÍ

"Cuando una persona es profundamente feliz, lleva consigo un sentido de propósito dondequiera que va, cualquiera sea la situación en la que se halle. Incluso si le está cambiando el aceite al auto, le da a esto un alegre sentido de propósito."

Marci Shimoff

"Mi nombre es Nicole McCance. Tengo veintiséis años de edad, soy de Toronto. Cuando tenía dieciocho años vivía con mi madre en un tráiler; mi padre acababa de morir. No tenía dinero, ningún apoyo, y no sabía que dirección tomar."

"Pero tenía buenas notas. Durante los siguientes ocho años, completé mi educación universitaria, me gradué y me convertí en la psicoterapeuta más joven de Toronto. Construí en forma rápida una práctica privada muy exitosa y he tenido la fortuna de disfrutar de mucho éxito profesional y personal, pero aún faltaba algo."

"En otoño de 2006, Janet Attwood vino a Toronto e hice el *Test* de la Pasión. Cuando estaba escribiendo mis pasiones, todos mis sueños y esperanzas de los años pasados se condensaron en una sola oración: 'Soy una líder transformacional famosa que motiva a la humanidad'. El solo hecho de escribir esto plasmó una enorme sonrisa en mi rostro. En la medida en que aclaraba mis cinco pasiones principales, me di cuenta de lo importante que era para mí 'viajar por el mundo', pero aún no lo estaba viviendo."

"En ese momento, descubrí que aunque he disfrutado de mucho éxito, mi propósito más profundo todavía no se había realizado. Aunque me encanta trabajar con mis clientes de un modo personalizado, mi deseo es marcar la diferencia en el mundo, inspirando a cientos de personas a la vez para que despierten a su propia grandeza. El *Test* de la Pasión me mostró una parte nueva de mí y la presentación de Janet me dio el valor para seguir mi corazón."

"Janet nos decía una y otra vez que el cómo no importaba. Dijo que el propósito se desarrolla de un modo natural, siempre y cuando continuemos escogiendo a favor de nuestras pasiones. De manera consciente, me propuse encontrar a las personas indicadas para poner en marcha mis pasiones, sin tener idea de cómo ocurriría esto."

"Nueve días después, fui a un seminario. Llegué y había cientos de personas haciendo fila para entrar al salón del seminario. Dos hombres de mi edad, llamados Kristian y Ali, estaban en la fila, delante de mí. Conversamos y luego rápidamente nos dispersamos para tomar nuestros asientos en el gran auditorio. No pensé más en este breve encuentro."

"Al día siguiente, me encontré otra vez con Kristian y Ali. Hablamos un poco más y supe algo más sobre ellos. Al mediodía, estaba a punto de almorzar con una nueva amiga del seminario, cuando tuve la sensación de que debería volver a entrar para ver si había alguien más que quería ir a almorzar con nosotras. Me paré allí un momento, cuando alguien me llamó. Era Ali. En mi interior, escuché la voz de Janet que decía: 'No hay errores en el universo'."

"Resultó que Kristian y Ali estaban terminando sus estudios para graduarse como quiroprácticos. Mientras nos comíamos la ensalada, me hablaron sobre el viaje de ciclismo que habían hecho por Canadá en el verano de 2005. Habían visitado los Boys and Girls Clubs, para difundir un mensaje sobre el bienestar."

"Me hablaron sobre su sueño, de organizar para el verano de 2007 un viaje en bicicleta desde Los Ángeles hasta la ciudad de Nueva York, y en la ruta ir montando a la par eventos que motivaran a cientos de jóvenes. Estaban buscando a tres personas que se les unieran. Kristian y Ali se fueron animando en la medida en que compartían su sueño de motivar a los seres humanos y simultáneamente vivir una aventura de diez semanas en bicicleta por el país."

"Al escucharlos, me sentía cada vez más emocionada. Estos dos extraños me estaban entregando mis dos pasiones principales."

"Me salió preguntar: '¿Puedo acompañarlos?'. Al mismo tiempo, mi ego estaba gritando que no me había subido a una bicicleta desde que estaban de moda los banderines color rosa, que tenía un consultorio privado que atender, pero cada parte de mi ser estaba diciendo ¡sí! Mientras todos estos pensamientos cruzaban por mi cabeza, recordé las instrucciones de Janet:"

"Cada vez que te enfrentes a una elección, decisión u oportunidad, elige a favor de tus pasiones."

"Ese día elegí seguir mis pasiones. Ali y Kristian estaban encantados al ver mi emoción, pero el nuevo camino aún necesitaba dos ciclistas más."

"Al día siguiente, invité a mis nuevos amigos a una fiesta organizada por Jack Canfield, llamada 'Vengan como serán en el 2011'. Llevé a mi amiga Christy. Ali y Christian llevaron a un amigo llamado Shah. Fue una noche mágica."

"Cada uno de nosotros apareció como la persona que sería en cinco años. Hablamos de nuestras pasiones y sueños. No pasó mucho tiempo antes de que todos lo supiéramos. Este era nuestro equipo de ciclismo. Nos bautizamos 'El equipo del sueño', con la intención de hacer realidad nuestros propios sueños y los de los demás."

"Hablé a mis nuevos amigos sobre el *Test* de la Pasión y del profundo efecto que había tenido en mí. Todos lo hicieron y les encantó. Compartíamos la pasión de motivar al mundo y fijamos nuestros marcadores para atraer la ayuda que necesitábamos para hacer realidad nuestro sueño."

"Nos reuníamos mañana y tarde para hacer planes. Luego, un día temprano se me vino una idea a la cabeza: ¿Por qué no llevar el *Test* de la Pasión de paseo para ayudar a la juventud de los Estados Unidos aclarar su propósito y su destino?"

"Hablé con los integrantes de mi equipo y les encantó la idea. Una conocida, que había hecho arreglos para que Janet hablara a un grupo grande en Toronto, me dio el teléfono de ella. Llamé a Janet y le pregunté que si los cinco podíamos cenar con ella cuando estuviera en la ciudad. Teníamos que contarle algo muy emocionante."

"Cuando llegó el día, no podíamos esperar. Le contamos a Janet nuestra idea y su reacción inmediata fue: '¡Por supuesto! Y creo que podemos aprovecharlo aún más'. A la mañana siguiente, Janet nos puso en contacto con Colleen Adams, el director de eventos de Perry Ellis y nos pusimos en camino."

"Entre todo el equipo decidimos nombrar el recorrido de ciclismo 'Desatemos a los Estados Unidos'. Después de hablar con Janet, ella sugirió que le agregáramos la palabra pasión y todos estuvimos de acuerdo. '¡Desatemos la pasión de Estados Unidos' nació! Como hemos ido aplicando los principios del *Test de la Pasión*, cada uno de nosotros ha buscado muy dentro de sí y hemos descubierto cosas sobre nosotros mismos que nunca antes habíamos enfrentado por completo."

"Descubrimos que cada uno de nosotros había tenido experiencias traumáticas inconcebibles. Mientras hablamos, nos dimos cuenta de que estas experiencias nos permitían conectarnos con los chicos para mostrarles lo que es posible, de maneras que nunca habían sido posibles. Con todo esto, nos queda claro que cada momento es realmente un regalo y que el regalo aparece justo cuando lo necesitamos."

"Conforme las cosas se han ido desarrollando, hemos recibido muchísimo apoyo. Colleen Adams agregó su propia pasión de transformar las vidas de jóvenes en centros de detención. Mientras cruzamos los Estados unidos en bicicleta, guiando a los chicos de los Boys and Girls Clubs a través del *Test de la Pasión*, Janet y Colleen se reunirán con nosotros en cinco ciudades para presentar el *test* en centros de detención juveniles."

"Nuestro recorrido está siendo patrocinado ahora por la *Learning Forum Foundation*, una organización educativa sin fines de lucro, creada por Bobi DePorter, cofundador del famoso programa *SuperCamp*. Jay Abraham, uno de los líderes mundiales en mercadeo, está ayudándonos con la planeación. Marci Shimoff y Lisa Nichols, ambas estrellas de *El Secreto* y autoras de la serie *Sopa de Pollo Para el Alma*, que han encabezado las listas de éxitos editoriales, se han unido a nuestra junta directiva. El Dr. Ted Morter, de *Morter Health Systems*, también nos está ayudando. Además la gente a lo largo y ancho de los Estados Unidos nos ha brindado un apoyo increíble."

"Nuestra historia no ha terminado; sin embargo, el proceso de crearla y planearla nos ha transformado. En el equipo, los cinco nos hemos acercado mucho. Nos cuidamos y nos apoyamos unos a otros y valoro mucho esto. Y el poder de una meta compartida ha energizado por completo nuestras vidas. Estoy ansiosa por ver los resultados y ya, gracias al *Test* de la Pasión, sé lo que significa vivir una vida apasionada, llena de emoción".

Disfrutando el viaje

Marci Shimoff ha encabezado varias veces las listas del *New York Times* como una de las autoras más vendidas. Su libro más reciente, *Happy for no Reason (Feliz sin motivo)*, nos comparte pensamientos profundos sobre la experiencia más deseada y escurridiza, la felicidad. Nos sentamos con Marci y le preguntamos qué se necesita para ser feliz; compartiremos esto dentro de poco, pero primero hablemos sobre su propia experiencia de felicidad.

¿Qué es lo que produce la verdadera felicidad? ¿Cuándo has sentido felicidad en tu vida? Mucha gente asocia la felicidad con el logro. "Seré feliz cuando me den un ascenso, gane más dinero y encuentre mi alma gemela".

¿Conoces a personas que están completamente orientadas a metas y resultados y que han logrado mucho en la vida, pero que no parecen estar muy felices? Por desgracia, esto se da con mucha frecuencia.

Piensa en la meta más grande que te hayas fijado y alcanzado. ¿Cuánto tiempo trabajaste para lograr esa meta? ¿Cuánto duró la celebración de ese logro? ¿Una vez que alcanzaste esa meta, te sentiste feliz?

La clave de la felicidad está en descubrirla en cada momento, no esperar a que llegue con el logro de alguna meta que aún está por venir. Vivir una vida apasionada es la satisfacción que surge durante el proceso de creación. La felicidad que se siente al alcanzar una meta es, en el mejor de los casos, fugaz. ¿Recuerdas lo que dijo Debbie Ford cuando habló de su experiencia cuando se convirtió en la autora más vendida en la lista del *New York Times*?

La felicidad es una bestia caprichosa. Acostumbra aparecer y desaparecer según nos sintamos expandidos o contraídos. De acuerdo con Marci, "estar feliz sin motivo" significa estar en un estado de intensa satisfacción interior que surge de una conexión profunda con su propia naturaleza.

Uno de los antiguos textos védicos de la India contiene este proverbio:

"Uno sólo tiene control sobre la acción, nunca sobre los frutos de ésta".

No hay forma de garantizar que lograremos las metas en la vida (el fruto de la acción). Lo único que puedes controlar es qué hacer y qué acción emprender, para crear la vida que elijas vivir.

Por esta razón, es tan importante amar lo que haces. La mayor parte de tu vida se trata del proceso de crear, no de los efectos o resultados de ese proceso. Una vez que has alcanzado un sueño o una meta, lo celebras, lo disfrutas y luego regresas al proceso de creación del siguiente sueño.

La felicidad surge de modo espontáneo cuando amas el proceso. ¿Recuerdas cuando en la primera parte del libro hablamos de la diferencia entre las pasiones y las metas? Las pasiones tienen que ver con la forma como vives la vida. Las metas indican lo que eliges crear en tu vida.

Por esto, cuando te pedimos que elaboraras la lista de las cosas que amas, te pedimos que completaras la frase: "Cuando mi vida es ideal, yo estoy o soy _____".

Completar la oración te ayuda a definir tu proceso. Te ayuda a definir qué elementos necesitas para vivir con pasión y propósito. Te ayuda a definir qué necesitas para ser feliz en el proceso.

Si escribes: "Vivo en una casa hermosa con vista al mar", tu pasión es la parte de la oración que dice "vivo". Vivo es un proceso. Tu meta puede ser adquirir una hermosa casa con vista al mar, pero si la consigues y no vives en ella, ¿estás viviendo tu pasión?

Si aún no tienes la casa, entonces, ¿cómo vives esta pasión? Cuando te enfrentas a una elección, a una decisión o a una oportunidad, te preguntas: ¿Esto me acercará a vivir en mi hermosa casa o me alejará de ella? Si la respuesta es que te acercará, entonces acéptala. Si no, recházala.

En la medida en que tomes estas decisiones, te verás incentivado por el asombroso proceso que desenvuelve tu destino. Es casi seguro que habrá retos, tal como lo descubrió el equipo de *Desaten la pasión de Estados Unidos* y entre estos retos estarán ocultos los regalos más maravillosos.

Esta autopista está sobre terreno firme

Por debajo de las capas de creencias, conceptos e ideas que te han llevado a las situaciones de tu vida actual, existe un mundo maravilloso. Es un mundo lleno de alegría, felicidad y plenitud. Como el sol, que siempre está oculto detrás de las nubes, la experiencia de un mundo feliz nunca desaparece por completo, solo está escondido.

Janet conoció este mundo hace años. Fueron necesarias algunas experiencias sorprendentes para descubrir como apartar las nubes.

"Muchos años antes de que Chris y yo nos casáramos, yo había tomado un curso en Suecia sobre respiración profunda. La instructora explicó que este tipo de respiración puede a veces resultar dolorosa cuando estamos en medio del procedimiento. Luego nos dijo:"

"Cuando esto ocurra, entra por completo en el dolor y finalmente lo trascenderás".

Nunca olvidé estas palabras.

"Cuando esto ocurra, entra por completo en el dolor y finalmente lo trascenderás".

Hubo momentos, cuando Chris y yo estuvimos casados, en que surgieron cosas muy dolorosas para uno de los dos o para ambos. En esos tiempos, la reacción inicial de Chris era cerrarse por completo y querer salir corriendo (¿suena familiar?). Cuando esto pasaba, le explicaba lo que había aprendido sobre "entrar en el dolor".

"La separación es dolorosa - le decía-. Cuando te cierras, en realidad estás ocultando el dolor, y es inevitable que éste aparezca otra vez. En lugar de esto, entra en el dolor. Al otro lado del dolor está la paz, la felicidad".

Al principio, estas palabras eran recibidas con total resistencia.

Un día, Chris llegó del trabajo completamente traumatizado. Había hecho todo lo que estaba en sus manos por salvar a su empresa. A pesar de sus mejores esfuerzos, su compañero, el fundador de la compañía, continuaba tomando las mismas decisiones equivocadas. No escuchaba los consejos de Chris y la compañía estaba a punto de perderlo todo.

El día en que Chris descubrió que no había dinero para pagar la nómina, se sintió deshecho. Cuando llegó a casa, vi que la presión de tratar de salvar a la empresa de su suerte finalmente estaba cobrándole el precio.

Esa noche nos fuimos a la cama y como a las 3:00 a.m., Chris me despertó. Temblaba de un modo incontrolable y no se detenía.

"Chris, entra en el dolor", le dije.

"Recuéstate, inhala y exhala profundamente y entra por completo en el dolor", le rogué.

Incapaz de recuperar el aliento y sin saber qué otra cosa podía hacer, Chris se recostó en la cama y siguió mis instrucciones.

"Chris, entrégate al dolor por completo - dije -. No te resistas".

Después de sesenta minutos de respiración continua y de entregarse completamente al dolor que estaba experimentando, Chris me miró con una sonrisa muy serena.

En ese momento entendió, como lo había entendido yo, que al otro lado del dolor físico, mental o emocional está la paz, el silencio, la dicha absoluta.

Tuve razones para recordar esto de un modo muy diferente, años más tarde.

Estaba sosteniendo una gran olla de agua hirviendo, cuando de repente perdí el equilibrio y el agua me salpicó todo el cuerpo desde el cuello hasta los pies.

El solo recuerdo de ese momento me hace estremecer. Fue una de las experiencias más dolorosas a nivel físico que jamás haya tenido.

En cuestión de segundos, tuve quemaduras severas por toda la parte frontal de mi cuerpo. Después de recibir tratamiento para las quemaduras, la única forma como me sentía cómoda era quedándome acostada de espaldas, inmóvil. Cualquier movimiento me hacía gritar a todo pulmón. No soportaba el contacto de las sábanas o de las cobijas, porque el más leve roce de algo me hacía retorcer de dolor.

Recuerdo que yacía en la cama durante horas, totalmente consumida por el dolor, pensando: "Esta tortura de pesadilla se acabará algún día". No importaba como acomodara el cuerpo, nada me daba ni el más mínimo alivio. El dolor era agobiante. Luego ocurrió algo asombroso. Incapaz de soportar el dolor por más tiempo, recordé las palabras que mi instructora en Suecia había compartido conmigo años atrás: "Entra en el dolor".

En la cama, consumida por un dolor intenso, concentré toda mi atención cien por ciento en esta sensación, tal como mi instructora me había dicho y tal como se lo había aconsejado a Chris años atrás.

Al principio, fue una experiencia tormentosa y, luego, como por arte de magia, mi conciencia atravesó la horrible barrera del dolor hacia un estado indoloro. Una vez que me entregué totalmente al dolor, no lo sentí más; en su lugar, sentí una paz plena. Una paz por completo indolora.

"Entra por completo en el dolor y finalmente lo trascenderás", me había dicho la instructora.

Y lo hice y nuevamente encontré que ¡la dicha absoluta siempre está ahí!

Esta dicha absoluta es el mismo estado que Marci denomina "feliz sin motivo". Siempre está ahí. Siempre está disponible. Pero cuando te has estado aferrando a creencias, conceptos e ideas que discuten con la realidad, éstas te mantienen alejado de ese estado.

El dolor emocional o mental es el resultado del apego a conceptos falsos. Mientras te mantengas aferrado a lo que consideras debe ser verdadero, en contradicción a la realidad, sentirás dolor. Si huyes de ese dolor o lo mitigas con alcohol, comida, drogas, televisión o cualquier otro escape, sólo lo estás ocultando. Este regresará de nuevo, está garantizado.

Cuando te permites sentir el dolor, por molesto que sea al principio, comienzas a sentir el proceso de sanación. Algunas personas lo denominan "pararse en el fuego". Cuando puedas pararte en él y sentirlo por completo, llegarás a un punto en el que descubrirás la dicha absoluta y estarás "feliz sin motivo".

Marci Shimoff escribió un libro sobre este tema. Veamos qué tiene que decir sobre la felicidad, la pasión y el propósito.

Marci Shimoff

Marci Shimoff es uno de los rostros femeninos detrás del mayor fenómeno literario de autoayuda en la historia, Sopa de pollo para el alma. *Seis de los títulos con mejores ventas de la serie, escritos por ella, han tenido un éxito pasmoso, han vendido más de 13 millones de copias en el mundo en treinta y tres idiomas. Han estado en la lista de éxitos editoriales de* The New York Times *durante 108 semanas (número uno por 12 semanas) y también han encabezado las listas de* USA Today *y* Publishers Weekly. *Marci es una de las escritoras más vendidas de no ficción de todos los tiempos y una de las estrellas de* El Secreto, *que ha sido a la vez un libro que encabeza listas de ventas y un fenómeno del cine.*

Su libro más reciente se llama, en consonancia, Happy for No Reason *(Feliz sin Motivo).*

"Todos venimos de la misma fuente y esa fuente es pura alegría, puro amor y pura felicidad. Es nuestra naturaleza esencial. Para vivir la verdadera felicidad, únicamente necesitamos sentir esa conexión con nuestra fuente. Cuando la gente vive alineada con sus pasiones, una vida alineada con su alma y con el destino de su alma, eso es lo que nos trae felicidad."

"He pasado muchos años siguiendo a grandes líderes, maestros y sabios que emanan un estado de felicidad que parece estar profundamente enraizada y la llevan consigo a dondequiera que van. Los podrías poner en circunstancias muy adversas y aun así estarían felices."

"Al verlos, pensé: 'Ese es el tipo de felicidad que yo quiero'. La gente en nuestra sociedad está muy ocupada tratando de conseguir cosas para ser felices, pero esto nunca funciona realmente. Una vez que se alcanza la meta, hay otra meta a la vuelta de la esquina que siempre estará en el futuro. Es una felicidad temporal."

"Sé que existe un estado denominado 'feliz sin motivo'. Es un estado de paz y bienestar neurofisiológico. Tenemos toda clase de equipos fisiológicos que pueden medir este tipo de estado; es posible sentirlo. Es un estado que no depende de las circunstancias."

"Hay un viejo refrán que dice que el éxito deja pistas y si estudias el comportamiento de la gente altamente exitosa y lo replicas, también serás exitoso. Lo mismo es cierto para la felicidad. La felicidad deja pistas. Lo único que tienes que hacer es observar a un grupo de personas felices y te darás cuenta que tienen características esenciales similares."

"Es probable que la primera y la más importante de ellas sea un sentimiento general de confianza en el universo. Einstein alguna vez dijo que la pregunta más importante que nos podemos formular es: '¿Es este un universo amigable?'."

"En otras palabras: ¿Hay benevolencia en el universo; el universo tiene intención de ayudarnos? Lo que he observado en las personas que son en verdad felices es que todas tienen un sentimiento de confianza en que el universo y la vida se están desenvolviendo exactamente como deberían. Aunque las circunstancias externas no siempre sean como ellos quisieran que fueran - porque no podemos controlar el mundo que nos rodea - aun así son felices."

"Además, las personas que son en verdad felices buscan el regalo en cualquier cosa que ocurra. Si algo no encaja de manera exacta con lo que ellos desean aun así son capaces de ver el regalo en ello. Son capaces de esperar lo que es. También tienden hacia o favorecen aquello que los hace sentir bien. En vez de fijar la atención y la energía en lo que los hace sentir mal, acostumbran o favorecen lo que los hace sentir bien."

"Cuando una persona es profundamente feliz, lleva consigo un sentido de propósito dondequiera que va, cualquiera sea la situación en la que se encuentre. Incluso si le está cambiando el aceite al auto, le da a esto un alegre sentido de propósito."

"Las estadísticas sobre la gente que se jubila son bastante graves. Cuando la gente se jubila a menudo se muere. ¿Y por qué mueren? Mueren porque pierden el sentido de propósito en la vida. Nuestro propósito ayuda a traernos la alegría."

"Me encanta contar la siguiente historia: La persona más feliz que he conocido en la vida era mi padre. Mi padre amaba lo que hacía. Era un odontólogo y le encantaba serlo. Se jubiló a los setenta y dos años, a regañadientes; él conocía las estadísticas de lo que ocurre a la gente cuando se retira."

"Así que dijo: 'Bueno, mejor encuentro otra cosa que hacer, algún otro propósito, otra cosa que me guste'. Analizó lo que amaba de la odontología y cayó en cuenta de que no era el hecho de poner obturaciones en la boca de la gente. Le encantaba hacer trabajos complejos con las manos, de manera que él se sentía como un artista."

"Entonces, a la edad de setenta y dos años, empezó a interesarse por el bordado y se volvió un bordador experto. ¡Le encantaba bordar! Recuerdo que un día, cuando mi padre tenía alrededor de ochenta y cinco años, fui a visitarlo y acababa de empezar el bordado más grande y complicado que jamás haya visto. Ahí estaba él, un hombre de ochenta y cinco años, comenzando este enorme proyecto."

"Le dije: 'Papá, ¿cuánto tiempo te llevará terminarlo?'. Y el respondió: 'Cariño, creo que al ritmo que voy tardaré como cuatro años'. Un hombre de ochenta y cinco años emprendiendo un proyecto de cuatro años, pero tenía un sentido de propósito. ¿Qué si terminó el proyecto? ¡Por supuesto!"

"Lo terminó y creo que era aquel sentimiento de estar presente en cada momento, entregándole su amor, propósito y pasión a lo que estaba haciendo, lo que le permitía hacer un bordado exquisito. De hecho, ha ganado premios de bordado por toda California."

"Experimentar un sentido de propósito en cada cosa que hagamos, a toda hora, sin importar la edad, es crucial para nuestra felicidad. Y ser feliz nos permite llevar alegría a todo lo que hacemos."

"Mi forma favorita de desarrollar un sentido de propósito es hacer el *Test* de la Pasión y esto es lo que aconsejo hacer a todo el mundo para ayudarle a alinearse con su propósito. Además de esto, podrías empezar a notar qué cosas en tu vida ponen a tu alma a cantar."

"La mayoría de las personas están tan ocupadas con la rutina diaria que no prestan atención a lo que el corazón y el alma les están diciendo. Esto último es en realidad la fórmula mágica para saber cuáles son nuestras pasiones. ¿Qué hace que tu corazón se expanda? ¿Qué lo hace sentir pleno? ¿Qué es lo que en realidad pone tu alma a cantar?"

"Luego observa las señales que el universo te trae, porque siempre hay sincronicidades y signos que pueden guiarte a lo largo del camino y ayudarte a ver la forma de estar más alineado con tus pasiones."

"Lo más importante es escuchar el corazón, escuchar la fuente de tu sabiduría interior y de tu conocimiento interior, en lugar de escuchar a la mente. La mente dice lo que deberías estar haciendo, lo que piensas que deberías estar haciendo, lo que los demás esperan que estés haciendo. Pero tu corazón, si lo escuchas bien y profundamente, cuenta lo que tu alma está diciendo. Cuando vives desde ese lugar serás feliz sin motivo y vivirás tus pasiones."

"El amor es la fuerza más poderosa del universo. Nada es más poderoso que el amor. Cuando permites que el amor guíe tus respuestas, que el amor guíe tus propósitos y que el amor guíe tu vida, ésta sólo puede ser de pura felicidad, pura verdad y pura 'alegría".

¿Cuáles fueron las lecciones claves respecto a vivir tu pasión, en esta entrevista?

1. Todos venimos de la misma fuente y esa fuente es pura alegría, puro amor y pura felicidad.

2. Cuando estás viviendo alineado con tus pasiones, tienes la vida alineada con tu alma y con el destino de tu alma. Esto trae felicidad.

3. Existe un estado llamado "feliz sin motivo". Es un estado neurofisiológico de paz y bienestar.

4. La felicidad deja pistas. Las personas de verdad felices tienen características esenciales que son similares.

5. Las personas de verdad felices sienten confianza en que el universo y la vida se desenvuelven exactamente como deberían.

6. Las personas de verdad felices buscan el regalo dentro de cada cosa que ocurre.

7. Cuando las personas son profundamente felices traen el sentido de propósito consigo dondequiera que van, cualesquiera que sean las circunstancias en las que se hallen.

8. Hay una fórmula mágica para saber cuáles son tus pasiones: ¿Qué hace que tu corazón se expanda? ¿Qué lo hace sentir pleno? ¿En realidad qué hace que su alma cante?

9. Cuando dejas que el amor guíe tu vida, ésta solo puede ser una vida de

10. Lo más importante es escuchar el corazón. Escuchar la fuente de tu sabiduría interior y de tu conocimiento interior, en vez de escuchar la mente. pura felicidad, pura verdad y pura alegría.

UNIDOS EN
NUESTRA ESENCIA

"No estás aquí sólo para ganarte la vida. Estás aquí para permitir al mundo vivir de un modo más generoso, con una mayor visión, con un mejor espíritu de esperanza y logro. Estás aquí para enriquecer al mundo y te empobreces a ti mismo si olvidas este encargo."

-Woodrow Wilson

"Mi nombre es Nicole Wild. Soy la directora ejecutiva de *Women´s Alliance (Alianza de Mujeres)*, una fundación nacional de beneficencia, dedicada a capacitar mujeres de bajos recursos. Desde hace diez años, he estado desarrollando mi pasión por ayudar a mujeres necesitadas."

"En enero de 2006, acababa de ser mamá y estaba trabajando para abrir nuestro almacén de artículos de segunda, llamado *Chapter* 2 (Capítulo 2), en un barrio muy complicado de Miami."

Linda Peterson es la copropietaria de *Peterson's Harley Davidson*. Por más de diez años, ella y yo hemos trabajado juntas. Ambas estamos cien por ciento comprometidas con nuestra cruzada de transformar la vida de mujeres que están en la transición hacia una nueva vida después de haber vivido en la calle. Compartimos el deseo de honrar a nuestras madres que se sacrificaron con la esperanza de que nosotras, sus hijas, encontráramos nuestras verdaderas voces y destinos.

En enero, Linda me llamó y me informó que iba a patrocinar la *Black Tie and Blue Jeans Gala* en honor a su marido, el 21 de abril. Quería que los fondos que se recaudaran en el evento fueran para *Women's Alliance*. Me emocioné mucho.

Linda y yo trabajamos mano a mano para preparar el evento, asistimos a reuniones formales e informales de mujeres, por toda la ciudad. En una de estas reuniones conocimos a la gerente general de una importante revista. Nos felicitó por nuestro trabajo y de repente, en forma espontánea dijimos: "Bueno, ése es el poder detrás de la pasión".

Ella contestó: "Ese es el mejor eslogan que jamás haya escuchado. Asegúrense de adquirir el nombre de dominio. ¡Es fabuloso!".

Linda se fue derecho a su casa y buscó en Google *powerbehindthepassion.com (podertraslapasion.com)*. Encabezando la lista estaba *El Test de la Pasión*. Intrigada, ingresó al sitio *web* y, antes de que yo me enterara, ordenó el libro digital, compró dos copias e hizo el *test*.

A Linda le encantó este sencillo proceso. Se asombró al ver cómo le ayudaba el aclarar qué era lo más importante para ella. También vio que podría ayudar a nuestras mujeres sin hogar a comenzar de nuevo. De inmediato, quiso tener a Janet como conferencista en nuestro almuerzo anual, que ese año estaba planeado para doscientas mujeres sin hogar, en Miami.

Linda se apareció en *Chapter* 2 con la fuerza de un ciclón, se paró con convicción frente a mi escritorio y me pidió que escribiéramos un correo electrónico a Chris y a Janet con una solicitud de doscientas copias autografiadas del libro y una conferencia telefónica. Veinticuatro horas después de enviar el correo con una oración, Janet me respondió: "Hablemos".

Durante esa primera llamada, Janet nos hizo saber que tenía una pasión especial por las mujeres necesitadas. Su madre, nos explicó, había luchado toda la vida con problemas similares. Invitamos a Janet a Miami para que presentara *El Test de la Pasión* ante un grupo de doscientas mujeres sin hogar. Ella no lo dudó ni por un instante. "¡Sí! - Dijo de inmediato y luego -: Déjenme revisar mi agenda".

La *Black Tie and Blue Jeans Gala* fue un enorme éxito. Sabíamos que aún necesitábamos un tercer miembro para nuestro equipo del *Poder detrás de la pasión*, alguien que ofreciera al grupo equilibrio y una perspectiva única.

Por esa época volví a establecer contacto con Thomas Cook, un dínamo en la creación de alianzas estratégicas y *networking*. Había trabajado en estrecha colaboración con Thomas, en proyectos especiales para *Women's Alliance*, que incluían la participación de celebridades como Oprah Winfrey, la Duquesa de York, Ellen DeGeneres y Rosie O'Donnell, para nombrar sólo unas cuantas.

Thomas, al igual que Linda y yo, tenía una misión. Había sobrevivido la muerte física (¡en dos ocasiones!). Esa experiencia hizo surgir en él un compromiso por ayudar a los demás.

En junio 2006, Thomas, Linda y yo nos reunimos en Washington, D.C. y se formó el equipo del *Poder detrás de la pasión*. Nos comprometimos a probar que no importa de dónde vienes, todos estamos unidos en el nivel más profundo. Cada uno de nosotros puede buscar dentro de sí y marcar la diferencia en la vida de los demás. Aún no sabíamos con precisión en qué dirección nos iba a llevar este proyecto.

El 31 de julio, mi hija Isabela me despertó a las 5:00 a.m. Mientras estaba sentada, arrullándola, me asaltó la idea del "fenómeno del blog del clip rojo" (el tipo que cambió un clip por una casa). *El Test de la Pasión* nos había avivado la imaginación y pensé: "¿Por qué no intercambiar una copia de *El Test de la Pasión* por una donación multimillonaria para *Women´s Alliance*? Este sería el primer proyecto del *Poder detrás de la pasión*.

Un mes después de poner el libro en Craigslist, la Dra. Donna Goldstein, de Hollywood, Florida, había intercambiado el libro por una obra artística de 175 dólares. Luego Mark Víctor Hansen, uno de los creadores de la serie de libros *Sopa de pollo para el alma,* intercambió la obra artística por el equivalente a 875 dólares en productos suyos.

Jim Kelley, empresario filántropo, canjeó todas las partes, con el mismo número de serie, para una motocicleta Harley Davidson 1999. Luego Drew Peterson, el marido de Linda, copropietario de Peterson´s Harley Davidson de Miami, entró a participar. Drew ofreció un motor y una transmisión Harley 2007. Ahora teníamos todo lo necesario para armar una moto digna de su misión.

Nuestro equipo organizó un *Paseo de la pasión* para difundir más nuestro proyecto. El 31 de marzo de 2007, atrajimos al evento a un grupo élite de cien conductores y aficionados de Harley Davidson. Recorrimos con orgullo la ciudad de Miami, escoltados por dieciséis policías, saludando a los transeúntes y sonriendo de oreja a oreja.

Jim Kelley voló desde Boston e hizo un trato con Drew Peterson, durante el evento para ser su socio y construir la motocicleta *Tigertail* (el nombre de nuestra exclusiva motocicleta) para el proyecto del *Poder detrás la Pasión*. Janet estuvo presente como invitada especial en el evento que la policía escoltó. Otra vez pudo ser testigo del verdadero espíritu de *El Test de la Pasión* en acción.

Nos hemos llegado a dar cuenta de que todo es posible. Uno sólo tiene que tener claridad sobre lo que quiere que aparezca en su vida. *El Test de la Pasión* nos abrió la puerta y esto no parece detenerse.

La conferencia de Janet en nuestro almuerzo *Mariposas para la esperanza*, para doscientas mujeres sin hogar, en transición, tuvo un éxito abrumador. Como resultado, Janet, en compañía de otras mujeres de *Women´s Alliance*, creó un paquete de discos compactos titulados *The Empowered Women´s Series (Las series de las mujeres fortalecidas)* que se escucha cada mes en los albergues para gente sin hogar en Miami. Esta serie, que transforma la vida, presenta a Byron Katie, Lynne Twist, Marci Shimoff, Lisa Nichols, Rickie Byars Beckwith y a otras líderes transformacionales famosas.

Estamos llenos de entusiasmo y esto apenas está comenzando. El equipo del *Poder detrás de la pasión* está preparando el lanzamiento de una campaña nacional, *Usted es uno en un millón*, para vender un millón de boletos, a un dólar cada uno, para el sorteo de la motocicleta *Tigertail*. Tenemos la intención de demostrar lo que el *test* de la pasión nos ha enseñado: que todas las cosas son posibles - honrando a todas las madres y personas que cuidan de otras y al valioso trabajo de *Women´s Alliance*".

Pensar que estamos separados del mundo y de la gente que nos rodea es lo que despierta en nosotros el miedo y el sufrimiento. Cuando nos damos cuenta de que este sentido de separación es, de hecho, un concepto falso, un nuevo mundo de posibilidades se abre, tal como lo descubrieron Nicole, Linda y Thomas. Dale un vistazo a los milagros que está generando el equipo del *Poder detrás de la pasión* a la par que está ayudando a reunir nuestro mundo, visitando:

www.thepassiontest.com/powerbehindthepassion.com

Luego, comienza a pensar en los milagros que tú puedes comenzar a crear en tu propia vida.

Viaje por la autopista cósmica

Las pasiones son como migas de pan que nos llevan a descubrir quiénes somos realmente. Puedes hacer el *test* de la pasión tan a menudo como lo consideres útil, incluso con pocos días o semanas de diferencia, mientras va siguiendo esas migas de pan. O, al menos, cada seis meses. Cada vez que lo hagas, irás descubriendo más cosas sobre ti mismo, tal como si le estuvieras quitando capas a una cebolla.

Cuando identificas lo que más ama, lo que más te importa, lo que más te interesa, lo que más te importa ahora, en el presente, aprendes mucho sobre ti mismo. Después, cuando vayas viviendo con la intención de elegir a favor de tus pasiones, aprenderás más sobre ti mismo, como lo hizo el equipo de *Desaten la pasión de Estados Unidos*.

Algunas veces será fácil elegir a favor de tus pasiones. Otras será más difícil. En otras ocasiones, tus pasiones cambiarán de forma dramática, tal como le aconteció a Janet cuando supo que su madrastra tenía una enfermedad terminal.

En todos estos casos, aprenderás más sobre quién eres en realidad. Te animamos a que hagas el *Test* de la Pasión por lo menos cada seis meses porque esto ayudará a evaluar el conocimiento que estás adquiriendo sobre ti mismo.

Ya sean seis meses o seis semanas, si descubres que simplemente eres incapaz de elegir a favor de las cinco pasiones principales que escribiste, esta es una señal de que debes hacer el *Test* de la Pasión otra vez. ¿Por qué? Porque hay algo que tiene más importancia que eso que escribiste y tú lo estás favoreciendo.

Algunas veces la mente puede engañarte. Escribes algo y con toda sinceridad crees que eso es lo más importante para ti, pero tus acciones se encargarán de contarte cual es la verdadera historia.

Si ves que estás eligiendo a favor de algo diferente a lo que escribiste, percátate de ello. Haz el *test* de nuevo, presta atención a qué estás eligiendo. Sea lo que sea que elijas, eso es importante para ti, al menos ahora.

Si tus elecciones no se corresponden con lo que crees que te interesa, utiliza el trabajo de Byron Katie o cualquier otra herramienta que funcione, para examinar las creencias, conceptos e ideas que están guiando tus elecciones.

Cuando eliges a favor de cosas diferentes a las que en realidad te interesan, lo estás haciendo porque te estás aferrando a algunas creencias, conceptos o ideas falsas. Averigua lo que es real para ti y luego comienza a elegir a favor de tus pasiones.

Algunas personas pueden decir: ¿Elegir siempre a favor de lo que uno quiere no es demasiado egoísta? ¿Y qué hay con lo que otras personas quieren o necesitan?

Nuestra respuesta siempre es: "Cuando haces lo que es mejor para ti, lo que te produce mayor alegría... ¡Todo el mundo gana!". Piénsalo.

Casi todos nosotros hemos crecido con creencias sobre lo que es "bueno" y lo que es "malo". A estas creencias nos referimos cuando hacemos la diferencia entre "tu voluntad" y la "voluntad de Dios" o, si prefieres, la "voluntad de la vida". Cuando te aferras a lo que consideras "bueno", incluso cuando no te agrada, estás afirmando: "Yo sé cómo organizar el universo mejor". A esto se refería Debbie Ford cuando aconsejaba "renunciar a ser el gerente general del universo".

No hace mucho, Janet estaba impartiendo un seminario y una mujer levantó la mano y preguntó:

"¿Cómo puedo elegir a favor de mis pasiones si tengo que cuidar de mis hijos?".

"¿Cuál es tu pasión?". - Preguntó Janet.

"Tengo muchos deseos de trabajar en el campo de la moda", replicó ella.

"¿Te sientes frustrada en casa cuando piensas que no has podido vivir tus pasiones?". - Preguntó Janet, otra vez.

"Sí, todo el tiempo", contestó la mujer.

"¿A veces te enojas con tus hijos o con tu marido por sentirte tan atrapada y frustrada?". - Preguntó Janet después.

"Sí".

"Entonces dime, ¿qué es mejor: la posibilidad de encontrar un trabajo maravilloso de medio tiempo en la industria de la moda y después pasar tiempo con tus hijos o dejar las cosas como están? ¿Qué mensaje estás dando a tus hijos al no llegar a hacer lo que te hace feliz?

"¿Podrías considerar que quizás la razón por la cual tienes el deseo de trabajar en el campo de la moda es porque se supone que debes hacerlo?

"¿Y podrías ver como eso generaría alegría interior, terminar tu frustración y crear una vida familiar más amorosa?".

En ese momento, se le encendió una bombilla. Esta mujer pudo ver que era posible vivir sus pasiones y cuidar a sus hijos al mismo tiempo.

No tenemos que saber el cómo. Sólo tenemos que aclarar el qué.

Los hijos y la familia están entre las pasiones principales de casi todas las madres. Pero cuando una madre se encuentra anhelando otra cosa, hay un motivo. Mientras te sigas esforzando y luchando por hacer esa cosa "no egoísta", como hacía esta mujer, te vas a sentir desdichado, victimizado e infeliz, todo en aras de ser útil a sus seres queridos. ¿Cómo lo ves?

Cuando estás feliz y satisfecho con tu propia vida, tu vida se desborda y se vuelve fácil y natural dar a los demás.

Todo lo que te estamos pidiendo es que permanezcas abierto, que clarifiques qué es lo que eliges crear en tu vida y que mantengas tu atención en esas cosas. Deja que el universo organice el cómo.

La vida está aquí para nuestra alegría. Seguir la senda de lo que amas, significa abandonar los conceptos que tienes sobre lo que es mejor, y confiar en que estás siendo guiado hacia lo que es mejor no sólo para ti, sino también para todo el mundo.

¿A dónde nos conduce la autopista cósmica?

Cuando te llegues a conocer profundamente, con el tiempo tus pasiones cambiarán cada vez menos. Descubrirás que tus pasiones se pueden expresar a través de los diversos canales y formas a través de los cuales eliges vivir tu vida.

¿Por qué cambiarán menos tus pasiones? Porque cuando te sumerges profundamente en cualquier aspecto de la vida, te conectas con principios cada vez más universales, que son más estables e invariables. La superficie de la vida siempre está cambiando. La profundidad de la vida cambia poco, si es que cambia.

En el libro *El éxito que perdura*, nuestros amigos Steward Emery, Mark Thompson y Jerry Porras investigaron qué es lo que conduce al éxito perdurable. El éxito perdurable nos dice que las personas que lo han sentido han aprendido algo que expresa algunos principios fundamentales que todos nosotros podemos aplicar en nuestras vidas.

Estos autores entrevistaron a más de trescientas personas que habían vivido el éxito en sus campos de especialidad durante más de veinte años. Incluyeron a Michael Dell, Bill Gates, Jimmy Carter, Maya Angelou, sir Richard Branson y muchos otros.

La característica común de estas personas es que todas habían desarrollado el hábito de elegir a favor de las cosas que tienen el significado más profundo para ellas. En otras palabras, habían desarrollado el hábito de elegir a favor de sus pasiones.

Descubrir qué da significado a nuestras vidas e identificar las pasiones fundamentales es un proceso. El *Test* de la Pasión es una herramienta útil en este proceso; y una vez que identifiques tus pasiones esenciales, observarás que éstas tienden a cambiar muy poco.

Cuando el padre de Marci Shimoff se tuvo que enfrentar a la jubilación, eligió continuar haciendo lo que amaba. Ya no podía hacerlo de la misma forma como lo había hecho durante muchos años. Se vio forzado a ahondar más. Aunque la odontología había sido la manera como había expresado su pasión durante toda su vida adulta, cuando examinó lo que le gustaba de la odontología descubrió que era la habilidad de hacer un trabajo delicado y altamente calificado con las manos.

El padre de Marci fue lo suficientemente creativo para darse cuenta de que con el bordado podía expresar la misma pasión de un modo totalmente diferente. Por suerte, no tenía la falsa creencia de que bordar es sólo para mujeres. Como resultado, vivió los últimos veinte años de su larga vida feliz, satisfecho y haciendo lo que le gustaba de una nueva manera.

Lo maravilloso del *Test* de la Pasión es que no hay manera de que te equivoques. Te animamos a que simplemente tomes el *test* y que no te preocupes si tus pasiones son lo suficientemente intensas y profundas, o si has descubierto tus pasiones "esenciales" o no. Simplemente haz el *test* con regularidad y elige a favor de tus pasiones. Tus pasiones esenciales comenzarán a surgir de un modo natural.

Todos estamos en la misma autopista

Hoy en día los físicos nos dicen que en los niveles más profundos de la Naturaleza, las diferencias que percibimos con nuestros sentidos dejan de existir. En el nivel más profundo hay un campo de vida único, unificado e invariable del que surge toda la diversidad y el cambio que percibimos.

Hay físicos cuánticos en la actualidad que plantean que este campo unificado en la base del mundo físico es, de hecho, un campo de conciencia. Tiene la habilidad de conocerse a sí mismo. Y está en el proceso de conocerse a sí mismo a través de nuestras vidas individuales. Somos la expresión de esa conciencia fundamental que está en el proceso de conocer nuestra verdadera naturaleza. Mientras más te acerques a esa verdadera naturaleza, más alegría sentirás.

Descubrir tus dones particulares, tus talentos especiales, tus pasiones más profundas, te lleva a niveles de conciencia más profundos que a su vez te traen más y más felicidad y plenitud. Pronto descubrirás que este es todo el propósito de la vida: experimentar una alegría siempre creciente. Por esta razón, afirmamos: "Lo que amas y la voluntad de Dios son una misma cosa". La voluntad de Dios es que sientas más y más deleite en la vida.

Creas o no en Dios, esto es cierto. La estructura de las leyes de la Naturaleza funciona así, cuando estás más alineado con aquello que amas recibes más y más gozo y felicidad.

El Sistema de Guía de la Naturaleza está entretejido dentro de la estructura de la existencia. Cuando escuchas el mensaje que te envía el Sistema – toma acción cuando te sientes expandido y detente, haz una pausa y reflexiona cuando te sientes contraído - descubres que la vida avanza hacia una realización cada vez mayor.

Debido a la conexión fundamental que existe en toda vida, entre más profundo te conectes con tus pasiones, más te darás cuenta de que la profunda alegría viene al dar y servir a los demás. Al servir a los demás, en realidad te estás sirviendo a ti mismo.

Primero descubrirás lo especial y único que eres. Descubrirás las cosas que te hacen excepcionalmente idóneo para entregar tus dones. Te darás cuenta de que no hay nadie más que pueda hacerlo tan bien como tú. Y no hay nadie que pueda servir al mundo y a la gente que te rodea, como tú puedes hacerlo.

Luego, conforme te quede más y más claro, descubrirás la profunda alegría que viene al servir y brindar tus dones. Y te sorprenderá ver cómo tu mundo parecerá organizarse mágicamente para permitir que utilices y entregues tus dones en formas que en este momento ni siquiera puedes imaginar.

Habiendo dicho esto, no quiero que pienses que el proceso de descubrimiento será un lecho de rosas. Aprender a confiar en la benevolencia del universo, en que todo está organizándose de manera perfecta para ti, es un gran paso. Llegar a alcanzar el punto de tener la confianza de seguir tu propia guía interior no necesariamente es fácil.

Te comparto una muestra de lo que vivió Janet al ir formando un contacto más profundo con su verdadera naturaleza:

«Me habían acabado de destruir, mutilar y pulverizar el ego frente a un reconocido gurú en Puttaparthi, India. De regreso a los Estados Unidos, tras esta experiencia mucho menos que cósmica, sintiéndome desinflada y deprimida y sin poder dormir, saqué en el avión mis utensilios de joyería y me puse a trabajar (esto fue antes del 9/11)."

"Me había vuelto bastante experta en hacer hermosos brazaletes, aretes y collares de perlas, y en mis viajes me di cuenta de que las azafatas de las aerolíneas eran clientes excelentes. En un vuelo, les podía vender fácilmente doscientos o cuatrocientos dólares en joyas. A las azafatas les encantaba que yo les ofreciera descuentos especiales "por las nubes" y se divertían yendo y viniendo del espejo hasta mi silla, para comprar dos o tres joyas a la vez."

En el trayecto de Bangalore a Ámsterdam, estaba elaborando una pulsera de perlas, cuando una mujer india más bien gruesa pasó junto a mí. Al ver todas las pulseras y collares en mi regazo, me preguntó:

"¿Qué estás haciendo?".

"Joyas", contesté.

"Qué bien", dijo.

"¿Usted qué hace?" - Pregunté.

"Voy camino a hablar en las Naciones Unidas sobre la represión de las mujeres en la India".

"¡Grandioso!".

Cautivada por su misión, le pregunté que si quería sentarse a mi lado. Era curioso, había cambiado de asiento apenas me subí al avión. Después supe que si me hubiera quedado en la silla que tenía asignada esta misma mujer se habría sentado a mi lado. Hay cosas que simplemente están destinadas a ser.

"¿Quieres aprender a hacer un brazalete?" - Pregunté.

"¿Por qué no?" - Contestó y se sentó.

"Mi nombre es Janet".

"Hola, Janet. Me llamo Ruth".

Mientras enseñaba a Ruth cómo hacer pulseras para sus dos hijas, me explicó que dirigía una organización de más de 26,000 personas en Bangalore, India. Ruth me contó que esta organización se había fundado con el único objetivo de dar apoyo a las mujeres víctimas de la represión.

"La represión de las mujeres en la India es muy generalizada. Los hombres las golpean, las violan, se casan con ellas por sus dotes y después las abandonan", dijo ella.

Después de tres horas de hablar y ensartar bolitas, Ruth había hecho dos brazaletes horribles para sus hijas, mientras hablaba sin parar acerca de la organización para mujeres que dirigía.

Al llegar a Ámsterdam, habíamos creado un fuerte vínculo.

Mientras nos despedíamos e intercambiábamos correos electrónicos, Ruth me dijo:

"Janet, ¿sería posible que las mujeres pobres aprendieran el arte de hacer joyas y ganaran dinero como tú lo haces?".

"¿Por qué no?" - Contesté.

Ruth se alegró con mi respuesta, luego se dio vuelta hacia mí y con una expresión muy seria en el rostro preguntó:

"¿Considerarías la idea de regresar algún día a la India a enseñar el arte de hacer joyas a niñas pobres?".

"¡Por supuesto, me sentiría honrada!".

Acto seguido, Ruth y yo nos abrazamos y nos prometimos seguir en contacto.

Al regresar a los Estados Unidos, aún me quedaban dos semanas de vacaciones y no tenía ningún plan. Faltaba una semana y media para Navidad y por alguna extraña razón no sentía en mí el espíritu de la Navidad.

Cada día que pasaba en casa no podía dejar de pensar en Ruth y en lo que me pidió. Después del cuarto día, Ruth y sus niñas se habían convertido en mi único pensamiento.

Al quinto día de haber regresado de la India, todavía absorta por completo pensando en Ruth y en enseñar a las niñas de su organización cómo hacer joyas, me conecté a Internet y compré un *ticket* de regreso a la India.

Al sexto día de haber regresado, empaqué todos los utensilios de joyería y una pequeña maleta de ropa y volé de nuevo a la India.

Sólo cuando iba en el avión de Cedar Rapids hacia Minneapolis, caí en cuenta. Iba a regresar a la India sin que Ruth me respondiera el correo electrónico en el que le informaba que iba. Comencé a descomponerme.

Un escalofrió me recorrió el cuerpo, sentí pánico. Era Navidad y yo iba de vuelta a la India en donde no tenía ningún amigo de verdad y estaba viajando sola. No tenía regalos para abrir y nadie con quien compartir el día de Navidad. Me sentí completamente sola y vulnerable.

Abrumada por mi propia naturaleza impulsiva, comencé a llorar de modo incontrolable. Cuando llegué a Minneapolis, tenía la certeza de que era la persona más ridículamente excéntrica del planeta. Avergonzada y profundamente deprimida, me fui directo a llamar a mi buena amiga Radhika, que era una de las pocas personas con las que había compartido mi inminente aventura.

"Radhika, ¿en qué estaba pensando? ¿Qué pasa conmigo? ¿Me he vuelto completamente loca? Ni siquiera he tenido noticias de Ruth todavía y aquí estoy de regreso a la India. ¿En qué estaba pensando?".

Seguí echando pestes y Radhika sólo escuchaba al otro lado de la línea.

"Y eso no es todo; la peor parte de toda esta locura es que pagué el precio máximo por el *ticket*. Dios, por lo que sé Ruth podría estar en los Estados Unidos".

Consciente de que había hablado sin parar durante diez minutos, me disculpé con Radhika y dije: "Llamé porque quería decirte que no voy a ir a la India. Voy a regresar a Iowa y necesito transporte desde el aeropuerto. Por casualidad, ¿podrías recogerme?".

Con voz lenta, mesurada y calmada, Radhika me dijo: "Jani, súbete al avión. La fuerza está contigo. Súbete al avión, todo va a salir bien. Estoy segura".

"¿Estas segura?". - Gemí aterrorizada ante la perspectiva de tomar la decisión equivocada.

"Cien por ciento", dijo.

"Okay, pero espero que estés en lo cierto".

Bastante ansiosa todavía, dije adiós a Radhika y abordé el avión.

Cuando aterricé en Ámsterdam, corrí al centro de negocios y, con manos temblorosas, revisé para ver si Ruth había respondido mi correo.

Oré para que un milagro ocurriera. El correo de Ruth apareció como por arte de magia.

"Maravilloso - decía -. Te recogeré en el aeropuerto y al día siguiente tendré listas veinte niñas sin hogar para que les enseñes a hacer joyas. Dios te bendiga, Jani. Con cariño, Ruth".

Fiel a su palabra, Ruth tenía veinte niñas esperándome cuando llegué con todos mis utensilios de joyería. Sentadas en el piso sucio, bajo un calor sofocante, enseñé a las niñas a hacer joyas durante toda una semana. Mi reto más grande era que yo no hablaba hindi y ellas no hablaban inglés. Las dos traductoras que Ruth me había presentado en realidad tampoco hablaban inglés. Pronto aprendí que el lenguaje de señas inventado es universal y aunque las cosas progresaban despacio, comenzamos a entendernos unas a otras.

En el transcurso de los días, me di cuenta de que las niñas llevaban puesta la misma ropa harapienta a diario.

"No poseen más que lo que llevan consigo, Janet. Lo peor es que viven en barracas de cartón al lado de la carretera - dijo Ruth -. En el verano, duermen cerca de las autopistas y no en las cajas de cartón porque el sonido de los autos espanta a las ratas. Si se quedan en las barracas las ratas les roen los pies mientras duermen".

Ruth me contó más historias terribles sobre las niñas: sus padres las violaban y sus progenitores las obligaban a mendigar rupias bajo el sol abrasador durante diez o trece horas seguidas.

Me sentí conmovida, estas niñas, con su espíritu indomable y su inquebrantable valor, me dieron una gran lección de humildad.

Al mirar alrededor de la habitación, todas las niñas estaban ensartando las piezas, sonriendo y riéndose mientras hacían las bisuterías. Sabía que este debía ser uno de los momentos más memorables en sus vidas hasta ese día.

Finalmente, cuando nuestra semana pasó, cada una de las niñas dominaba el arte de la joyería/bisutería. Estaba tan impresionada por su talento que las gradué a todas del *Club de Joyería Jani ma*, recién fundado.

Las niñas hicieron una fila para abrazarme y despedirse y yo comencé a sollozar. Ruth les había enseñado unas pocas palabras en inglés para esta ocasión.

"Gracias, Jani ma", decían, con lágrimas en los ojos.

"Te queremos, Jani ma. Te queremos", repetían todas.

Al ver sus hermosos ojos inocentes, me llené de emoción. Abracé a cada una de las niñas y las estreché junto a mi corazón, sin dejar de llorar. "No se rindan - les susurraba al oído -. Y no olviden que las amo", les decía.

Aunque ellas no entendían todas mis palabras todas estaban llorando. De algún modo, durante esa semana habíamos superado las barreras del lenguaje y habíamos adoptado el lenguaje universal del corazón.

Fue en ese momento que me di cuenta quién era la que había recibido más. Cada sonrisa, cada mirada, cada momento compartido con cada una de estas niñas había sido un regalo de Dios para mí. Sabía que mi corazón no podía sentirse más grande. Mi corazón estallaba en enormes y gigantescas olas de agradecimiento por esta increíble oportunidad de servir.

Abrumada por la emoción, di a cada una de ellas un largo abrazo antes de darme media vuelta y alejarme.

Mientras caminaba, percibí una intensa sensación de paz interior que nunca antes había sentido. Y al seguir caminando, escuché las palabras de Radhika resonando en mi interior: "La fuerza está contigo".

La fuerza *está* contigo. Tanto los retos como los logros de la vida están allí para ayudarte a conocerte a ti mismo. Te guían para cumplir tu propósito y para vivir la vida plena que estás destinado a vivir.

Bajo la dirección de la hija de Ruth, el *Club de Joyería Janima* siguió dando apoyo a estas niñas durante los siguientes dos años, permitiéndoles hacer joyas y ganar dinero con las ventas de éstas en los Estados Unidos.

Nuestra última entrevista es con uno de los principales físicos cuánticos del mundo en la actualidad. Es la física la que finalmente nos ha mostrado que realmente estamos unidos en nuestra esencia. Hoy en día la física cuántica ha demostrado que la diversidad y aparente solidez de nuestro mundo físico es una ilusión. En los niveles más fundamentales, más allá de la estructura atómica y molecular de la materia física, la energía y la materia se unen.

Con este conocimiento, se hace más obvio porqué sentimos más alegría al descubrir lo que nos une, porque estamos destapando niveles más profundos de la verdad.

Dr. John Hagelin

El Dr. John Hagelin es una autoridad mundial en el área de las teorías del campo cuántico unificado. Entre sus aportes científicos en los campos de la física de partículas y de la cosmología se encuentran algunas de las referencias más citadas en las ciencias físicas. Es uno de los cocreadores de la que ahora se considera como la más osada teoría global del campo unificado, denominada Super Symmetric Flipped SU (5).

El Dr. Hagelin es único entre los teóricos de partículas, porque ha dedicado sus esfuerzos a la aplicación del conocimiento científico más reciente sobre la ley natural, en beneficio del individuo y de la sociedad.

Como director del Institute of Science, Technology and Public Policy, *un grupo progresista de especialistas en políticas, el Dr. Hagelin ha liderado con éxito un esfuerzo a nivel nacional para identificar, verificar científicamente y promover soluciones rentables a problemas sociales críticos en las áreas de delincuencia, atención en salud, educación, economía, energía y medio ambiente.*

En reconocimiento a sus destacados logros, el Dr. Hagelin recibió el prestigioso Kilbey Award, *que brinda un homenaje a los científicos que han hecho los más grandes aportes a la sociedad a través de la investigación aplicada a los campos de la ciencia y la tecnología. El premio reconoció al Dr. Hagelin como un científico en la línea de Einstein, Jeans, Bohr y Eddington.*

Pedimos al Dr. Hagelin que compartiera con nosotros su propia pasión y que hablara sobre la relación entre la pasión, la conciencia y el campo unificado que subyace a nuestro universo.

"La clave más importante para alcanzar el éxito y la felicidad en mi vida ha sido vivir en carne propia un estado de conciencia ilimitada, el campo de pura espiritualidad interior, e identificar mi conciencia con el campo unificado, con esa inteligencia universal que gobierna al universo. Esto trae inmediatamente expansión, alegría, creatividad pura y el apoyo total de la naturaleza a la salud, al éxito y a la felicidad en la vida."

"En realidad me siento bendecido con un programa que produce en forma inmediata expansión, dicha absoluta y contacto con el infinito. Tengo la suerte de ser profesor de un programa de meditación trascendental (MT) tal como la enseña Maharishi Mahesh Yogi. El programa de MT es la tecnología que más ampliamente se practica, se investiga y se recomienda en el mundo para desarrollar a plenitud el potencial humano."

"Además, necesito una actividad con un sentido y propósito que traiga evolución a la humanidad; una actividad que alivie los problemas y sufrimientos globales y que promueva la paz en el mundo. Necesito ver resultados tangibles en esto y en todos mis proyectos."

"Siento pasión por despertar la paz, por acabar con el terrible legado que dejan la guerra y la crueldad humana, por erradicar la profunda ignorancia que permite que broten estos comportamientos que tanto afligen a la vida. Siento pasión por la educación, sobre todo por una educación que ilumine, una educación basada en un nuevo paradigma que incluye el desarrollo del potencial humano y el potencial del cerebro en su totalidad."

"La educación moderna es en realidad una farsa en cuanto que solo desarrolla una fracción del potencial del cerebro y, en consecuencia, priva a un ser humano de su capacidad natural para vivir en un estado de iluminación."

"Soy un profesor innato y necesito enseñar. El profesor siempre recibe más de lo que da. La forma de entender algo profundamente es explicándosela a alguien y esa es la experiencia de todo profesor. Enseño cursos de postgrado sobre teorías del campo cuántico unificado. La forma de apropiarse y dominar la materia es transmitir el conocimiento a alguien más y, de algún modo, en forma casi mágica, el conocimiento se organiza en la mente del profesor de una manera más clara y profunda."

"Me encanta estar con personas que están evolucionando, que comparten esta alegría natural de la vida y, sobre todo, con personas iluminadas y que permanecen en estados de conciencia más elevados. Las actividades que realiza este tipo de personas son evolutivas, dan vida y te llevan al éxtasis."

"Me encanta hablar ante grandes auditorios y en la televisión en vivo, probablemente porque esto amplifica el impacto que puedo tener al brindarme la posibilidad de llegar a un gran número de personas y así hacer una mayor diferencia. Me encantan el arte y la música y estar rodeado de inspiración y belleza."

"Me gusta vivir en una morada construida en armonía con la ley natural, una morada diseñada para crear una influencia máxima, que apoya y promueve la vida. La arquitectura védica de Maharishi Sthapatya, más antigua y más completa que el *feng shui*, es una enorme bendición y es en sí misma una fórmula para el éxito."

"Comprender la pasión es llegar a la esencia natural de la vida, al propósito mismo de la vida que es progresar, evolucionar y crecer hacia nuestra propia realización. Si estamos progresando y evolucionando, entonces nos sentimos llenos de alegría, energía, vitalidad y salud."

"Esas actividades, a través de las cuales crecemos, a través de la cuales nos expandimos en conocimiento, poder y realización, son el tipo de actividades que nos regocijan. Si yo siento pasión por algo o si tú sientes pasión por algo es porque ese algo nos trae alegría y nos nutre, esa actividad es una senda de evolución y de expansión para nosotros, expansión del conocimiento, de influencia, de poder y de felicidad."

"Si no sientes pasión por una actividad, significa que esta no te está brindando crecimiento, satisfacción, alegría y expansión. La pasión y el éxito son inseparables para mí. La pasión nace del éxito y del progreso que viene con el éxito."

"Las personas se sienten atraídas por una actividad porque cuando la realizaron por primera vez, de inmediato, sintieron crecimiento y progreso en esa dirección. Típicamente, en esa actividad radican sus talentos. Es un canal natural de creatividad para ellos."

"La búsqueda de la pasión es esencial para la vida. Es tan íntima a la vida que, si no estás persiguiendo tus pasiones, no permanecerás feliz por mucho tiempo. No vas a poder sostener el rumbo por mucho tiempo. Sin embargo, uno tiene el control, hasta cierto punto, sobre lo que constituye su pasión."

"Aquello en lo que fijas la atención cobra fuerza en tu vida. Puedes cultivar un interés en algo y desarrollar un talento que te permita triunfar posteriormente en ese campo y así disfrutar a través de esa avenida del progreso, del éxito y de la evolución. Cuando esta actividad te recompense con alegría, progreso, expansión y evolución, ese campo se convertirá cada vez más y más en una pasión para ti."

"Las personas tienen la libertad - y es tal vez la mayor libertad humana - de elegir a qué le prestan atención. Eso que elijan cobrará más importancia y un papel más central en sus vidas. Le recomendaría a todo el mundo que ejerza esa libertad - que enfoque su atención en proyectos que en realidad valgan la pena, que tengan el potencial de traer la mayor felicidad y crecimiento a su vida y a la sociedad."

"Mientras más global sea el proyecto y más alcance tenga, mayor es la felicidad y crecimiento que potencialmente puede generar. Tenemos control sobre lo que podría llegar a convertirse en una pasión para nosotros y esa es una libertad importante que ejercemos. Pero, obviamente, puede haber limitaciones. Lo que algún día podría convertirse en una pasión para nosotros puede estar limitado por nuestras predisposiciones básicas y nuestra estructura genética."

"Probablemente, aunque disfruto el arte, pintar jamás se convertiría en una pasión para mí: no tengo talento alguno en esa área y cualquier esfuerzo en esa dirección con toda certeza me llevaría a encontrar más frustración que alegría. Si tuviera algo de talento, incluso un talento moderado, podría cultivar ese talento, disfrutar las rachas iniciales de progreso y eso a la postre podría convertirse en una pasión para mí."

"Así que tenemos algo de control, pero hay limitaciones basadas en nuestra propia naturaleza individual. No todo el mundo va a ser un gran profesor. No todo el mundo va a ser un gran político. En mi vida, he hecho elecciones para desarrollar nuevas áreas, nuevas pasiones que, con toda franqueza, no eran tan naturales en mí, talentos con los que no nací. Yo no nací físico cuántico, nací ingeniero."

"Todo lo que tuviera que ver con la física clásica y las leyes de la mecánica, yo ni siquiera lo tenía que estudiar. Las conocía, están en mis huesos, eran parte de mi genética. Pero cuando me tuve que enfrentar a la mecánica cuántica, entré en un reino extraño y nuevo, que no intuía en lo absoluto."

"Debo decir, para ser justo, que casi nadie comprende la mecánica cuántica de manera intuitiva. Para explorar estos reinos abstractos en donde nuestra intuición no ofrece ninguna guía, hay que valerse por completo de las habilidades matemáticas que uno tenga. Y yo no era un matemático innato. Realmente tuve que desarrollar esas destrezas durante unos años antes de adquirir una fluidez natural en el mundo cuántico que me permitiera empezar a abordar problemas en ese mundo cada vez con más facilidad. Hasta que por fin alcancé una chispa de felicidad."

"Me llevó tiempo desarrollar ese nuevo canal de inteligencia creativa, ese nuevo canal de desarrollo y satisfacción. Me llevó tiempo construir esa nueva pasión."

"Haberme adentrado en la política social es el segundo ejemplo de creación de una nueva pasión, en donde me desarrollé en un área para la cual Dios no me había dotado de dones naturales. Algo que hice al responder a un llamado de servicio a la humanidad. La política pública no me entusiasmaba antes de que aceptara el llamado para generar mejores principios y políticas para gobernar a nuestro país y al mundo."

"Me sumergí en la esfera de la política pública, de las reformas de atención en salud, etc. y con relativa rapidez, en comparación con la física cuántica, me encontré en la posición de ser capaz de hacer contribuciones importantes y originales al campo. No es astronáutica, podrían decir ustedes. Tampoco es física cuántica."

"No tomó tanto tiempo poner al descubierto las falacias de nuestras políticas actuales en áreas como la defensa, que está basada en la ofensiva; o en el área de atención en salud, que está basada en el tratamiento de enfermedades, y otras - y construir políticas que estuvieran en armonía con la ley natural, que apoyaran más la vida y que hicieran un uso más eficiente y considerado de nuestros valiosos recursos."

"Este es otro ejemplo de cómo mi más profundo sentido de responsabilidad me hizo madurar y construir una nueva pasión que luego se transformó en la fuerza que impulsó mi vida durante varios años."

"Lo que aprendí después de quince años de educación superior, es que el universo material está construido sobre el mundo mecánico cuántico inmaterial de la inteligencia abstracta que yace debajo de él. La exploración de niveles más profundos de la ley natural a nivel atómico, nuclear y subnuclear, estaba examinando niveles más profundos de inteligencia en la naturaleza que estaban muy por encima de la esfera de la existencia material."

"En última instancia, el descubrimiento del campo unificado fue un descubrimiento de un campo de inteligencia pura cuya naturaleza no era material, sino pura conciencia interactiva. La física, en efecto, había descubierto la conciencia en la base de la existencia material."

"Quería conocer la naturaleza de esa conciencia y fue a través de los programas de Maharishi y de sus técnicas para el desarrollo de la conciencia que experimenté la realidad de lo que era ese campo de conciencia. Descubrí por mí mismo que la inteligencia humana, en su esencia, es la inteligencia universal y que en ese nivel tú, yo, toda la gente y todo en el universo somos uno."

"Estamos unidos en nuestra esencia. Y esa verdad, la verdad absoluta de la unidad de la vida, es el conocimiento más precioso y crucial que ha surgido en esta era científica. Es la misma realidad que han celebrado a través de los tiempos todas las tradiciones espirituales del mundo. Pero ahora esta misma verdad está abierta para ser verificada objetivamente a través del enfoque empírico de la física moderna y abierta a que las personas lo verifiquen a través del enfoque vivencial de la conciencia; y, especialmente, desde mi punto de vista, a través de las tecnologías universales y efectivas de la ciencia védica de Maharishi, incluyendo el programa de Meditación Trascendental."

"Mi mayor deseo hoy en día es ver que termine la violencia sin sentido y el legado continuo de guerra que ha confrontado a la humanidad durante tantas e incontables generaciones y traer una paz duradera al mundo, basada en el emergente conocimiento global sobre la unidad esencial de la vida."

"Cuando todos nosotros podamos tener esa visión, cuando todos los que estamos leyendo esto podamos comprender y vivir la unidad de la vida, esa unidad será mucho más fácilmente comprendida y asimilada por los miles de millones de ciudadanos de nuestra familia global. Estamos casi en el punto en el que estas palabras, en el que la realidad fundamental de la unidad de la vida, están resonando con la gente y comenzando a tener sentido."

"Pero aún no llegamos y es importante que creemos un núcleo para la transición. Que precipitemos la transformación transmitiendo este conocimiento y esta experiencia al mayor número posible de personas. Y de esa comprensión y de esa vivencia de la unidad, tendrá que surgir de modo inevitable la paz real y duradera en el mundo de hoy."

"En realidad no hay límite para el potencial humano y no hay un límite para lo que podemos alcanzar de manera natural. El secreto es alinear la inteligencia humana con la inteligencia vasta y ordenadora de la naturaleza que gobierna el universo y sostiene a millones de especies en el mundo y a trillones a lo largo y ancho del universo."

"Al alinear nuestros deseos con el flujo evolutivo natural de la inteligencia universal, cualquier impulso del pensamiento puede tener un éxito enorme. Alinear la inteligencia individual con la inteligencia de la naturaleza es lo que se denomina iluminación."

"Desarrollar la totalidad del cerebro y encaminarse a estados de conciencia más elevados, es indispensable para lograr la realización individual, y es la llave para contribuir al máximo a la evolución de la sociedad rumbo a una sociedad iluminada, una sociedad basada en un campo unificado de paz, prosperidad y armonía en la familia de las naciones".

¿Cuáles fueron las lecciones claves en esta entrevista, respecto a vivir tu pasión?

1. La naturaleza esencial de la vida es progresar y evolucionar hacia la realización.

2. Cuando estamos progresando y evolucionando experimentamos alegría, energía, vitalidad y salud.

3. El tipo de actividades a través de las cuales crecemos, a través de las cuales nos expandimos en conocimiento, poder y realización nos producen regocijo.

4. Cuando sentimos pasión por algo es porque nos produce alegría porque esa actividad es una senda de evolución y expansión para nosotros.

5. Si no sientes pasión por una actividad, es porque esa actividad no te está generando crecimiento y expansión.

6. La pasión nace del éxito y del progreso que proviene del éxito.

7. La búsqueda de la pasión es tan básica para la vida, que si no estás buscando tus pasiones, no tendrás una felicidad

duradera y no serás capaz de mantener esa dirección por mucho tiempo.

8. Se tiene control sobre aquello que puede llegar a ser una pasión para uno, dentro de las limitaciones que imponen las predisposiciones esenciales y la estructura genética de uno. Uno puede cultivar un interés o desarrollar un talento en un área específica; esto le permitirá triunfar en ese campo y transformarlo en una pasión.

9. La mayor libertad humana es la libertad de elegir aquello a lo que se presta atención. Esa área se volverá más básica e importante en tu vida.

10. El sentido más profundo de responsabilidad nos puede llevar a cultivar y construir una nueva pasión.

11. El universo material está construido sobre el mundo mecánico cuántico inmaterial de la inteligencia abstracta que subyace a él.

12. No hay límite para el potencial humano ni para lo que podemos alcanzar de modo natural. El secreto es alinear la inteligencia humana con la inteligencia vasta y ordenadora de la naturaleza.

13. Al alinear nuestros deseos con el flujo evolutivo de la inteligencia universal, cualquier impulso del pensamiento puede tener un éxito enorme. Alinear la inteligencia individual con la inteligencia de la naturaleza es lo que se denomina iluminación.

Epílogo

Como mencionamos al principio del libro, ambos hemos tardado más de treinta y cinco años para alinear verdaderamente nuestras vidas con nuestras pasiones. Para nosotros ha sido un viaje, como lo ha sido y será con certeza para ti.

Algunas veces estábamos alineados a la perfección, otras estábamos bastante desviados del camino. Lo que ha sido claro es que el estar alineado lleva a una vida de alegría, plenitud y deleite. Cuando nos desviábamos del camino, era lamentable.

A lo largo del camino, descubrimos que el apoyo es esencial. Sin importar cuanto quisiéramos elegir a favor de nuestras pasiones, a veces las viejas creencias y conceptos levantaban sus horrendas cabezas. Si no hubiera sido por nuestros mentores y maestros, no estaríamos viviendo las vidas extraordinarias que vivimos hoy en día.

Así que te alentamos a buscar ayuda y apoyo. Ninguna persona exitosa ha alcanzado *nunca* el éxito por sí misma. Busca los recursos, los mentores y los maestros que te pueden ayudar a vivir la vida que mereces. Hemos hecho una lista de algunos que conocemos y en los que confiamos en la sección de recursos, en la parte de atrás de este libro. Decide estar abierto al aprendizaje y a recibir ayuda. Esto puede cambiarlo todo.

Pero sobre todo, sigue haciendo el *test* de la pasión con regularidad y disfruta tu viaje por la autopista cósmica. Si durante el viaje necesitas consultar de manera veloz el manual del conductor, regresa a esta página.

Descubrir regalos - Cuando prestas atención a lo bueno que tienes en la vida, crearás más cosas buenas. Cuando descubres el regalo que cada instante, cada situación, cada persona que conoces te ofrece, tendrás una vida llena de regalos.

Da lo que quieres recibir - La forma de obtener la felicidad es dar lo que quieres tener. En el plano relativo, la vida es como un espejo. Recibes lo que ofreces.

La acción mantiene la atención ocupada - La acción no es la que alcanza el resultado. Las cosas casi nunca salen como las planeamos. Pero cuando actuamos, mantenemos la atención ocupada en cumplir la intención que tenemos. La atención es la que crea el resultado.

El sistema de guía de la Naturaleza - Cuando estás abierto a los mensajes de la Naturaleza, ésta te guiará en cada paso del camino. Cuando te sientas expandido, actúa, avanza y disfruta el proceso del logro. Cuando te sientas contraído, detente, haz una pausa, descansa, reflexiona y disfruta el proceso de volver en ti.

Renunciar - ¿Qué puedo hacer para renunciar a ser el gerente general del universo, para poder permitir que se dé lo que se supone debo estar haciendo? Cuando renuncias, ocurren cosas asombrosas.

Zarpar cuando los vientos sean favorables - El momento oportuno lo es todo. Cuando vas a hacer un viaje, es conveniente consultar el estado del tiempo antes de salir. Cuando vas a empezar una nueva e importante fase en tu vida, es conveniente consultar un *jyotishi* competente, para hacerlo en un momento en el que sea más probable que el impulso será bueno.

El fracaso no es una opción - Cuando estés alineado de verdad con tus pasiones, nada puede detenerte.

Tres obstáculos en el camino - Sólo hay tres obstáculos para vivir una vida apasionada: las creencias falsas, los conceptos falsos y las ideas falsas. Cuando discutes con la realidad, pierdes, el cien por ciento de las veces. Cuando descubres que estás eligiendo a favor de algo diferente a lo más importante para ti, debes analizar tu pensamiento. El trabajo de Byron Katie es una de las herramientas más poderosas que hemos encontrado para anular creencias limitantes.

Sin tensión - Actuar desde un estado sin tensión es la clave para desarrollar acciones que produzcan poderosos resultados. Este estado sin tensión es el estado interior de la integridad, de calma. Cuando la mente está en calma, la inspiración se da de manera natural.

Ayudar a los demás para ayudarse a sí mismo - Para tener todo lo que deseas en la vida, ayuda a otros a obtener lo que ellos desean en sus vidas.

La velocidad de la confianza - La confianza es básica para vivir una vida apasionada - confiar en que vives en un universo benévolo y crear confianza en las relaciones con los demás. En las relaciones, una alta confianza hace que todo ocurra más rápido y baja los costos de manera considerable.

La felicidad absoluta siempre está presente - En tu origen, estás lleno. El apego a creencias o ideas falsas puede impedir que recibas la felicidad absoluta que siempre está presente. Adéntrate en el dolor, siéntelo plenamente y redescubrirás la dicha absoluta.

Seguir las migas de pan - Las pasiones te están llevando a descubrir quién eres realmente. Haz el *test* de la pasión tan a menudo como quieras o por lo menos cada seis meses. Cada vez descubrirás más acerca de ti mismo.

Éxito perdurable - En la medida en que adquieras más y más claridad sobre lo que de veras tiene importancia para ti, tus pasiones cambiarán menos con el tiempo. Tus pasiones esenciales se pueden realizar a través de diversos canales. Sigue haciendo el *test* de la pasión con regularidad, elige a favor de tus pasiones de manera consistente y tus pasiones esenciales surgirán de manera natural.

Unidos en esencia - Todos estamos conectados en el nivel más profundo. Mientras más plena sea la conexión con tus pasiones, podrás conectarte de un modo más profundo con los demás.

Sea lo que sea que elijas hacer, recuerda el poder y la fuerza del amor. Las cosas que más amas, esas cosas que llamamos pasiones, están atrayéndote de manera irresistible hacia el cumplimiento de tu destino.

Te dejamos con este pensamiento:

La pasión nace del amor.
El amor es la perfección de lo divino en nosotros.
El amor vive, respira
y se expresa a través de nosotros
y nos llena con el fuego de la pasión.
La realización surge del amor
y a través del amor.
Vivamos en el amor, en aras del amor.
Seamos en el amor
y compartamos nuestro amor
al servicio de nuestro destino común.
Dejemos que la pasión brote de nosotros como amorr
al servicio de la humanidad.

Agradecimientos

Como en todo libro, muchas personas hicieron posible éste. Nuestros compañeros en *Healthy, Wealthy 'n Wise (Saludables, ricos y sabios)*, Ric y Liz Thompson fueron increíbles. Han dado su apoyo a todas las ideas locas, con al menos una pizca de sensatez, que hayamos tenido. Ellos decidieron compartir su revista con nosotros y después hemos trabajado hombro a hombro para crear un recurso único en Internet que permita a la gente común pasar tiempo con las personas más maravillosas del mundo y aprender de ellas. Ric y Liz, gracias en primer lugar por su amistad y por crear esos sistemas en línea que permiten que tanta gente adquiera el conocimiento necesario para vivir su destino.

Mark Víctor Hansen y Robert G. Allen, gracias por ser lo que son. Nos mostraron que la puerta marcada "seguridad" no es para nada segura y que la puerta marcada "Libertad" es mucho más divertida, aunque a veces sea espeluznante. Y gracias por tener una actitud tan abierta ante nuestra idea de sacar adelante *Iluminado* y *Millonario*, para que todos pudiéramos comenzar a darnos cuenta de que la espiritualidad y la riqueza son formas complementarias y no mutuamente excluyentes de vivir la vida.

Harv Eker, Jack Canfield, Paul Scheele, Pete Bisonnette, Bill Harris, Michael Beckwith, Byron Katie, Jay Abraham, Pankaj y Smita Naram, Bill Bauman y Tom Painter, también estamos agradecidos con ustedes por su amistad y generosidad para compartir su conocimiento, experiencia y sabiduría.

Marci Shimoff, has sido una amiga y una consejera extraordinaria. Tu amor, sabiduría y consejos prácticos han sido indispensables. Gracias por recordarnos quiénes somos.

Bill Levacy, gracias por tu profunda guía *jyotish* y tu asombrosa habilidad para dar a estas sencillas palabras "Intención, Atención, Sin tensión" un grado tal de claridad que transformaran nuestras vidas y las vidas de nuestros lectores para siempre.

Sylva Dvorak, Pat Burns y Melony Malouf, gracias por ser amigos excelentes, por estar siempre presentes y siempre listos para apoyarnos cuando en verdad lo necesitábamos. Ustedes son muy especiales para nosotros.

Bonnie Solow, eres la mejor agente del mundo. Gracias por ser tan buena amiga, por empujarnos para dar lo mejor de nosotros y por representar nuestros intereses con tanta integridad. Valoramos nuestra relación.

Christina Collins Hills, tus habilidades *jyotish* han sido muy importantes para ayudarnos a "evadir el peligro que aún no ha llegado". Gracias por tu amor y apoyo permanente en todo lo que hacemos.

Chris Strodder, gracias por tu paciencia para leer y releer la versión original de este libro tantas veces. Tus sugerencias, preguntas y comentarios han hecho que la versión final sea mucho más rica.

Liz Howard, haces milagros con tu trabajo. Gracias por el hermoso trabajo de diseño de la edición original del libro y por hacerlo en un tiempo récord.

George Foster, es un deleite trabajar, jugar y reír contigo. Tu sentido del humor, combinado con tus increíbles destrezas para el diseño, te convirtieron en uno de nuestros compañeros ideales. Estamos muy emocionados en ayudar al mundo a saber que es a ti a quien deben recurrir cuando necesiten una cubierta increíble para un libro.

De parte de Janet: Estoy muy agradecida con mis grandes maestros que abrieron el corazón y la mente y, en muchos casos, su hogar, para que yo pudiera cumplir mis pasiones y compartir su sabiduría con muchas personas.

A mi grupo: Ángel, Mo, Sue, Suzanne, Cindy, Tony, Jerrie, De Sue y Sandy, gracias por ser el equipo que me daba ánimos. Aun si sus mentes no siempre podían abrazar lo que yo intentaba hacer, sus corazones siempre lo hacían.

A Mickey y a Johnny, mi querida hermana y mi querido hermano, son una bendición en mi vida. Es maravilloso saber que, pase lo que pase, siempre podré contar con ustedes. Gracias por darme su aliento y su amor y por ayudarme a levantar cuando el camino se hacía difícil.

Christian Seaton y Sandy Magram, gracias por ser, durante todos estos años, las mejores amigas que una mujer podría desear tener. Radhika Schwartz, Martin Gluckman y Krishna, gracias por orientarme en dirección a las personas más sabias del planeta.

Martin, estoy muy agradecida contigo por haberme acompañado en algunos trayectos de mi viaje. Juliann Jannus, gracias por haber tenido la flexibilidad de dejar tu trabajo para viajar conmigo al otro lado del mundo y gracias por haberme iniciado en mi carrera de video.

Debra Sue Poneman, me iniciaste en este viaje hace casi treinta años. ¡Gracias por tu inspiración, tu sabiduría y por hacer que el mundo de la transformación sea mucho más divertido!

A Ashoklal, Bindu, Krishna y Devu y a Kannan, Amita y al resto de mi familia hindú, gracias por cuidarme tan bien y por cerciorarse de que tuviera un hogar aunque estuviera lejos del mío.

Chris... ¡Bendito seas!... ¿Qué no hemos pasado juntos? Gracias por enseñarme que: "Si no es divertido, entonces no quiero jugar". Gracias también por tu increíble habilidad para hacer brotar la grandeza en todos los que te rodean. Es un honor ser tu mejor amiga y tu socia.

A mis queridos padres y mi estimada Margie, gracias a ustedes soy lo que soy. Gracias por presionarme para que fuera yo misma.

De parte de Chris: Mi querida y amada Doe, eres una bendición en mi vida. Gracias por tu paciencia ante los trasnoches, madrugones y fines de semana que la elaboración del libro exigió. Tu amor y apoyo permanentes significan todo para mí.

Mami y Erich, gracias por prodigarme su amor. Mami, gracias por motivarme siempre a seguir mi propio camino, incluso cuando pensabas que era totalmente descabellado.

Querido papá, ¿qué gran vida tuvimos juntos, eh? Gracias por permitir que me sintiera tan amado. Este libro es tan tuyo como mío. Gracias por mostrarme lo que es el verdadero valor.

Rolf y Renee Erickson, ¡ustedes son unos amigos estupendos! Gracias por su excelente retroalimentación. Bob y Patricia Oates, estoy muy agradecido con ambos. Bob Rolf, gracias por compartir tantas aventuras increíbles y apasionantes conmigo, así de hecho tengo una idea de lo que significa vivir apasionadamente.

Mark Schoenfield, gracias por tu amistad y por recordarme lo que es real. A todos mis compañeros del *Purusha Program* en los Estados Unidos, Europa y en las altas montañas de los Himalaya, gracias por su silencio, su dedicación y el poderoso efecto de coherencia que tienen sobre el mundo.

Y Janet, eres una maestra asombrosa. Me has ayudado a transformar mi vida para que llegara a ser más de lo que jamás habría podido soñar. Es tan increíble saber que hay alguien que nunca dejará de creer en mí, con el que siempre puedo contar y que haría lo que fuera por mí. Eres mi inspiración, mi mejor amiga y mi socia perfecta.

Y por último, en nombre de los dos, no encontramos palabras para expresar la profunda gratitud que sentimos hacia Su Santidad

Maharishi Mahesh Yogi, por darnos la experiencia y el conocimiento directos de la naturaleza más fundamental de la realidad. Nos sentimos profundamente bendecidos.

Sobre los autores

Cofundadores de la revista digital *Healthy, Wealthy 'n Wise (Saludables, ricos y sabios)* y socios de *Enlightened Alliance's (Alianzas iluminadadas)*, una firma de consultoría en mercadeo, Chris y Janet Attwood pasan tiempo por lo regular con algunos de los más grandes líderes transformacionales, haciéndoles entrevistas sobre sus pasiones.

Sus entrevistas de las *Series de la pasión* han ayudado a miles de personas aprender los principios que conducen a una vida apasionada. Han entrevistado personas como T. Harv Eker, Neald Donald Waslch, Byron Katie, Stephen R. Covey, David Lynch, Dr. Wayne Dyer, John Gray, Willie Nelson, Rhonda Byrne y muchas otras.

Chris y Janet estuvieron casados y aunque ahora ya no lo están, siguen siendo muy buenos amigos y socios. Después de muchos años exitosos en el mundo corporativo, renunciaron a la seguridad de los cargos bien remunerados que tenían para asociarse con Mark Víctor Hansen y Robert Allen y crear el programa *El Millonario Iluminado*.

Son miembros fundadores del *Transformacional Leadership Council* de Jack Canfield y miembros activos del *Positive Debitan Network* de Marshall Thurber.

Janet Attwood es una experta comunicadora y conectora. Siempre ha tenido el don de relacionarse con otras personas, sin que importe el estatus o posición de éstas. Janet establece vínculos con todo el mundo: personas influyentes y poderosas; ricas y famosas; santos de la India, Nepal, Filipinas y de otros lados; leprosos, pacientes con sida y con cualquiera que esté buscando vivir su destino.

Ha sido la mejor vendedora en todas las empresas en las que ha trabajado en los últimos veinte años. Dirigió el departamento de mercadeo de *Books are Fun*, en esa época el tercer mayor vendedor de libros en los Estados Unidos. Un año después de que su departamento registró ventas récord, *Books are Fun* fue vendida a *Reader's Digest* por 360 millones de dólares.

A Janet dieron las llaves de la ciudad de Miami y fue nominada para el *President's Volunteer Service Award* por su trabajo con las mujeres sin hogar, en transición.

Creó las primeras series transformacionales llamadas *The Empowered Women's Series (Las series de las mujeres empoderadas)*. Este eficaz programa se presenta en los albergues para gente sin hogar en todos los Estados Unidos y presenta a líderes femeninas transformacionales de renombre como Byron Katie, Marci Shimoff, Rickie Byars Beckwith, Cynthia Kersey, Lynne Twist, Jan Stringer, Lisa Nichols, Dr. Sue Morter y Janet.

Janet ha practicado el programa de meditación trascendental durante más de treinta y cinco años y es una de las facilitadoras del trabajo de Byron Katie.

Chris Attwood es un experto en el área de la conciencia. Durante treinta y cinco años ha estudiado y explorado el campo de la conciencia humana. En los ochenta, pasó más de diez años en profunda meditación y ha estudiado de manera exhaustiva la tradición védica de la India.

También ha llevado su conocimiento teórico a la práctica. Chris tiene una gran destreza en el área de ventas y consultoría empresarial. En los últimos treinta años ha sido presidente, director de operaciones o gerente general de diez compañías. Ha vendido millones de dólares en consultoría y entrenamiento a organizaciones como Dell Computer, Royal Bank de Canadá, Sprint, Ford Motor Company, Mellon Bank y otras.

Janet y Chris están comprometidos con la experiencia y la expresión del potencial ilimitado del corazón y de la mente. Ellos enseñan y su práctica cotidiana da fe de lo que significa una vida de amor incondicional.

RECURSOS

―――――――――

RECURSOS DEL LIBRO

Como dijimos en el epílogo, contar con apoyo ha sido decisivo en el desarrollo de la habilidad para alinear nuestras vidas con nuestras pasiones. En esta página y en la siguiente sección titulada *Otros recursos*, encontrará personas y programas que conocemos y en los que confiamos, que pueden brindar el apoyo necesario para una vida apasionada.[2]

HealthyWealthynWise (Saludables, ricos y sabios)

Esta revista electrónica no sólo ofrece cada mes artículos útiles y de ayuda, sino que además permite escuchar las entrevistas en vivo que hacemos a algunas de las personas más exitosas del mundo sobre cómo han descubierto y cómo viven sus pasiones. Entre los entrevistados se encuentran personas como: Stephen R. Covey, Willie Nelson, David Lynch, Wayne Dyer, Robert Kiyosaki, Byron Katie, Barbara De Angelis, Stedman Graham, John Gray, Rhonda Byrne, T. Harv Eker, Neale Donald Walsch y muchas otras. Para suscribirse y registrarse en HWnW con el fin de escuchar las entrevistas telefónicas de la pasión, visite:

www.healthywealthynwise.com/interview

Los sitios web de Chris y Janet

Para aprender más sobre nosotros y explorar las herramientas que tenemos disponibles para dar apoyo a nuestros lectores en la vivencia de sus pasiones, visite:

www.thepassiontest.com

―――――――――

1   Todas las referencias de Internet se encuentran disponibles únicamente en inglés.

Para hacer el *test* de la pasión en línea, visite:

www.passiontest.com (Información en inglés)

Español - Por favor escriba a celeste@thepassiontest.com

Para conseguir una copia de nuestro libro electrónico *From Sad to Glad - 7 Steps to Facing Change with Love and Power (De la tristeza a la alegría: 7 pasos para enfrentar el cambio con amor y poder)*, visite:

www.thepassiontest.com/fromsadtoglad **(Información en inglés)**

Para obtener información sobre cómo convertirse en un facilitador certificado del *test* de la pasión, visite:

www.thepassiontest.com/cert (Información en inglés)

Español - Por favor escriba a celeste@thepassiontest.com

Si está interesado en otros trabajos nuestros, puede visitar:
www.janetattwood.com
www.stayinginlove.com
www.enlightenedalliances.com

Sitios web de los invitados entrevistados

Leíste algunas de las extraordinarias entrevistas que llevamos a cabo con Debbie Ford, Richard Paul Evans, Stephen M.R. Covey, Gay Abraham, Marci Shimoff y el Dr. John Hagelin. En estos sitios puedes aprender más sobre cada uno de ellos:

Debbie Ford: *www.debbieford.com*

www.bestyearofyourlife.com

Richard Paul Evans: *www.richardpaulevans.com*

www.thechristmasboxhouse.org

Stephen M. R. Covey: *www.coveylink.com*

Jay Abraham:	*www.abraham.com*
Marci Shimoff:	*www.marcishimoff.com*
	www.happyfornoreason.com
Dr. John Hagelin:	*www.istpp.org o www.tm.org*
	www.permanentpeace.org
	www.hagelin.org

Raquelina Luna Calvo, Raquelina Luna: *www.lunavital.com*

De nuestras historias

Si te encantaron algunas de las historias que aparecen en *El Test de la Pasión*, algunos de estos personajes tienen sitios en la red en donde puedes aprender más acerca de ellos y de su trabajo.

Byron Katie:	www.thepassiontest.com/thework
Rhonda Byrne:	http://www.rhondabyrne.com
Lynn Carnes:	http://www.carnesassociates.com
Karen Nelson Bell:	http://www.karennelsonbell.com

Unleash America´s Passion

(*Desaten la pasión de EEUU*): www.thepassiontest.com/com/unleash

Poder tras la pasión: www.thepassiontest.com/powerbehindthepassion

Fuentes de jyotish

En el capítulo 10, compartimos nuestra "arma secreta", la ciencia del momento oportuno. Si desea adquirir más información sobre este tema fascinante, le recomendamos estas dos fuentes:

Bill Levacy: www.thepassiontest.com/levacy

OTROS RECURSOS

Expansión de la conciencia, profundización de la experiencia de la vida.

Meditación trascendental (MT) - Durante más de treinta años, ambos hemos practicado este programa altamente efectivo de meditación profunda. Consideramos que es la base sobre la que todo lo demás está construido. Es sencillo, es fácil de realizar, funciona y además complementa otras prácticas. Se han realizado más de seiscientos estudios científicos sobre los beneficios de la MT. Esté listo para hacer una inversión que lo recompensará muchas veces y de incontables maneras.

www.thepassiontest.com/tm

El trabajo de Byron Katie - Byron Katie (conocida cariñosamente como Katie) es una mujer excepcional que "despertó" a la realidad hace muchos años. En el transcurso de esto, desarrolló un proceso de investigación increíblemente poderoso y fácil que ahora enseña alrededor del mundo. El trabajo permite a uno desembrollar de manera sistemática y sin esfuerzo los conceptos que le impiden vivir su propia grandeza. Esto fue decisivo para cambiar la forma como enfrentábamos nuestros retos.

www.thepassiontest.com/thework

El método Sedona - Todos hemos oído hablar sobre el valor "del desapego". El método Sedona es un método sencillo, pero profundo, para lograrlo. No hay límite para lo que uno puede lograr en la vida si es capaz de soltar de verdad las emociones y conceptos que lo refrenan.

www.thepassiontest.com/sedona

Centerpointe Research Institute - En la década de los setenta, algunos estudios descubrieron que las ondas sinusoides podían producir cambios predecibles en los patrones de ondas del cerebro, de varias maneras. Bill Harris, del *Centerpointe Research,* utilizó este conocimiento para crear la exclusiva tecnología de audio Holosync que produce en el cerebro patrones de ondas asociados con la meditación profunda. Los usuarios de Holosync refieren un amplio espectro de beneficios en todos los aspectos de sus vidas. Si usted ha tenido problemas con las prácticas tradicionales de meditación, esta puede ser la solución que ha estado buscando.

www.thepassiontest.com/centerpointe

Construyendo las bases del autoconocimiento

Programa privado de tutoría de Jack Canfield - Jack Canfield, uno de los creadores de la serie *Sopa de pollo para el alma*, es uno de los mejores entrenadores del mundo en la actualidad. Lo llevará a nuevos lugares en su interior y le permitirá ver la grandeza que hay en usted. Si no puede hacer ningún otro entrenamiento este año, haga el de Jack.

www.thepassiontest.com/canfield

Busting Loose from the Money Game (Libérese del juego del dinero) de Robert Scheinfeld - Si su meta es ir mas allá de hacer fortuna y liberarse del juego del dinero, tiene que hacer este programa. "Secretos" es una palabra de la cual se ha abusado en el mundo del mercadeo, pero este programa de veras le revelará algunos secretos esenciales sobre la naturaleza de la realidad. Chris hizo este programa y dijo que le había volteado el mundo al revés. Prepárese para asombrarse. Cuando haya terminado entenderá qué es la verdadera libertad y comenzará a vivirla.

www.thepassiontest.com/bustingloose

Agape International Spiritual Center - Agape es un centro no confesional fundado por el Dr. Michael Beckwith en 1986 con quince miembros; hoy en día cuenta con más de diez mil miembros y miles asisten a las ceremonias cada domingo. Si alguna vez está en Los Ángeles, California, no debe perderte esta ceremonia. Podrás experimentar la música más inspiradora, la comunidad más amorosa y los sermones del reverendo Michael que lo dejarán atónito, motivado y lo transformarán. No hay palabras para describir la experiencia de Agape, hay que vivirla.

www.thepassiontest.com/agape

The Kabbalah Centre - Usted ha oído hablar del *Kabbalah Centre* en artículos periodísticos que mencionan a personajes famosos que estudian allí. Lo que quizá no sepa es que las antiguas enseñanzas de la Kabbalah son muy prácticas y aplicables en la construcción de la vida que ha soñado.

www.thepassiontest.com/kabbalah

Bill Bauman - Algunas veces nos referimos a él como "el míster Rogers iluminado". *Gracioso, perceptivo, inspirador, invita a la reflexión*, son todas palabras que describen a Bill. Sus cursos, retiros y comunidad de amigos ofrecen un apoyo increíble cuando uno necesita rodearse de gente que lo motive a expresar plenamente lo que uno es.

www.thepassiontest.com/billbauman

La imparable Cynthia Kersey - Escribió el libro *Nada me detendrá*. Ella está movilizando a las mujeres imparables del mundo y es la viva encarnación de lo que significa ser imparable.

www.thepassiontest.com/unstoppable

La experiencia del descubrimiento del Dr. John DeMartini - Vale la pena asistir a los entrenamientos de John DeMartini sólo por el hecho de estar frente a una mente tan brillante. John te mantendrá embelesado con temas que van desde la física cuántica hasta los mecanismos con los que uno crea su propia realidad. Luego prepárate para hacer algo de trabajo interior serio. Espera salir transformado de estos cursos. Lo estarás.

www.thepassiontest.com/demartini

Money and You (El dinero y usted): Excellerated Business Schools - Marshall Thurber creó *Money and You* hace mas de treinta años. Ahora es administrado por D.C. Córdova y aún es uno de los cursos más altamente efectivos que existen. Aunque el título se relaciona con el dinero, el contenido consiste en una serie de juegos *experienciales* que te mostrarán quién eres realmente. Tony Robbins, Robert Kiyosaki, T. Harv Eker, Jack Canfield, Mark Víctor Hansen, Spencer Johnson y muchos otros tomaron este curso antes de alcanzar el éxito. ¿Crees que podrías aprender algo allí?

www.thepassiontest.com/moneyandyou

Atraer a los clientes perfectos - Jan Stringer y Alan Hickman te enseñarán un proceso sistemático para atraer a todo aquel que deseas atraer a tu vida, desde los clientes perfectos, la relación perfecta, el empleado perfecto hasta el socio perfecto. Empleamos este proceso en cada uno de los proyectos importantes que emprendemos.

http://www.perfectcustomers.com/

Sistemas de entrenamiento del destino - ¿Sabes que vives en un universo rico, pero no sabes cómo acceder a esa abundancia? El entrenamiento del destino de Scott de Moulin te mostrará cómo. Scott y su socia, Dallyce Brisbin, tienen un grupo muy numeroso de entusiastas seguidores.

www.thepassiontest.com/destinytraining

James Ray International - "¡El equilibrio es falso! La armonía es la que conduce a la felicidad y a la verdadera riqueza", dice James Ray, un experto entrenador. Su curso *Journey of Power (Viaje de poder)* hace uso de su amplia experiencia en negocios tradicionales en las culturas antiguas de Perú, Egipto y la selva amazónica. Se considera a sí mismo un "místico práctico"; según nuestra experiencia, es un entrenador que te va a desafiar, a entretener y algunas veces te va a horrorizar. De una u otra forma, hará despertar el poder que reside en tu interior.

https://jamesray.com/

The Happy Healthy Wealthy Game (El juego de la persona feliz, saludable y próspera) and The Ultimate Game of Life (El juego más estupendo de la vida) - Jim Bunch comenzó su carrera como parte del grupo directivo de Tony Robbins, enrolando alumnos en sus seminarios. Luego se convirtió en uno de los fundadores de Bamboo.com y se retiró por un tiempo después de que la compañía lanzó acciones al mercado. Ahora creó los reconocidos *The Happy Healthy Wealthy Game* y *The Ultimate Game of Life*. Estos dos programas de *coaching* pueden transformar por completo tu experiencia de vida.

www.thepassiontest.com/jimbunch

Crear poder - En los últimos veinte años, Karim Hajee ha estado enseñando su maravilloso *Creating Power System (Sistema de creación de poder)* que ha ayudado a miles de personas a cambiar su vida de maneras que nunca pensaron que fueran posibles. En la adolescencia, vivió en Kenya, al este del Africa; allí aprendió de su madre aprovechar su subconsciente y a desarrollar el *Creating Power System*. Ella a su vez lo aprendió de su madre que descubrió este sistema cuando vivía en la India. *El Creating Power System* puede ser un método altamente efectivo para crear la vida que deseas.

www.thepassiontest.com/creatingpower

Creando riquezas

Seminario intensivo de la mente del millonario de T. Harv Eker - Harv escribió un libro sobre la mente millonaria (*Los secretos de la mente millonaria*); además es uno de los mejores entrenadores que hayamos tenido. Los cursos de Harv son divertidos, desafiantes e increíblemente gratificantes. Cuando salgas de ellos, te sentirás fortalecido y libre de temores. Consigue una copia de este gran libro de Harv. Si apenas está iniciando el camino hacia la riqueza económica, ese es el punto de partida indicado.

www.harveker.com/

Alex Mandossian - Alex dejó unos ingresos millonarios como ejecutivo de mercadeo corporativo para seguir sus pasiones. Hoy en día disfruta de unos ingresos mucho más altos trabajando en casa. Es uno de los entrenadores más efectivos que conocemos. Si tú tienes la intención de convertir tus pasiones en dinero, pasa tiempo con Alex.

http://www.alexmandossian.com/

Enlightened Wealth Institute de Robert Allen - No tenemos elogios suficientes para nuestro antiguo socio. El *Enlightened Wealth Institute*, comúnmente conocido como el programa del protegido, ofrece cursos prácticos que exigen participación activa y que te enseñarán las ventajas y las desventajas de crear riqueza a través de los bienes raíces, acciones, mercadeo por Internet e "infopreneuring" (información de mercadeo).

www.thepassiontest.com/emi

Monthly Mentor (El mentor mensual) de Raymond Aarón - Conocido por su éxito financiero en Canadá, autor de *Sopa para el alma de los padres* y *Sopa para el alma canadiense*, el programa *Monthly Mentor* de Raymond Aarón es algo que uno no debe perderse. Cada mes entrevista a gente increíble como Robert Kiyosaki, Mark Víctor Hansen, Brian Tracy y Randy Gage y los hace confesar todo lo que se necesita para tener éxito. Con razón las entrevistas de Raymond han cultivado una audiencia leal.

www.thepassiontest.com/aaron

One Coach (Un entrenador) - Los fundadores de *One Coach*, John Assaraf y Murray Smith han ganado millones en múltiples ocasiones, en diversos negocios. Ahora están concentrados en ayudar a los propietarios y empresarios de pequeños negocios con ventas por debajo de un millón de dólares. El programa te asesorará para que atravieses obstáculos y desafíos; te ayudará a identificar oportunidades. Nos encanta el enfoque holístico que le dan el éxito.

http://johnassaraf.com/

BNI (Business Networks International) - Fundada por el Dr. Ivan Misner hace más de veinte años, cuando quería generar más negocios para su práctica de consultoría, BNI ha crecido hasta tener más de cien mil miembros y casi cinco mil secciones. Los integrantes de BNI se reúnen con regularidad, invitando sólo un miembro de cada "sector" (médico, abogado, estilista, quiropráctico, etc.) por sección, para compartir referencias entre ellos. Basado en la filosofía de que "los que dan ganan", el año pasado los miembros de BNI intercambiaron más de dos millones de referencias y generaron casi 1,000 millones de dólares en negocios entre ellos.

www.thepassiontest.com/bni

Stephen Pierce - Si tu camino hacia la riqueza es a través del Internet, prepárate para aprender de uno de los mejores. Stephen es uno de los líderes en el área de mercadeo en la red: desde desarrollar estrategias propulsoras, lanzar libros, subastar en eBay, hasta conseguir publicidad. Cuando visite este sitio, lo alentamos a que esté abierto. Stephen es una gran persona; puedes aprender mucho de él sobre cómo convertir en dinero tus pasiones, adaptando sus métodos a tu propio estilo.

www.thepassiontest.com/pierce

Success University (Universidad del Éxito) - Este es uno de los sitios a los que puedes ir si deseas recibir entrenamiento, con los mejores tutores del mundo, en cómo hacer una fortuna. Tomarás cursos con Jim Rohn, Zig Ziglar, Brian Tracy, Les Brown, Jay Abraham y muchos más. Este recurso único está basado en un modelo de mercadeo en la red para que puedas aprender y ganar simultáneamente.

www.thepassiontest.com/successu

Wildly Wealthy Woman (Mujeres descomunalmente ricas) - Este programa australiano que ha gozado de un éxito extraordinario, pronto llegará a los Estados Unidos. Sandy Foster y Dymphna Boholt crearon un programa solo para mujeres en el que les enseñan gestión de activos, estrategias para adquirir bienes raíces sin cuota inicial, estrategias de inversiones seguras en la bolsa de valores y otras destrezas prácticas en un ambiente seguro creado por mujeres para mujeres.

www.thepassiontest.com/wildlywealthy

Salud

Maharishi Ayurveda en Bad Ems, Alemania - Ven y descubre porqué Chris y su esposa Doris pasan entre tres y seis meses en Bad Ems. El centro de salud ayurvédico es uno de los mejores *spas* de Europa y ha sido premiado en numerosas ocasiones. Ofrece una atención personalizada, habitaciones muy confortables en el histórico Haecker Kurhotel de cuatro estrellas y unos alrededores sublimes. Ven a finales de la primavera, en el verano o a principios del otoño y tal vez te cruces con Chris y Doris, caminando por maravillosos espacios ubicados en la parte situada junto al río Lahn y, si estás de suerte, tal vez te puedas topar con Janet que les está visitando.

Los códigos de sanación - El sistema de sanación, ahora denominado códigos de sanación, fue la respuesta a doce años de oraciones del Dr. Alex Loyd; con este sistema pudo curar la depresión severa de su esposa, que no había respondido a ningún otro tratamiento. Al aplicar los códigos de sanación en pacientes con problemas psicológicos y emocionales, se sorprendió al ver que estos comenzaron a referir recuperaciones de problemas serios de salud como esclerosis múltiple, leucemia, la enfermedad de Lou Gehrig y otros. El Dr. Loyd es un hombre maravilloso y amoroso. Si tienes problemas de salud, los códigos de sanación podrían producir un milagro en tu vida.

Sistemas Morter Health - El Dr. Ted Morter Jr. se ha convertido en una leyenda de la quiropraxia. Su sistema BEST (Bioenergetic Synchronization Technique/ (Técnica de Sincronización Bioenergética) ha efectuado milagros en gente que padecía enfermedades de todo tipo. Sus hijos, el Dr. Ted Jr. y el Dr.

Tom y su hija, Dr. Sue Morter, son admirables por mérito propio.

http://www.drsuemorter.com/

Ayushakti Dr. Pakaj Naram – Ya leíste algunas cosas sobre la historia del Dr. Pankaj en *El Test de la Pasión*. La madre Teresa lo felicitó por su trabajo; ha atendido a más de 400,000 pacientes con excelentes resultados y tiene centros ayurvédicos en doce países del mundo. El Dr. Naram visita los Estados Unidos dos veces al año y viaja a Europa, Australia y otras partes del mundo con regularidad. Es un hombre sorprendente y una fuente increíble de conocimiento sanador.

www.thepassiontest.com/naram

El maestro Stephen Co y la sanación pránica - El maestro Co es autor de *Your Hands Can Heal You (Tus manos pueden sanarte)*. Hace poco recibió elogios del Dr. Deepak Chopra, Marianne Williamson, Carolyn Myss, Mark Víctor Hansen y muchos otros por la fuerza de su trabajo sanador. Se dedica a enseñar a las personas como sanarse ellas mismas.

www.thepassiontest.com/stephenco

Sri Sunil Das - Janet describió algunas de las asombrosas experiencias que tuvo con Sri Sunil Das en la primera parte de *El Test de la Pasión*. La realeza, políticos, músicos, actores y actrices destacados, al igual que miles de indios con todo tipo de enfermedades, buscan a Sri Sunil Das para sanarse. Es humilde, amable y divertido e insiste en que toda la sanación se da a través de él por "voluntad de Dios".

www.thepassiontest.com/sunildas

Maestro Chunyi Lin - Autor del éxito editorial *Born a Healer (Nacido Como Sanador)*, Chunyi insiste en que cualquiera puede sanarse a sí mismo. Es un maestro de las antiguas artes del Qigong y su libro es un buen punto de partida para entender como sanarse uno mismo. Su curso de Spring Forest Qigong se ofrece a través de Learning Strategies Corporation (ver otras fuentes, más adelante), como un programa efectivo de autoaprendizaje.

www.thepassiontest.com/chunyi

Amazon Herbs (Hierbas del Amazonas) - El lema de Amazon Hervís es: "Más que una empresa. Una forma de ser en el mundo". ¿Qué tan a menudo entra en contacto con una empresa que esté comprometida con su salud personal y con las metas de su estilo de vida? ¿Con una empresa que honra la naturaleza y las culturas indígenas? ¿Con una empresa que vive a diario un modelo exitoso de prosperidad ecológica y que es la mejor en lo que hace? Amazon Herbs trae a su vida la sanación de las hierbas medicinales de la selva tropical amazónica. www.thepassiontest.com/amazon

Relaciones humanas

Dr. John Gray - ¿Qué más queda por decir del hombre que escribió el libro sobre relaciones humanas más vendido en la historia, *Los Hombres son de Marte, las Mujeres son de Venus*? John ofrece una gran variedad de recursos para ayudar a hombres y mujeres a construir relaciones sanas y satisfactorias.

www.thepassiontest.com/marsvenus

Gay and Katie Hendricks - Cofundadores del Spiritual Cinema Circle (Círculo de Cinema Espiritual), Gay y Katie, desde que se enamoraron hace veinticinco años, han estado ayudando a crear relaciones amorosas y satisfactorias a todos aquellos que han establecido contacto con ellos. Han entrenado *coaches* en todo el mundo para llevar a la gente esperanza, amor y la experiencia de la unidad.

www.thepassiontest.com/hendricks

Paul y Layne Cutright - Paul y Layne, autores de éxitos editoriales, *coaches* y profesores, han tenido una sociedad romántica y creativa desde 1976. Han enseñado a miles de personas en el mundo sus secretos y estrategias para tener relaciones exitosas tanto en el hogar como en los negocios.

https://paulandlayne.com/

E-dating Secrets (Secretos para hacer citas a través del Internet) de Stephany Crowley - Las citas a través del Internet son una de las mejores maneras para encontrar la pareja perfecta. Después de todo, Chris conoció a su esposa en la red. Pero puede ser abrumador, incierto y una gigantesca pérdida de tiempo si no sabes lo que estás haciendo. Stephany escribió un libro sobre secretos para hacer citas a través del Internet y sus programas pueden convertirlo en un experto en este tema, en un abrir y cerrar de ojos.

La familia y los hijos

Motivating the Teen Spirit (Motivar el espíritu del adolescente) de Lisa Nichols - Lisa ha trabajado con más de cincuenta mil adolescentes en riesgo y ha ayudado a más de dos mil a evitar el suicidio. Es una de las conferencistas y entrenadoras con más fuerza, calidez y honestidad que hayamos conocido. Tal vez la vio en *El Secreto*. Si tienes hijos adolescentes, querrás ponerte en contacto con Lisa.

www.thepassiontest.com/teens

Red de aprendizaje SuperCamp y Quantum - SuperCamp se ha hecho famosa por su potente efecto tanto en los chicos como en sus padres. Está basado en conceptos que hacen que el aprendizaje sea divertido y fácil, acompañado del apoyo positivo de semejantes y de un cuidadoso montaje de los factores ambientales. El empleo de metáforas como el romper maderas con las manos y los cursos de sogas ayudan a los estudiantes a superar las barreras que los refrenan. El SuperCamp es ideal para ser realizado por los chicos y sus familiares conjuntamente. Se ofrecen programas en todo Estados Unidos y en todo el mundo.

www.thepassiontest.com/supercamp

Crecimiento personal

Learning Strategies Corporation (Corporación de estrategias de aprendizaje) - Paul Scheele y Pete Bisonnette desarrollaron herramientas efectivas para aprender una variedad de temas utilizando el aprendizaje acelerado, el procesamiento preconsciente y la programación neurolingüística. Sus productos son extraordinarios. En Learning Strategies podrás encontrar cursos de Spring Forest Qigong, Diamond Feng Shui, lectura de fotos, acceso a la mente genial, optimizador de la memoria o cualquier otro en el área en la que desee mejorar; Learning Strategies tiene algunas de las mejores herramientas que existen.

www.thepassiontest.com/learningstrategies

ConsciousOne - ¿Quiere tener acceso a autores increíbles y lideres transformacionales? En ConsciousOne puedes leer artículos, escuchar grabaciones y comprar productos de gente como Neale Donald Waslch, Dr. Wayne Dyer, Doreen Virtue, Sylvia Browne, Gay and Katie Hendricks, Barbara Marx Hubbard y Jean Houston.

Selfgrowth.com - Esta es otra veta madre de recursos en el campo del crecimiento y el desarrollo personal. Podrás encontrar, entre muchas otras cosas, la compilación de su fundador, David Riklan, sobre *Self Improvement: The Top 101 Experts that Help Us Improve Our Lives (Superación personal: los 101 expertos más destacados que nos ayudan a mejorar nuestras vidas).* Hay artículos, programas de actividades y mucho más en este sitio *web* que resulta muy útil.

www.thepassiontest.com/selfgrowth

Spiritual Cinema Circle (Círculo de cine espiritual) - Como miembro de este círculo recibe cada mes películas que inspiran y motivan. Estas se seleccionan entre los mejores cortos y largometrajes presentados en festivales mundiales; la mayoría, aunque excelentes, no sería posible verlos de otro modo. Cada mes se incluyen al menos un largometraje y varios cortometrajes sobresalientes.

www.thepassiontest.com/scc

Lefkoe Institute - Morty Lefkoe ha creado procedimientos muy efectivos para eliminar las creencias que lo refrenan a uno, ya sea el miedo de hablar, de enfrentar el cambio, de convertirse en mejor padre o de mejorar en el golf. Morty y sus facilitadores certificados han tenido un éxito increíble trabajando con individuos con una amplia gama de problemas como desórdenes alimentarios, depresión, comportamiento violento y estrés, entre otros.

www.thepassiontest.com/lefkoe

CoachVille - La asociación/red de *coaches* más grande del mundo, CoachVille, reúne a más de cuarenta mil *coaches*. Si estás interesado en convertirte en *coach* o en ponerte en contacto con algunos, este es el lugar al que debes dirigirte.

www.thepassiontest.com/coachville

Doing Life! International - Un estudio de 2004 certificaba que estos programas han ahorrado a los contribuyentes de la ciudad del estado de Nueva York más de 1,000 millones de dólares. La Dra. Cheryl Clark se ha pasado treinta años aplicando la sabiduría de R. Buckminster Fuller a situaciones sociales a través de la *sinergética* social. El modelo de *sinergética* social para vivir de forma exitosa integra el componente físico, mental, emocional y espiritual de la existencia humana y ofrece un marco innovador para llevar una vida y relaciones que sean vigorizantes, creativas y alegres.

www.thepassiontest.com/doinglife

Cuando solo un libro
no es suficiente

Haga el Test de la Pasión en línea

Durante treinta días, utilice las herramientas de este libro de manera fácil, divertida y efectiva en un formato digital, para mantener su vida alineada con sus pasiones y su éxito en expansión.

www.thepassiontest.com

Fue unas pocas semanas antes de nuestro primer programa de certificación del *Test* de la Pasión. Uno de los participantes, Arnold Young, nos envió un correo electrónico que decía: "Tengo una idea muy emocionante para comentarles. Estoy ansioso por verlos en el entrenamiento de certificación".

Pensamos, qué bien, pero no dimos más importancia al asunto.

Después, conocimos a Arnold en el curso. Resulta que la pasión de Arnold es desarrollar *software*. Nos contó que la lectura de *El Test de la Pasión* lo entusiasmó mucho y que comenzó a crear una herramienta de *software* para ayudarse a sí mismo a hacer los ejercicios y para usar el conocimiento que había en el libro para mejorar su propia vida.

Dijo: "Creo que puedo crear un programa que hará que el conocimiento que ustedes han compartido en este libro cobre vida para la gente. Podemos hacer que sea muy fácil y divertido para ellos elegir a favor de sus pasiones. Además, el programa puede rastrear de manera automática el progreso individual para que cada uno vea como lo está haciendo".

Aunque la idea sonaba grandiosa, para ser francos estamos acostumbrados a que nos aborden personas con una gran idea u otra y a que casi todas estas grandes ideas se quedan cortas en su objetivo. Luego, Arnold preguntó: "¿Está bien si hago un prototipo para que puedan apreciar cómo funciona y después destinan media hora para darme su opinión por teléfono?".

Le dijimos: "Claro". Ambos estábamos interesados en ver si Arnold llevaría esto a término y como lo haría.

Dos semanas más tarde llamó, dijo que ya tenía el prototipo listo.

Fue más fácil decirlo que hacerlo; sin embargo, unos días después, Janet me llamó por teléfono desde un aeropuerto cuando se disponía a ir a otro de sus compromisos como oradora y los tres nos conectamos. Arnold nos dio una explicación del prototipo y, para ser sinceros, nos deslumbró.

Arnold había tomado cada uno de los ejercicios del libro y había creado una interfaz sencilla y fácil de usar para poderlos completar en línea. ¡Tenía incluso toda una sección para crear el tablero de visión en el computador!

La mejor parte era que Arnold había diseñado un "pasionómetro" que recibe las respuestas dentro del programa y muestra que tan cercana es la alineación entre su vida y sus pasiones. ¿No es esto increíble?

Hay otra herramienta efectiva y, sin embargo, fácil de usar, que puedes emplear en cualquier momento en el que tengas que enfrentar una elección, una decisión o una oportunidad. Con ella podrás determinar si tu elección te ayudará a estar más alineado con tus pasiones o te alejará de ellas. El metro de decisiones te mostrará qué tan bien alineado te estás manteniendo.

Además, el diseño de Arnold era elegante y divertido. Con entusiasmo, le dijimos: "¡Sí!". Y ahora, con solo una donación de 2 dólares, tienes el *Test* de la Pasión disponible durante treinta días. Tu donación ayudará a sostener los proyectos de Janet para mujeres sin hogar y para centros de detención juvenil. Después de los primeros treinta días, se cobra una modesta tarifa mensual para usar esta efectiva herramienta y mantener el rumbo.

Por favor, no cierres este libro diciendo: "¡Oh, qué libro tan maravilloso!". Aunque esto nos halagaría, lo que queremos realmente es ayudarte a dar el siguiente paso y convertir tu pasión en una vida gratificante y satisfactoria.

El *test* de la pasión en línea puede ayudarte a poner en práctica los principios que aprendiste. Recuerda: "La acción mantiene la atención ocupada". Entonces, toma acción e inscríbete para la prueba de treinta días en: **www.passiontestonline.com**

- Janet Bray Attwood y Chris Attwood

Como recuperar tus informes gratis y grabaciones de audio

Cuando la historia de tu vida esté escrita, ¿cómo te sentirás respecto a ella? Lo que has aprendido en este libro puede transformar tu vida sólo si lo pones en práctica. Te invitamos a comenzar a vivir la historia de tus sueños.

Con este objetivo, hemos creado algunos de los sistemas y herramientas que vas a necesitar. Los encontrarás en:

www.thepassiontest.com

Después de leer este libro, queremos que te sientas conectado con la gente y los recursos que pueden ayudarte alcanzar enormes resultados con base en lo que has aprendido. Algunos de los regalos son:

Mark Víctor Hansen entrevista al Dr. Wayne Dyer

Esta es una de las mejores entrevistas de las *Series de la pasión*.

Wayne le mostrará cómo cambiar el pensamiento y reunir todo el poder de la inspiración para hacer realidad la verdadera vocación de tu vida.

Permanecer enamorado: 7 pasos hacia un corazón y una mente abiertos.

En este programa de audio de cuatro horas aprenderás nuestro proceso de expansión en siete pasos que te mostrará como permanecer enamorado de la vida y atravesar airoso cualquier cambio.

Acelerar el éxito diez o veinte veces

Marshall Thurber es un genio viviente en la línea de tus mentores, el premio Nóbel R. Buckminster Fuller y W. Edwards Deming. En este informe especial te enseñará los tres principios comerciales de vanguardia que transformaron nuestros negocios y la forma como puedes aplicarlos a los tuyos.

Estos son sólo algunos de los regalos que te esperan, así que obtenlos todos ahora y comienza a vivir la historia de tus sueños.

Para tener acceso a los informes y grabaciones gratuitas, los usuarios deben registrarse con su nombre y dirección de correo electrónico. Esta oferta está sujeta a la disponibilidad y continuación de www.thepassiontest.com por parte de los autores.